20 23

PRISCILA
ALVES
PATAH

SISTEMA EXTRAJUDICIAL DE JUSTIÇA

Dados Internacionais de Catalogação na Publicação (CIP) de acordo com ISBD

P294s Patah, Priscila Alves
Sistema Extrajudicial de Justiça / Priscila Alves Patah. - Indaiatuba, SP : Editora Foco, 2023.

232 p. ; 16cm x 23cm.

Inclui bibliografia e índice.

ISBN: 978-65-5515-771-0

1. Direito. 2. Sistema Extrajudicial de Justiça. I. Título.

2023-853   CDD 340   CDU 34

Elaborado por Vagner Rodolfo da Silva - CRB-8/9410

Índices para Catálogo Sistemático:

1. Direito 340

2. Direito 34

PRISCILA
ALVES
PATAH

SISTEMA
EXTRAJUDICIAL
DE JUSTIÇA

2023 © Editora Foco

Autora: Priscila Alves Patah
Diretor Acadêmico: Leonardo Pereira
Editor: Roberta Densa
Assistente Editorial: Paula Morishita
Revisora Sênior: Georgia Renata Dias
Capa Criação: Leonardo Hermano
Diagramação: Ladislau Lima e Aparecida Lima
Impressão miolo e capa: Forma Certa Gráfica Digital

DIREITOS AUTORAIS: É proibida a reprodução parcial ou total desta publicação, por qualquer forma ou meio, sem a prévia autorização da Editora FOCO, com exceção do teor das questões de concursos públicos que, por serem atos oficiais, não são protegidas como Direitos Autorais, na forma do Artigo 8º, IV, da Lei 9.610/1998. Referida vedação se estende às características gráficas da obra e sua editoração. A punição para a violação dos Direitos Autorais é crime previsto no Artigo 184 do Código Penal e as sanções civis às violações dos Direitos Autorais estão previstas nos Artigos 101 a 110 da Lei 9.610/1998. Os comentários das questões são de responsabilidade dos autores.

NOTAS DA EDITORA:

Atualizações e erratas: A presente obra é vendida como está, atualizada até a data do seu fechamento, informação que consta na página II do livro. Havendo a publicação de legislação de suma relevância, a editora, de forma discricionária, se empenhará em disponibilizar atualização futura.

Erratas: A Editora se compromete a disponibilizar no site www.editorafoco.com.br, na seção Atualizações, eventuais erratas por razões de erros técnicos ou de conteúdo. Solicitamos, outrossim, que o leitor faça a gentileza de colaborar com a perfeição da obra, comunicando eventual erro encontrado por meio de mensagem para contato@editorafoco.com.br. O acesso será disponibilizado durante a vigência da edição da obra.

Impresso no Brasil (04.2023) – Data de Fechamento (04.2023)

2023
Todos os direitos reservados à
Editora Foco Jurídico Ltda.
Rua Antonio Brunetti, 593 – Jd. Morada do Sol
CEP 13348-533 – Indaiatuba – SP

E-mail: contato@editorafoco.com.br
www.editorafoco.com.br

A Alexandre, meu companheiro de caminhada em busca do "eu real". Olhar por onde você olha termina por ser sempre um novo aprendizado sobre justiça. E a Jazz e Samba, minha família multiespécie. A vocês, todo meu amor.

Às pessoas (socialmente) invisíveis, que, sem nunca antes enxergá-las, me fizeram enxergar tanto. A elas, toda a esperança de acesso à justiça por condições melhores de existência.

O que nos move, com muita sensatez, não é a compreensão de que o mundo é privado de uma justiça completa – coisa que poucos de nós esperamos –, mas a de que à nossa volta existem injustiças claramente remediáveis que queremos eliminar.

Amartya Sen

APRESENTAÇÃO

Durante o curso de doutorado na Fadisp, como requisito, cursei as disciplinas nos anos de 2018 a 2020. As aulas presenciais, sem dúvida, eram momentos de felicidade, já saboreados desde o curso de mestrado na mesma instituição. A cada aula, novas descobertas e novas reflexões. Todas muito completas e complexas. Os encontros eram esperados, afinal a exploração do direito ocorria de forma muito agradável, assim como as conversas com os colegas e professores nos intervalos e no pós-aula. Vimos esse cenário se alterar no último semestre de aulas, primeiro semestre do ano de 2020. Junto com o início das aulas, teve início a pandemia da Covid-19. A adaptação ao novo sistema de aulas virtuais e apresentação de seminários em nada atrapalhou o conteúdo das aulas, mas os encontros com os colegas e professores deixaram de ter o mesmo significado. A tecnologia evoluiu o bastante nos últimos anos, de modo que reuniões pudessem ser on-line. Porém, nada substitui a presença física, o olho no olho, o calor humano. Com a ascensão da Emergência em Saúde Pública de Importância Nacional (Espin), declarada pela Portaria 188, de 3 de fevereiro de 2020, vimos a reorganização de diversos setores, que passaram a trabalhar, estudar, se consultar e até confraternizar de forma virtual. O uso de máscaras se tornou obrigatório – costume estranho à nossa cultura até então. Tudo mudou em tão pouco tempo! No direito, não foi diferente. Audiências virtuais, que eram exceção, passaram a ser a regra. Processos físicos já podem ser considerados como jurássicos. Acompanhamos diversas alterações e inovações legislativas, provimentos e decisões judiciais para casos inimagináveis no período pré-Covid. Podemos dividir o direito nos períodos pré e pós-Covid, pois temos, a partir da pandemia, um novo paradigma para pensar o direito (e a vida).

A busca de sistemas jurídicos igualitários, com acesso efetivo ao direito, é também um novo paradigma de direito. A presente obra tem como foco o ideal de que a diversidade de modelos de acesso ao direito se torne cada vez mais comum e que a justiça não seja algo distante da população eivada de carência econômica e de conhecimentos, como é a brasileira. É preciso fazer mais. Enquanto o povo não tiver o mínimo necessário ao seu desenvolvimento social, de forma que haja certa autonomia em suas escolhas – o que somente será possível quando os quatro primeiros degraus da pirâmide de Maslow[1] es-

---

1. Os quatro primeiros degraus da base da pirâmide para descrever o padrão pelo qual as motivações humanas geralmente se movem são, em ordem: fisiologia, segurança, pertencimento, amor/relacionamento e estima, autorrealização e necessidades de autotranscendência (MASLOW, Abraham. *A Theory of human motivation*. [s.l.]: Sanage Publishing House, 2018. p. 5).

tiverem satisfeitos (cabendo ao Estado auxiliar nessa tarefa), não será possível acreditar que há acesso à justiça em nosso país. Há muito o que ser repensado, e aqui procuramos apresentar uma nova forma de pensar o acesso à justiça, ou melhor, ao direito. Não se abordará à exaustão o tema, já que seria impossível, mas procurar-se-á trabalhar alguns pontos que podem ser explorados para o fim de se buscar a justiça. Efetivamente.

LISTA DE SIGLAS

ADI – Ação Direta de Inconstitucionalidade

ADR – Alternative Dispute Resolution

ANEEL – Agência Nacional de Energia Elétrica

ARISP – Associação dos Registradores Imobiliários de São Paulo

ART. – Artigo

CC – Código Civil de 2.002, Lei 10.406/2002

CDC – Código de Defesa do Consumidor, Lei 8.078/90

CEJUSC – Centros Judiciário de Solução de Conflitos e Cidadania

CF/88 – Constituição Federal de 1988

CGJSP – Corregedoria-Geral da Justiça do Estado de São Paulo

CLT – Consolidação das Leis do Trabalho

CNIR – Cadastro Nacional de Imóveis Rurais

CNJ – Conselho Nacional de Justiça

CNPJ – Cadastro Nacional da Pessoa Jurídica

CNS – Código Nacional de Serventia

COAF – Conselho de Controle de Atividades Financeiras

CPC – Código de Processo Civil de 2015, Lei 13.105/2015

CPF – Cadastro de Pessoas Físicas

CRC – Centro de Resolução de Conflitos

CSMSP – Conselho Superior da Magistratura do Estado de São Paulo

DJ/DJe – Diário da Justiça/Diário da Justiça Eletrônico

IA – Inteligência artificial

IBGE – Instituto Brasileiro de Geografia e Estatística

IN – Instrução Normativa

INCRA – Instituto Nacional de Colonização e Reforma Agrária

LRP – Lei dos Registros Públicos, Lei 6.015/73

MP – Medida Provisória

NSCGJSP – Normas de Serviço da Corregedoria-Geral do Estado de São Paulo

ONR – Operador Nacional do Sistema de Registro Eletrônico

Procon – Fundação de Proteção e Defesa do Consumidor

RGA – Registro Geral do Animal

RAL – Resolução Alternativa de Litígios

Rel. – Relator

REsp – Recurso Especial

Reurb-S – Regularização Fundiária Urbana de Interesse Social

Ext – Recurso Extraordinário

Senacon – Secretaria Nacional do Consumidor

STF – Supremo Tribunal Federal

STJ – Superior Tribunal de Justiça

TJSP – Tribunal de Justiça do Estado de São Paulo

VRP – Vara de Registros Públicos

LISTA DE FIGURAS

Figura 1 – Justiça inserida no sistema social 45

Figura 2 – Justiça 46

Figura 3 – Justiça jurídica – sistemas de justiça 48

Figura 4 – Zonas de intersecção 51

Figura 5 – Estímulos provocando mudanças 52

Figura 6 – Autopoiese 53

Figura 7 – Acesso à justiça 54

SUMÁRIO

APRESENTAÇÃO.. IX

LISTA DE SIGLAS.. XI

LISTA DE FIGURAS XIII

INTRODUÇÃO.. XIX

1. UMA IDEIA DE JUSTIÇA – ANÁLISE DAS TEORIAS DA JUSTIÇA................. 1

   1.1 A justiça na Grécia Antiga.. 8

      1.1.1 Sócrates... 8

      1.1.2 Platão 9

      1.1.3 Aristóteles.. 10

   1.2 A influência da igreja na ideia de justiça............................. 13

      1.2.1 Santo Agostinho.. 14

      1.2.2 Tomás de Aquino 14

   1.3 A justiça em Hobbes... 15

   1.4 O iluminismo e a justiça 17

      1.4.1 Montesquieu... 17

      1.4.2 Kant.. 18

   1.5 A justiça na filosofia contemporânea.................................. 19

      1.5.1 John Rawls.. 19

      1.5.2 Jeremy Bentham 23

      1.5.3 Herbert Hart 25

      1.5.4 Axel Honneth 27

      1.5.5 Amartya Sen 28

      1.5.6 Alf Ross.. 35

2. SISTEMAS DE JUSTIÇA SOB A ÓTICA DA TEORIA DOS SISTEMAS............. 43

2.1 Definição de sistema 43

2.2 Sistemas de justiça e Luhmann 44

2.3 A interação entre os sistemas de justiça: as zonas de intersecção 47

2.4 As constantes mutações dos sistemas de justiça 52

2.5 A autonomia de cada sistema de justiça e a autopoiese 56

3. SISTEMAS DE JUSTIÇA ESTATAL 59

3.1 Sistema de justiça do Poder Judiciário 60

     3.1.1 Uma reflexão sobre o impacto das ondas de acesso à justiça no Brasil ... 61

         3.1.1.1 Análise das ondas de acesso à justiça segundo Mauro Cappelletti e Bryant Garth 62

             3.1.1.1.1 A primeira onda: assistência judiciária para os pobres 64

             3.1.1.1.2 A segunda onda: representação dos interesses difusos 72

             3.1.1.1.3 A terceira onda: do acesso à representação em juízo a uma concepção mais ampla de acesso à justiça – um novo enfoque de acesso à justiça 75

         3.1.1.2 A proposta de quarta onda de Kim Economides 81

         3.1.1.3 Outras ondas de acesso à justiça 83

     3.1.2 O uso da tecnologia no Poder Judiciário 84

3.2 Sistema de justiça do Poder Executivo 88

4. ACESSO AO SISTEMA DE JUSTIÇA PRIVADO 91

4.1 Arbitragem 92

4.2 Negociação direta ou resolução colaborativa de disputas 97

4.3 Resolução de disputas on-line 99

5. FORMAS DIVERSAS DE SOLUÇÃO DE CONTROVÉRSIAS – UMA RELEI-TURA DO SISTEMA MULTIPORTAS 103

5.1 Mediação 122

5.2 Conciliação 126

5.3 Formas diversas de solução de controvérsias e as novas tecnologias 127

SUMÁRIO XVII

6. SISTEMA EXTRAJUDICIAL 131

  6.1 Capilaridade 134

  6.2 Extrajudicialização 134

  6.3 Análise por especialidade 136

    6.3.1 Registro Civil das Pessoas Naturais 137

    6.3.2 Registro de Imóveis 140

    6.3.3 Tabelionato de Notas 146

    6.3.4 Tabelionato de Protesto 149

    6.3.5 Registro de Títulos e Documentos e Civil das Pessoas Jurídicas.... 150

  6.4 Serviços facultativos comuns a todas as especialidades 151

  6.5 O papel colaborativo das serventias extrajudiciais na prevenção à lavagem de dinheiro e ao financiamento do terrorismo 154

7. UM NOVO PARADIGMA DE JUSTIÇA NO BRASIL 157

  7.1 Um novo conceito de justiça 158

  7.2 Democratização do acesso à justiça 160

  7.3 Novos epicentros de justiça 163

    7.3.1 Cejusc 164

    7.3.2 Novos centros de mediação 166

    7.3.3 Serventias extrajudiciais 167

  7.4 Abordagem de acesso à justiça por seres antes excluídos 168

    7.4.1 Acesso à justiça pelos animais 168

    7.4.2 Acesso à justiça por pessoas em situação de rua 172

  7.5 A relevância da fraternidade na construção do acesso à justiça................ 175

  7.6 As novas tecnologias e a reinvenção do acesso à justiça na era Covid 177

  7.7 Proposta de ensino dos sistemas de justiça nas faculdades de direito....... 182

CONCLUSÃO 187

REFERÊNCIAS 193

INTRODUÇÃO

O art. 5º, XXXV, da Constituição Federal prevê que "a lei não excluirá da apreciação do Poder Judiciário lesão ou ameaça a direito". Dessa forma, garante-se o amplo acesso à Justiça, aqui compreendida apenas como Poder Judiciário, para pleitear quaisquer tipos de direitos e resolução de conflitos. No entanto, o amplo acesso à justiça não pode ser determinado apenas como acesso ao Judiciário, já que há outros meios de se fazer justiça, efetivamente.

O preâmbulo da Constituição Federal assegura a justiça como um dos valores supremos de uma sociedade fraterna, pluralista e sem preconceitos, fundada na harmonia social e comprometida com a solução pacífica das controvérsias, seja na ordem interna ou internacional. Destarte, a justiça tratada pelo constituinte é ampla, incluindo a justiça social, política e jurídica. No capítulo 1, trataremos das concepções de justiça por distintos pensadores a fim de procurar um conceito que se enquadre no acesso que pretendemos demostrar.

Muito já foi debatido a respeito da melhoria do acesso à justiça judicial, seja por estudos relacionados às ondas de acesso à justiça, inicialmente conduzidos por Mauro Cappelletti e Bryant Garth. Ainda, tem-se atribuído a outros entes questões que até então eram exclusivamente competência do Judiciário brasileiro, fenômeno que tem sido tratado de desjudicialização, ao qual preferimos o termo "extrajudicialização" para casos que não deixam de também ser objeto de ação judicial. A opção legislativa tem retornado bons resultados.

Entretanto, faz-se necessária uma nova ótica do acesso à justiça. Para tanto, perquiriremos um conceito próprio de justiça que satisfaça o que procuraremos demonstrar. Ainda, é essencial que se compreenda o que é um sistema para se questionar o que é um sistema de justiça. Pretendemos, dessa forma, comprovar a coexistência de mais de um sistema de justiça, convivendo harmonicamente com outros sistemas de justiça. Portanto, cada sistema de justiça tem suas peculiaridades e, para acessá-los, é essencial seguir caminhos distintos.

O olhar para os distintos sistemas de justiça far-se-á do alto, tendo a visão de diversos sistemas inseridos na justiça, que, por sua vez, está imersa nos sistemas sociais, os quais fazem parte de um todo, os sistemas. Partindo do alto, para pretendido exame, deve-se conceber um microscópio de lentes precisas, pois poder-se-ão enxergar os detalhes dos sistemas de justiça, diferenciando-se uns dos outros. O olhar do biólogo será capaz de observar as formas para ingressar num desses sistemas, ou seja, o acesso ao sistema de justiça. O acesso de cada um dos sistemas de justiça resultará no que aspiramos comprovar: o acesso aos sistemas de justiça, com suas inerentes peculiaridades.

Ademais, ao se aproximar ainda mais a lente do microscópio, lograr-se-á, em momentos oportunos, visualizar os pontos de conexão (zonas de intersecção) desses sistemas. E, mais ainda, a autopoiese de que cada um dele é capaz, recriando-se conforme a irritação que o sistema social a eles causará e a reação gerada por estímulos entre os próprios sistemas de justiça. O direito enfrenta crescentes exigências do tempo e adaptação às mudanças sociais que são cada vez mais rápidas.[1]

Toda essa transformação poderá resultar, em certas oportunidades, na criação de novos sistemas e em metamorfoses em outros, numa dinâmica ininterrupta dos sistemas de justiça. A tecnologia tem revelado papel crucial nas mudanças recentes dos sistemas de justiça.

Inegável que o acesso à justiça, para ser efetivo, deve abarcar não somente a primeira onda de acesso mencionada por Cappelletti e Garth na obra *Acesso à Justiça*.[2] O acesso precisa ir além. Por isso, os autores mencionam a segunda e a terceira ondas de acesso. Outros autores se propuseram a análise de novas ondas de acesso, tendo em vista a constante evolução e o aprimoramento do direito. Tais ondas serão objeto de estudo no capítulo 3.

O tribunal multiportas pensado por Frank Sander, que fora importado por Rodolfo de Camargo Mancuso,[3] se tornou essencial a fim de que outras formas, alternativas à ideia de sentença judicial dentro do Poder Judiciário, tenham espaço na solução de conflitos,[4] tais como a mediação e a conciliação. Ainda, Kazuo Watanabe aprimorou a justiça, enxergando-a como uma ordem jurídica justa, de forma a combater a cultura brasileira da sentença, ou seja, o apego demasiado ao Poder Judiciário para solução de conflitos.

---

1. LUHMANN, Niklas. *Sistemas jurídicos y dogmática jurídica*. Supervisión de la traducción: Luis E. Marcano Salazar y equipo. Chile: Olejnik, 2018. p. 18.
2. Primeira onda: os autores procuram dar ênfase à assistência judiciária aos pobres a fim de amenizar as diferenças entre aqueles que podem pagar por um profissional da área do direito e os que não podem, nominando-a de sistema *judicare*. Segunda onda: trata da representação dos interesses difusos, chamados coletivos ou grupais. Terceira onda: "Essa 'terceira onda' de reforma inclui a advocacia, judicial e extrajudicial, seja por meio de advogados particulares ou públicos, *mas vai além*. Ela centra sua atenção no conjunto geral de instituições e mecanismos, pessoas e procedimentos utilizados para processar e mesmo prevenir disputas nas sociedades modernas. (CAPPELLETTI, Mauro; GARTH, Bryant. *Acesso à justiça*. Tradução de Ellen Gracie Northfleet. Porto Alegre: Sergio Antonio Fabris Editor, 1988, reimpressão 2015).
3. MANCUSO, Rodolfo de Camargo. *Acesso à justiça*: condicionantes legítimas e ilegítimas. São Paulo: Ed. RT, 2011.
4. "Conflito é sinônimo de embate, oposição, pendência, pleito; no vocabulário jurídico, prevalece o sentido de entrechoque de ideias ou de interesses em razão do qual se instala uma divergência entre fatos, coisas ou pessoas" (TARTUCE, Fernanda. *Mediação nos conflitos civis*. 2. ed. rev., atual. e ampl. Rio de Janeiro: Forense; São Paulo: Método, 2015. p. 3).

Assim, a ampliação do acesso à justiça ou ao direito deve ser pensada como forma de satisfação dos conflitos e de seus envolvidos. Isso porque não basta desjudicializar ou extrajudicializar para diminuir o número de demandas jurisdicionais. É preciso olhar atentamente para as pessoas que estão por trás dos números de processos, por trás dos conflitos e em situações em que não há conflitos, porém o acesso ao direito se faz essencial; entendê-las e visualizar formas que possam melhor atender seus anseios. Se a melhor forma de resolver um conflito for jurisdicionar a questão, que seja de maneira célere e efetiva. Caso não seja, que haja outros meios extrajudiciais de satisfazê-las. É esse o papel da arbitragem, da mediação, da conciliação, do uso de meios de negociação. É essa a função das serventias extrajudiciais constitucionalmente previstas (art. 236 da CF/88) que têm contribuído para combater a jurisdicionalização, esclarecer e auxiliar juridicamente seus usuários e trabalhar na prevenção de litígios.

Há que se incluir no conceito de acesso à justiça aqueles antes excluídos. Eivados de seus direitos mínimos de subsistência, são desconvidados a fazer parte do Estado, e, portanto, seus conflitos são considerados inexistentes. Não há conflito quando não há direitos. Isso posto, está tudo resolvido (para o Estado). Para o Estado, tais sujeitos não existem. Para as pessoas que habitam os seres invisíveis (sim, são pessoas!), o Estado não existe. Porém, a amargura de tudo é que o Estado somos nós, usado, contudo, em prol de alguns. Aqui se incluem as pessoas em situação de rua e os animas, objeto de nosso estudo no capítulo 7.

O objetivo geral a ser perseguido com a pesquisa é buscar identificar os percursos trilhados nas ondas de acesso à justiça, as inovações em nível de reformas da justiça no país e os caminhos que fazem parte da terceira onda em diante, abrangendo outras formas de acesso em diferentes sistemas de justiça, para, ao final, comprovarmos a coexistência de sistemas de justiça brasileiros.

Como objetivos específicos, podem ser alinhados os seguintes: (i) procurar um conceito de justiça que atenda os anseios da sociedade brasileira atual; (ii) analisar criticamente as três ondas de acesso à justiça de Cappelletti e Garth, a quarta onda de Economides e outras que surgiram após; (iii) evidenciar quais são os avanços no Brasil no aspecto do acesso à justiça; (iv) compreender que a justiça não pode significar somente o Judiciário, sendo este apenas parte de um de seus sistemas, o sistema de justiça estatal; (v) estudar as formas de acesso a cada um dos sistemas de justiça; e (vi) compreender quais mudanças recentes no Brasil podem ser consideradas mudanças de paradigma no acesso à justiça.

Como método de trabalho, podem ser alinhados os seguintes: (i) levantamento de dados estatísticos dos tribunais brasileiros; (ii) levantamento da jurisprudência do Supremo Tribunal Federal (STF), do Superior Tribunal de Justiça (STJ) e do Tribunal de Justiça de São Paulo (TJSP); e (iii) levantamento de estudo doutrinário acerca do tema.

Relevante esclarecer que o propósito deste trabalho não é apenas definir um modelo teórico, pois, a partir a edificação da obra, que requer tempo para a construção de um raciocínio jurídico, e este não ocorre de um dia para o outro, mas depois de muitas leituras e amadurecimento intelectual por meio de debates acadêmicos, aulas e oitiva de outros juristas, verificamos que a própria concepção da justiça como união de diversos sistemas é dinâmica. Dessa forma, o que pretendemos é contribuir com o reconhecimento de que há, sim, no Brasil uma nova forma de acesso à justiça, não somente para ficar numa construção teórica, mas para que o reconhecimento dessa nova compreensão de acesso à justiça signifique uma reformulação do direito em nosso país e de que as tratativas que a ela precederam não são apenas algo pronto e acabado, mas categorizadas para que, a partir de então, possam ser aprimoradas.

Tal aprimoramento pode ser feito tanto por estudos acadêmicos quanto pelo legislador e, ainda, nas construções feitas pela jurisprudência. Assim, é um trabalho contínuo e permanente, que visa fomentar o aparelhamento jurídico do acesso à justiça, seja em construções de outras formas de acesso à justiça, seja em construções de formas materiais e formais desse acesso.

Portanto, o que se visa é fornecer subsídios para que uma nova concepção do direito possa trazer, de forma mais prática do que teórica, o acesso efetivo à justiça, ou seja, o acesso ao direito das diversas camadas da população que, em razão de desigualdade social e/ou intelectual, não tenham esse acesso ou, em razão de desigualdade de armas, não haja uma igualdade material do acesso a direitos; e, também, direitos que ainda não estão reconhecidos no ordenamento jurídico ou o acesso àqueles ainda não reconhecidos como sujeitos de direito, como os animais.

Ressaltamos, ademais, o reconhecimento de que o direito pode ocorrer de outras formas até então pouco utilizadas ou desconhecidas, como o acesso de forma virtual, que teve crescimento exponencial com a pandemia da Covid-19. Não podemos deixar de notar que a forma do direito muitas vezes implica o acesso ou a impossibilidade de acesso ao direito. Por isso, é importante termos em conta que a informatização e a digitalização poderão ser um avanço ao acesso à justiça. Por outro lado, é preciso salientar que esses novos formatos podem vir a ser obstáculos ao acesso à justiça, e, portanto, o Estado deve repensar todas as possibilidades, observando que algumas pessoas não têm esse tipo de acesso, pois estamos vivendo numa era de transformações digitais. Por isso, faz-se necessário o estudo da tecnologia relacionada ao acesso à justiça, questão tratada nos capítulos 3, 4 e 7.

Também é preciso considerar que a inexistência de demandas não significa a sagração da justiça. A justiça não se exaure no Judiciário. Mas a justiça, compreendida de forma mais ampla e efetivamente entregue aos partícipes da sociedade, diminui as demandas jurisdicionais. Notam-se recentes medidas em prol da desjudicialização e o crescimento da utilização de outras instituições na busca de soluções de conflitos, como o *site* consumidor.gov.br, do Poder Executivo. Portanto, como primeira justificativa para esta pesquisa, apontamos a evolução do próprio direito no Brasil e o estudo das mudanças procedimentais e legislativas já estabelecidas em nosso país.

Além do mais, o acesso aos sistemas de justiça deve ser compreendido em sua capilaridade e democraticamente, para se dizer amplo, em que, sem dúvida, se inserem as serventias extrajudiciais, que têm recebido do legislador a confiança para novas competências, prevenção e resolução de conflitos, se avistando novos desafios num futuro próximo.

A sociedade atual, com sua dinâmica célere, focada na informação, prioriza a entrega rápida. Não há tempo a perder. Logo, a celeridade na entrega do resultado final é essencial para essa sociedade, e, com isso, o princípio da celeridade ganha novos patamares, o que justifica, mais uma vez, a realização desta pesquisa, ampliando-se a perspectiva de acesso à justiça para novas entidades. Justifica-se, ainda, pela constatação de que há anseios por outras mudanças que busquem ainda mais a efetivação da justiça e a satisfação dos usuários.

Para corroborar tal observação, o pós-positivismo traz questões novas, que extrapolam o direito escrito. O direito passa a ser autorreferencial, já que não há possibilidades de consulta ao passado em virtude de as questões serem novas. Além disso, é interessante considerar o avanço que a tecnologia proporcionou nos últimos anos, em especial no período pandêmico. Não há mais possibilidade de retrocesso. O mundo tornou-se digital, e o uso das tecnologias faz parte do direito. Algumas vezes, é ou será o próprio direito, ao se pensar sobre o uso da inteligência artificial na construção de decisões, contestações, petições iniciais etc. Ou, ainda, na jurimetria, questões que serão ponderadas no decorrer do presente trabalho.

Em caráter dialógico com essa questão, o objetivo a ser perseguido com a pesquisa é buscar identificar a melhor forma de propiciar o acesso à justiça para cada situação, para que, ao final, seja satisfeita a necessidade de cada caso concreto, que pode ser ou não a solução de um litígio.

Em suma, propõe-se a contribuição com um mapeamento do atual estado do acesso à justiça no Brasil. Para tanto, será assim organizada: esta introdução, sete capítulos e a conclusão, seções que se completam e promovem um desencadeamento lógico e sequencial de suporte analítico.

A seguir, serão apresentados os marcos teóricos sustentadores do presente estudo. Primeiramente, será apresentada a compreensão de justiça por diversos pensadores e em distintas escolas. Trata-se de uma discussão teórica, pois evidenciará o estudo do conceito de justiça em diversas obras, cada qual com sua teoria da justiça. No capítulo 2, analisaremos os sistemas de justiça e a influência da teoria de Niklas Luhmann sobre os sistemas e a percepção sobre o que vem a ser um sistema.

O capítulo 3 destina-se à exploração do acesso à justiça pela via estatal. Detalharemos as ondas de acesso à justiça de Cappelletti e Garth, cuja obra é um referencial teórico desse capítulo, merecendo atenção para se perceber qual tem sido o caminho do acesso à justiça no Brasil, em comparação com o estudo dos autores que relacionaram questões de diversos países no Projeto Florença. Ainda, um estudo sobre a quarta onda de acesso à justiça, de Economides e outras propostas de ondas de acesso à justiça, essenciais para a comparação e a diferenciação com o que se propõe. Ainda sobre a via judicial, abordaremos a solução de conflitos a partir do caso Lüth, evidenciando o acesso via Poder Judiciário.

O capítulo 4 aprofunda formas de acesso à justiça via privada, e o capítulo 5, a solução de controvérsias mais usuais atualmente, além da decisão judicial, constituindo, assim, o chamado sistema multiportas, que será revisitado.

No capítulo 6, minudenciamos o papel das serventias extrajudiciais no acesso à justiça como perspectiva *sui generis* ou público-privada, investigando as funções contemporâneas que cada especialidade desenvolve e por que têm sido reconhecidas como entes colaborativos na prevenção de litígios.

O último capítulo trata das mudanças ocorridas no acesso à justiça, para, ao final, apresentar-se a um novo paradigma de acesso à justiça no Brasil.

Trata-se de uma pesquisa que busca uma realidade interpretativa e qualitativa teórica, com abordagem observacional, por meio do método dedutivo, sendo a pesquisa executada com objetivos prioritariamente exploratórios e descritivos. É uma pesquisa exploratória de doutrina e jurisprudência, em que se utilizam fontes documentais, como regulamentos, normas de serviço e regimentos.

Para fundamentar toda a abordagem, adotamos o método sistêmico, tendo como referencial teórico, especialmente, as obras de Niklas Luhmann, além dos ensinamentos de Talcott Parsons e Maturana e Varela. A pesquisa, embora de cunho filosófico, trata das questões pragmáticas decorrentes.

Ao final, são respondidos os questionamentos supracitados a fim de comprovar que há três sistemas de justiça no direito brasileiro, afirmação que corrobora a ideia de um novo paradigma de acesso à justiça em nosso país. Para fechar, são abordadas as conclusões da pesquisa.

1
UMA IDEIA DE JUSTIÇA – ANÁLISE DAS TEORIAS DA JUSTIÇA

Conceituar justiça é tarefa impossível, porque exige adentrar em temas filosóficos e morais, não sendo passível de atribuição de um significado. Alguns autores procuraram estabelecer seus entendimentos sobre o tema, não havendo, porém, consenso. Há algumas teorias que tentam explicar o que seria justiça e como alcançar um ideal de justiça, no entanto percebe-se que o conceito do que pode ser considerado justiça é variável no tempo e no espaço e, muitas vezes, demanda a percepção do direito como uma ordem axiológica de princípios segundo cada cultura.[1] Assim, a justiça revela-se sob diferentes pontos de vista, e o que era justo para Aristóteles (escravidão, por exemplo) não era para Kant (liberdade).[2]

O ponto de partida para essa tarefa é o conhecimento de diferentes teorias. Até o final do século XVI, a semelhança desempenhou papel construtivo no conhecimento da cultura ocidental, conduzindo a interpretação de textos, organizando jogos simbólicos e permitindo a compreensão de conhecimentos tangíveis e intangíveis.[3] Conhecer era discernir.[4]

Inúmeros são os autores que tratam do tema justiça. Seria tarefa impossível analisar todos os diversos autores que abordaram a questão. Portanto, optamos por alguns que entendemos relevantes por adotarem distintas temáticas. Nosso objetivo não é chegar a um senso de justiça como um conceito de justiça que atenda a todos os fins e a todos os casos específicos, mas, sim, a partir do estudo de cada um dos autores trabalhados, tentar encontrar qual seria o melhor ou criar um novo conceito de justiça que possa ser empregado no entendimento do acesso à justiça.

Essa abordagem, sem dúvida, requer cuidado para não confundir senso de justiça com conceito de justiça, pois o senso de justiça pode ser algo muito

---

1. CALISSI, Jamile Gonçalves. *O conteúdo jurídico-substancial da identidade étnico cultural no sistema constitucional brasileiro.* São Paulo: Max Limonad, 2017. p. 35.
2. Ibidem, p. 36.
3. FOUCALT, Michel. *As palavras e as coisas.* Uma arqueologia das ciências humanas. Trad.: Salma Tannus Muchail. São Paulo: Martins Fontes, 2000. p. 33.
4. Ibidem, p. 72.

subjetivo, logo, o que é senso de justiça para um pode não ser para outro. E é claro que o conceito de justiça, como veremos, também pode variar conforme os elementos que se incluem, portanto não há pretensão de encerrar o tema ou a discussão sobre a teoria da justiça. É evidente que, além dos autores que já surgiram, outros ainda se proporão a analisar o conceito da justiça e poder-se-ão encontrar diferentes conceitos dos aqui abordados, sendo oportuno destacar que quanto mais elementos a definição trouxer, mais satisfatória será a utilização do conceito de justiça para diferentes abordagens temáticas.

Um símbolo não espera silenciosamente pela chegada de alguém que o reconheça: é apenas constituído por um ato de conhecimento.[5] Eis o que ocorre com a justiça.

No Código de Hamurabi, que afirmava que a ordem social babilônica tinha origem em princípios universais e eternos de justiça ditados pelos deuses,[6] segundo Harari, estabelecia-se uma ordem hierárquica composta por homens superiores, homens comuns e escravos, sendo que os superiores ficavam com todas as coisas boas da vida; os homens comuns ficavam com o que sobrava; e os escravos não ficavam com nada.[7] Entretanto, considerava-se como propósito fundamental da justiça impedir que os fortes oprimissem os fracos.[8]

A justiça social é considerada a proteção dos fracos para evitar que sejam injustamente privados de seus direitos devidos, ou seja, seu *status* social legal, seus direitos de propriedade e condições econômicas devido ao *status* que ocupam e que estão na estrutura hierárquica intermediária existente.[9]

O ramo humanista da filosofia escolástica na Idade Média tentou tornar a antiga moralidade natural popular novamente, perdendo toda a certeza, em face do Deus onipotente, o governante absoluto da natureza.[10]

A cidade consolidou-se pela religião e se construiu em torno da Igreja, portanto seu poder, sua onipotência e o domínio absoluto de seus membros. Em uma sociedade baseada nesses princípios, a liberdade individual não pôde existir. Os cidadãos obedeciam sem reservas. O país que produzia a religião e a religião se apoiavam e formavam um só corpo. A combinação dessas duas forças era a combinação perfeita, formando um poder quase sobre-humano, e a alma

---

5. Ibidem, p. 76.
6. HARARI, Yuval Noah. *Sapiens*. Uma breve história da humanidade. São Paulo: L&PM, 2015. p. 112.
7. Ibidem, p. 141.
8. JOHNSTON, David. *Breve história da justiça*. Trad.: Fernando Santos. São Paulo: Editora WMF Martins Fontes, 2018. p. 18.
9. Ibidem, p. 19.
10. VILLEY, Michel. *A formação do pensamento jurídico moderno*. Trad. Cláudia Berliner. 2. ed. São Paulo: WMF Martins Fontes, 2009. p. 205.

e o corpo eram governados por esse poder.[11] As pessoas acreditavam que a lei, a justiça e a moralidade deviam ser todas sucumbidas aos interesses da pátria mãe. Portanto, os humanos não gozavam de liberdade nas cidades antigas.[12]

A ideia de que a sociedade deve governar o país por leis não é nova, pois os romanos já a admitiam, mas, no século XII, retornar a essa ideia foi uma revolução. Filósofos e juristas exigiam que as relações sociais fossem baseadas na lei e acabassem com a anarquia e o sistema arbitrário que governou durante séculos. Eles queriam um novo direito baseado na justiça, que a razão pudesse conhecer, e rejeitavam o apelo das coisas sobrenaturais. Os movimentos que aconteceram nos séculos XII e XIII foram tão revolucionários quanto os movimentos dos séculos XVIII ou XX, que tentaram substituir o domínio do poder pessoal pela democracia, a anarquia do regime capitalista e a organização da sociedade marxista.[13]

Na escuridão do apogeu da Idade Média, a sociedade voltou a um estado mais primitivo. Disputas entre indivíduos e grupos sociais resultaram na sobrevivência do mais apto ou na autoridade arbitrária dos chefes. O ideal de uma sociedade que garante os direitos de todos foi abandonado, havendo um paradoxo, pois uma sociedade cristã não deveria procurar se construir sobre os ideais da fraternidade e da caridade?[14]

Em sua primeira carta aos coríntios, São Paulo exaltou a caridade sobre a justiça e sugeriu que os crentes se submetessem à arbitragem de um padre ou irmão em vez de ir ao tribunal.[15] Nesse sentido bíblico, a justiça se relaciona à necessidade: "Bem-aventurados os que têm fome e sede de justiça, porque serão fartos".[16]

No entanto, a partir do século XVII, os filósofos rebelaram-se contra essa principal orientação teológica da lei natural impressa pelos padres da igreja. Com a ajuda de Hugo Grócio, o direito natural se baseou na natureza "racional" do homem.[17]

---

11. FUSTEL DE COULANGES, Numa-Denys. *A cidade antiga*. Trad.: Frederico Ozanam Pessoa de Barros. São Paulo: Editora das Américas, 2006. p. 158.
12. Ibidem, p. 160.
13. DAVID, René. *Os grandes sistemas do direito contemporâneo*. Trad.: Hermínio A. Carvalho. 5. ed. São Paulo: Martins Fontes, 2014. p. 40.
14. Ibidem, p. 39.
15. Ibidem, p. 39.
16. BÍBLIA. Português. Bíblia sagrada. Trad.: Centro Bíblico Católico. 61. ed. São Paulo: Ave Maria, 1971. Matheus 5, 6.
17. CHAGAS, Wilson. O chamado direito natural: em que consiste. *Revista da Faculdade de Direito*, São Paulo, v. 61, n. 1, p. 86-100, 1966. Disponível em: https://www.revistas.usp.br/rfdusp/article/view/66499. Acesso em: 22 nov. 2021. p. 87.

Há uma linha divisória entre o direito natural clássico e o positivismo jurídico, que é inseparável do realismo de Aristóteles e de São Tomás.[18] A escola do direito natural, que acabou por dominar os séculos XVII e XVIII, elevou a sistematização do direito, rompendo com a ideia de ordem natural exigida por Deus, para construir toda a ordem social a partir das pessoas, para exaltar os direitos naturais pessoais, que nascem da personalidade de cada indivíduo. O pensamento da lei subjetiva, desde então, dominou o pensamento jurídico.[19]

A justiça passou a estar relacionada com o direito e a ser considerada um conjunto de regras e leis razoáveis. Quando o racionalismo e o antropocentrismo substituíram os ideais transcendentais e as visões medievais centradas nos deuses, a lei natural não teve escolha a não ser buscar um fundamento de autonomia no ser humano.[20]

Na explicação de Guilherme de Ockham, existem apenas indivíduos, e não uma coletividade: existem apenas "Pedro", "Paulo", "a árvore" e "a pedra", e apenas eles constituem a "matéria". Quanto a "pessoas", como "plantas" ou "minerais", isso não existe, e podemos aplicar o mesmo para todos os conceitos gerais. Isso é o que se denomina de nominalismo.[21]

A metafísica de Ockham foi transmitida ao mundo da linguagem e do pensamento, ao universo conceitual, ao mundo da existência. Os conceitos de gênero, forma comum e relacionamento passaram a ser apenas conceitos, ferramentas e etapas para conhecimento da realidade única, apenas o começo do vago conhecimento pessoal. Universalidade e relacionamento são considerados simples ferramentas de pensamento. Na verdadeira natureza, não há nada superior ao indivíduo: não há universalidade, estrutura e leis naturais. O nominalismo de Ockham levou a uma ruptura cruel entre a filosofia e a fé: a filosofia natural e a razão dominariam a criação, e somente a fé seria o caminho para obter conhecimento de Deus.[22] Não há dúvida de que ele também é ancestral do positivismo, e Augusto Comte dará o significado da palavra porque o próprio termo faz parte do vocabulário ockhamiano (*res positivae*).[23]

O nominalismo costuma pensar tudo a partir da perspectiva do indivíduo: o indivíduo (não mais a relação entre vários indivíduos) tornou-se o centro dos interesses da ciência jurídica. A partir de então, os esforços da ciência jurídica

---

18. VILLEY, op. cit., p. 226.
19. DAVID, op. cit., p. 46-47.
20. RIBEIRO, Graziele Lopes. *Os paradoxos dos direitos humanos como entrave para o acesso à justiça.* 2021. Tese (Doutorado em Direito) – Faculdade Autônoma de Direito, São Paulo/SP, 2021. p. 17.
21. VILLEY, op. cit., p. 229.
22. Ibidem, p. 232.
23. Ibidem, p. 233.

tenderiam a descrever a qualidade jurídica do indivíduo, o alcance de suas habilidades e seus direitos pessoais. E, quanto às normas jurídicas, não seria mais possível extraí-las da ordem antes pensada para ser lida na natureza, sendo necessário encontrar sua origem inteiramente na vontade ativa do indivíduo: o positivismo jurídico é produto do nominalismo.[24]

A ideia de direito positivo é, portanto, parte do sistema clássico de lei natural. O positivismo, tendo como pano de fundo o avanço das ciências naturais, pretendeu integrar todo o conhecimento humano por meio da metódica empírica exata, liberta de toda e qualquer interpretação metafísica.[25]

No entanto, nesse sistema, embora haja uma espécie de justiça derivada da lei, uma espécie de justiça e positividade seria apenas uma fonte secundária, porque a primeira fonte do direito ainda seria a ordem natural, e o trabalho jurídico extrairia dela regras jurídicas. Ao contrário, o positivismo jurídico é uma doutrina que promove o direito positivo a ter como base a lei e, com base apenas na lei, toda a ordem jurídica. É nesse sentido, o mais claro e verdadeiro, que o positivismo jurídico é um produto do nominalismo. Ockham apenas reconhece o singular *res positivae* como objeto de conhecimento. Isso significa que ele só reconhecia a fórmula da lei, a expressão da vontade pessoal, e não mais a ordem da lei.[26]

Para as escolas jusnaturalistas, o direito seria algo anterior à sua institucionalização, confundindo-se, nas sociedades rudimentares, com condutas religiosas, usos e costumes e moral.[27] Importante diferenciar, nesse aspecto, o direito da moral. O direito é heterônomo, sendo as normas jurídicas imperativas e autorizantes e, dessa forma, bilaterais, ao passo que as normas morais são unilaterais.[28]

Outro impacto mais profundo vem do fato de que a moralidade (ou, em sua forma reflexiva, a ética) não é adequada como base para a eficácia das normas jurídicas. Em casos individuais, ao recorrer a valores morais supostamente indiscutíveis na sociedade, há uma vantagem: a moralidade sempre tem uma qualidade retórica decisiva. No entanto, quando se trata de proporcionar a possibilidade de sucesso e a estabilidade das expectativas normativas, a ética não pode ser invocada. Nesse caso, as regras que visam introduzir a zona de segurança devem ser legalizadas.[29]

---

24. Ibidem, p. 233.
25. MÜLLER, Friedrich. *O novo paradigma do direito*. Introdução à teoria e metódica estruturantes. 3. ed. rev., atual. e ampl. São Paulo: Ed. RT, 2013. p. 95-96.
26. VILLEY, op. cit., p. 236.
27. CALISSI, op. cit., p. 39.
28. Ibidem, p. 41.
29. LUHMANN, Niklas. *O direito da sociedade*. Trad.: Saulo Krieger. Trad. das citações em latim: Alexandre Agnolon. São Paulo: Martins Fontes, 2016. p. 182-183.

Posteriormente, o direito clássico romano firmou-se pelo trabalho dos jurisconsultos e da jurisprudência. No período pós-clássico, de inspiração cristã, no período do imperador Justiniano, o direito foi codificado, no século VI, originando o direito moderno e o *civil law*.[30]

No final da Idade Média, iniciou-se o processo de crise e ruptura do sistema feudal, que causou mudanças profundas na produção e na vida, substituindo uma economia agrícola, em que a servidão e as atividades comerciais sustentaram os meios de subsistência. No norte da Itália, desde o século XIII, predominou esse espírito capitalista. No entanto, o capitalismo gradualmente se formou, após alguns séculos, consolidando-se e atingindo quase toda a Europa. Na sua origem, a mentalidade capitalista foi determinada por práticas de negócios, individualismo e empresas competitivas, e o desejo, por lucros ilimitados, cálculos e processos previsíveis.[31]

Mais tarde, desde o século XVII, devido às condições materiais emergentes, com novas relações sociais e um clima de tolerância, surgiu a doutrina do liberalismo individual na Europa continental. Portanto, o liberalismo se tornou a personificação mais verdadeira da ética individualista e basicamente se concentrou no conceito de liberdade, manifestando-se em todos os aspectos da realidade, da filosofia, da economia, da política, da religião. E predominou como ideal de interesses pessoais na sociedade burguesa.[32]

Certamente, a organização feudal secular foi herdada por uma estrutura corporativa, marcada por múltiplas transformações em vários departamentos do conhecimento e atividades humanas. Esse processo abriu o horizonte para a chamada modernidade. A modernidade pode ser entendida não apenas como fluxo de tempo histórico, mas também como fenômeno da estrutura organizacional da sociedade.[33]

A partir do positivismo, surgido no século XIX, ocorreu a separação entre direito e moral.[34] O direito passou a ser um conjunto de regras que determinam o que pode e o que não pode ser punido, com uma estruturação de regras jurídicas válidas.[35]

---

30. CALISSI, op. cit., p. 43.
31. WOLKMER, Antonio Carlos. Cultura jurídica moderna, humanismo renascentista e reforma protestante. *Sequência*, Revista do Curso de Pós-Graduação em Direito da UFSC, Florianópolis, v. 26, n. 50, 2005, p. 9-28. Disponível em: https://periodicos.ufsc.br/index.php/sequencia/article/view/15182. Acesso em: 22 nov. 2021, p. 11.
32. Ibidem, p. 12.
33. Ibidem, p. 12.
34. CALISSI, op. cit., p. 43.
35. Ibidem, p. 45.

Portanto, assim como a ideia de justiça, a definição de direito tampouco é uniforme. A filosofia do direito procurou conceituar o direito por meio do jusnaturalismo e do juspositivismo, e do pós-positivismo.[36] O jusnaturalismo se fundamenta na ideia de um direito natural existente antes do Estado, frisando que já haveria uma ordem sobreposta à ordem do direito positivo, baseado, quanto à religiosidade, na ordem jurídica não produzida pelo homem, que a esta se sobreporia.[37]

Hodiernamente, o Brasil segue a lógica jurídica segundo a qual o direito é obtido conforme invenção romana clássica inspirada nos gregos, seguindo uma forma de organização social: o Estado moderno; um sistema econômico: o capitalismo; e uma filosofia: o positivismo.[38] Nesse sentido, cabível uma reflexão sobre se esse direito, tal como o conhecemos atualmente, tem produzido bons frutos e se é realmente a esse padrão que devemos permanecer nos direcionando. Veremos, assim, como pode ser concebida a justiça, na qual o direito se insere, mas não a esgota, já que a justiça, a seguir analisada de acordo com algumas teorias, engloba questões políticas e econômicas.

Devido ao pluralismo religioso e cultural, a sociedade moderna se baseia em um consenso sobre questões básicas de justiça para manter uma cosmovisão neutra, sendo, nesse sentido, um consenso sobreposto.[39] A história intelectual da justiça é, em grande medida, uma história de mudanças na forma de pensar sobre o aspecto social,[40] mas isso apenas prova a capacidade de julgar corretamente e distinguir entre verdadeiro e falso, ou seja, o chamado bom senso ou racionalidade, que é semelhante entre todas as pessoas.[41]

O liberalismo político representa uma resposta ao desafio do pluralismo. Sua principal preocupação é chegar a um consenso político básico para garantir que todos os cidadãos, independentemente de sua formação cultural, crenças religiosas e estilo de vida pessoal, gozem de igual liberdade. O consenso ideal sobre a questão da justiça política não pode mais ser sustentado pelo espírito que foi aceito da forma tradicional e permeou por toda a sociedade. No entanto, mesmo assim, os membros da sociedade moderna esperam a cooperação de forma

---

36. Ibidem, p. 33.
37. Ibidem, p. 38.
38. Ibidem, p. 31.
39. HABERMAS, Jürgen. *A inclusão do outro*: estudos de teoria política. Trad.: Denilson Luís Werle. São Paulo: Editora Unesp, 2018. p. 150.
40. JOHNSTON, op. cit., p. 43.
41. DESCARTES, René. *O discurso do método*. Disponível em: https://lelivros.love/book/download-discurso-do-metodo-rene-descartes-em-epub-mobi-e-pdf-2/. Acesso em: 15 nov. 2021.

justa entre si, sem violência,[42] unidos pelo medo – "elemento fundamental que nos liga, até hoje, ao questionamento de nossa contingência e forma de vida".[43]

O conceito de justiça aparece vinculado à ideia de igualdade, de equilíbrio, de valor moral subjetivo, de princípios e regras, de estabelecer atitude justa e merecedora de aprovação. Assim, aparece como legalidade e como valor ou fundamento ético,[44] conforme veremos.

1.1 A JUSTIÇA NA GRÉCIA ANTIGA

A Grécia Antiga pode ser dividida em dois períodos: o mitológico e o clássico ou democrático. O período mitológico se destaca pela influência dos deuses, não se estabelecendo demarcação entre o plano humano e o divino. Nessa época, a sociedade grega era rural, e o poder estava nas mãos de poucos – aristocracia – ou de um – monarquia. O Estado e a teologia se misturavam, de forma que quem tinha o poder também era considerado um Deus.[45]

A partir do período clássico, no final do século VI e início do século V a.C., o fundamento de todas as ocorrências, que até então eram justificadas pelas forças divinas, passou a ser a razão. Assim, surgiram a filosofia, as artes, as ciências, o direito, a medicina, a matemática.[46] Com a ação humana no centro dos acontecimentos, a mentalidade mitológica cedeu espaço à mentalidade racional e lógica. E partir dessa nova mentalidade, surgiu a democracia.[47] A ágora (praça) existente em toda pólis (cidade) conjugava os Poderes Judiciário, Legislativo e Executivo, porém sem a separação de tais poderes como conhecemos atualmente. Nesses espaços, a lei era debatida e votada, sempre se buscando o consenso.[48]

1.1.1 Sócrates

Sócrates viveu entre 470 e 399 a.C. Ele percorria a cidade de Atenas, ensinando jovens a partir do diálogo. Por esse método, induzia o interlocutor a chegar a conclusões.[49] Pelo diálogo, Sócrates buscava a verdade, utilizando o

---

42. HABERMAS, op. cit., p. 152.
43. CARNIO, Henrique Garbellini. *Fronteiras do direito*. Analítica da existência e crítica das formas jurídicas. Belo Horizonte: Casa do Direito, 2021. p. 38.
44. ANNONI, Danielle. *O direito humano de acesso à justiça no Brasil*. Porto Alegre: Sergio Antonio Fabris, 2008. p. 70.
45. SOUZA, Elton Luiz Leite de. *Filosofia do direito, ética e justiça*. Filosofia contemporânea. Porto Alegre: Núria Fabris Ed., 2007. p. 30-31.
46. Ibidem, p. 32.
47. Ibidem, p. 33.
48. Ibidem, p. 34-35.
49. CASTILHO, Ricardo. *Filosofia geral e jurídica*. 5. ed. São Paulo: Saraiva Educação, 2018. p. 52.

1 • UMA IDEIA DE JUSTIÇA – ANÁLISE DAS TEORIAS DA JUSTIÇA

termo "parresia" como sendo a "franqueza corajosa do dizer a verdade".[50] Sócrates acreditava que a verdade decide o que é justo e o que é injusto. Portanto, deve-se seguir a verdade, e não a opinião dos outros.[51]

Para Sócrates, a obediência à lei era o que diferenciava o homem civilizado do bárbaro.[52] Por essa razão, quando, em 399 a.C., foi chamado diante do conselho de justiça e formalmente acusado de impiedade, por desrespeito aos deuses, e de desvirtuar o pensamento dos jovens, declarou-se inocente, mas foi julgado culpado e executado por envenenamento. Acreditando na supremacia da lei, obedeceu-a, mantendo seus ideais. Assim, cumpriu a pena, ingerindo cicuta e vindo a óbito.[53]

1.1.2 Platão

Para Platão, as três principais faculdades da alma humana são: a razão, cuja virtude é a prudência, que advém do conhecimento; a vontade, que tem a coragem como virtude e provém do querer; e o desejo, que advém do prazer, e sua virtude é a temperança. Essas três virtudes formam a justiça. Para ele, a justiça não vem de apenas uma faculdade, mas do conjunto dessas três faculdades, e a justiça está relacionada à hierarquia, pois a injustiça nasce quando há desarmonia.[54]

Nesse sentido, Platão aponta, no diálogo entre Sócrates e Trasímaco, em sua obra *Justiça*:

> Ninguém exerce em qualquer posição de comando, na medida em que exerce um governo, visa ou ordena o que é vantajoso a si mesmo, mas o que é vantajoso a seus governados, os quais são o objetivo de sua arte. É daqueles que estão submetidos ao seu governo e do que é vantajoso e apropriado para eles que ele cuida, e tudo que ele diz e faz, o diz e faz a favor deles.[55]

A República, de Platão, é a primeira obra de síntese política e filosófica escrita em qualquer idioma. Como as outras obras de Platão, foi escrita em Atenas durante suas atividades de produção. É um documento surpreendente que revela um conceito especial de justiça baseado em uma concepção hierárquica radical da ordem política.[56] Importante ressaltar que os pré-socráticos contestaram a antiga visão de justiça, que era fundamentada no papel dos deuses de julgar os

---

50. FOUCALT, Michel. *A coragem da verdade*. O governo de si e dos outros II: curso no Collège de France. Trad.: Eduardo Brandão. São Paulo: Editora WMF Martins Fontes, 2011. p. 108.
51. Ibidem, p. 91.
52. CASTILHO, op. cit., p. 52.
53. Ibidem, p. 53.
54. SOUZA, op. cit., p. 37.
55. PLATÃO. *A justiça*. Tradução e notas: Edson Bini. São Paulo: EDIPRO, 2016. p. 62.
56. JOHNSTON, op. cit., p. 45.

homens e distribuir justiça. A partir deles, no entanto, essa função passou a ser entendida não mais na passividade, mas na racionalidade, atribuindo-se a justiça à responsabilidade dos homens.[57]

N'*A República*, Platão relata um diálogo de Sócrates sobre o tema homem justo, em que diversas concepções de justiça são apresentadas. Céfalo, homem idoso e abastado, inicia o tema. O filho Polemarco continua. Em seguida, Trasímaco, um sofista, propõe uma visão alternativa, negando que realmente exista justiça.

Na obra, Platão esclarece que o principal objetivo da justiça é aperfeiçoar a alma corretamente e, em seguida, construir e manter uma cidade organizada em relações hierárquicas entre pessoas cujas capacidades e virtudes são desiguais. Para ele, a justiça inclui as relações de comando e de obediência entre iguais. O conceito de reciprocidade, seja ele equilibrado ou não, não ocupa lugar de destaque. Além disso, Platão contribuiu para a difusão de que a esfera social é objeto da concepção de justiça.[58] Além da justiça, ele compartilhava os ensinamentos da temperança.[59]

1.1.3 Aristóteles

Aristóteles foi um filósofo grego, aluno de Platão e professor de Alexandre, o Grande, que viveu de 384 a.C. a 322 a.C. Aristóteles estudou diversos assuntos, como física, metafísica, poesia, música, lógica, retórica, governo, ética, biologia e zoologia, e é visto como um dos fundadores da filosofia ocidental.

Na obra *Ética a Nicômano*, trata especialmente da questão da felicidade e dos meios para alcançá-la. A obra é uma coletânea que reúne dez livros sobre variados assuntos referentes à moral e ao caráter. Aristóteles tinha como mestre Platão e passou a ensinar seu filho, Nicômano. A partir dos ensinamentos, levanta e discute ideias centrais para a filosofia ocidental, principalmente as debatidas em *A República*, de Platão.

Ao contrário de Platão, que via um conflito entre razão e desejo, Aristóteles entendia que a felicidade humana se realiza quando o desejo e a razão se completam, pois a felicidade é proporcionada pela vida racional.[60]

Para ele, a ética não é um conceito abstrato e distante, mas algo prático e palpável, um verdadeiro exercício que permite florescer a felicidade humana. A

---

57. CASTILHO, op. cit.
58. JOHNSTON, op. cit., p. 72-73.
59. PLATÃO. *O banquete*. Disponível em: http://www.dominiopublico.gov.br/download/texto/cv000048.pdf. Acesso em: 20 nov. 2021.
60. SOUZA, op. cit., p. 46.

felicidade seria a finalidade última do ser humano, um bem supremo para o qual todo homem se inclina, "a mais nobre e a mais aprazível coisa do mundo".[61] Assim, afirma que todo conhecimento e todo trabalho visa a algum bem, e o mais alto de todos os bens que se pode alcançar pela ação é a felicidade.

Também no pensamento aristotélico, a justiça é uma virtude. Segundo Aristóteles, a justiça política é dividida em natural, que expressa uma justiça objetiva e imutável, não podendo ser alterada pelo homem; e legal, que é lei positiva, podendo ser alterada pelo legislador.[62] Nesse sentido, "o homem sem lei é injusto, e o respeitador da lei é justo.[63]

No entanto, a maioria dos homens identifica o bem ou a felicidade com o prazer, por isso ama a vida dos gozos. Pessoas de grande refinamento, por outro lado, identificam a felicidade com a honra. Ele diz que a autossuficiência é aquilo que, em si mesmo, torna a vida desejável e carente de nada. A felicidade é, portanto, algo absoluto e autossuficiente.

O filósofo relata outra crença que se harmoniza com sua concepção: o homem feliz vive bem e age bem, pois definimos a felicidade como espécie de boa vida e boa ação. Faz uma comparação com os Jogos Olímpicos, que não são os mais belos e os mais fortes que conquistam a coroa, mas os que competem, já que é dentre estes que hão de surgir os vencedores. Dessa forma, as coisas nobres e boas da vida só são alcançadas pelos que agem retamente.

Para Aristóteles, a própria vida é aprazível por si mesma. O prazer é um estado da alma, e para cada homem é agradável aquilo que ele ama: coisas materiais para uns e, para outros, amantes da justiça, os atos justos; atos virtuosos, aos amantes da virtude. A felicidade pertence ao número das coisas estimadas e perfeitas. E também parece ser um primeiro princípio, pois é tendo-a em vista que fazemos tudo o que fazemos. Assim, a felicidade é uma virtude da alma, conforme a virtude perfeita. Por isso, Aristóteles passa a analisar a natureza da virtude humana, que entende não ser a do corpo, mas a da alma.

Ele divide a virtude em espécies, algumas intelectuais e outras morais. Dentre as primeiras, encontram-se a sabedoria filosófica, a compreensão e a sabedoria prática. E dentre as segundas, a liberalidade e a temperança. E os hábitos dignos de louvor, chama de virtudes.[64]

---

61. ARISTÓTELES. *Ética a Nicômano*. Trad.: Leonel Vallandro e Gerd Bornheim da versão inglesa de W.D. Ross. 4. ed. São Paulo: Editora Nova Cultural, 1991. p. 17.
62. CARNIO, Henrique Garbellini; GONZAGA, Alvaro de Azevedo. *Curso de sociologia jurídica*. São Paulo: Ed. RT, 2011. p. 72.
63. ARISTÓTELES. op. cit., p. 98.
64. Ibidem, p. 27.

A virtude intelectual cresce graças ao ensino. Por isso, requer experiência e tempo, enquanto a virtude moral é adquirida em resultado do hábito. Assim, nenhuma das virtudes morais surge em nós por natureza.

As diferenças de caráter nascem de atividades semelhantes. É preciso, pois, atentar para a qualidade dos atos que praticamos. O homem que se entrega a todos os prazeres e não se abstém de nenhum torna-se intemperante, enquanto o que evita todos os prazeres torna-se insensível.[65] Para considerar o que é virtude, é preciso considerar que na alma se encontram três espécies de coisas – paixões, faculdades e disposições de caráter. As virtudes não são paixões nem faculdades: são disposições de caráter.[66] A virtude moral deve ter o atributo de visar ao meio-termo. Se o fim é aquilo que desejamos, o meio é aquilo acerca do qual deliberamos e escolhemos; assim, as ações relativas ao meio devem concordar com a escolha e ser voluntárias. Dessa maneira, depende de nós praticar atos nobres ou vis e, se for isso o que se entende por ser bom ou mau, então depende de nós sermos virtuosos ou viciosos.

Para Aristóteles, a excelência moral não é emoção ou faculdade, mas disposição de alma, uma disposição para escolher o meio-termo. O meio-termo é, assim, o caminho ético para a excelência e requer reconhecimento de que a felicidade não se confunde com o prazer e o sofrimento, pois é por causa do prazer que praticamos más ações e é por causa do sofrimento que deixamos de praticar boas ações. Além disso, requer a construção progressiva de uma consciência moral constituída pelos meios-termos ou excelências morais, operada pelo discernimento e regulada pela reta razão. Os atos justos também estão distantes dos extremos, sendo intermediários.[67] Entre todas as virtudes, somente a justiça requer o bem do outro, pois se relaciona com o próximo.[68]

Aristóteles divide a justiça em equidade e justiça corretiva. Salienta que, em muitos casos, a reciprocidade não se vincula à justiça corretiva. Aristóteles, ainda classifica a justiça, quanto aos bens, em distributiva, com a distribuição ou repartição de bens, de acordo com os méritos de cada um, como uma igualdade proporcional, e em corretiva, como forma de corrigir uma situação de injustiça por meio da igualdade absoluta. Por fim, a correção do justo legal, nos casos em que houve omissão do legislador em prever algum caso, se dá por meio da equidade.[69]

---

65. Ibidem, p. 29.
66. Ibidem, p. 33.
67. Ibidem, p. 94.
68. Ibidem, p. 97.
69. "Portanto, quando a lei se expressa universalmente e surge um caso que não é abrangido pela declaração universal, é justo, uma vez que o legislador falhou e errou por excesso de simplicidade, corrigir a omissão – era outras palavras, dizer o que o próprio legislador teria dito se estivesse presente, e que teria incluído na lei se tivesse conhecimento do caso" (Ibidem, p. 120).

O argumento da correção constitui a base de outros dois argumentos, a saber, o argumento da injustiça e o dos princípios. As normas e decisões jurídicas individuais, ou o sistema jurídico como um todo, inevitavelmente, formarão proposições a fim de reivindicar correções. O sistema normativo que não expressa explícita ou implicitamente essa reivindicação não pode ser considerado um sistema jurídico, conforme esclarece Alexy. Sistemas, normas e decisões que não formulam questões relacionadas às correções ou não satisfazem a pretensão à correção podem ser tidos como legalmente falhos.[70]

A maior contribuição de Aristóteles é o desenvolvimento dos conceitos de justiça distributiva e igualdade geométrica. Ao distribuir bens entre os sujeitos, deve-se considerar que, se eles não forem iguais, não obterão as mesmas concessões – o conceito de justiça determina que seja distribuído o que é igual aos iguais e o que é desigual aos desiguais. Hoje em dia, quando as pessoas pretendem invocar a proporcionalidade, ao considerar a equivalência, frequentemente invocam a afirmação de Aristóteles.[71]

O próprio princípio da igualdade (estoico) é neutro: diz que todas as pessoas são criadas iguais, mas aponta para o ponto de partida da humanização das pessoas. Porque as condições sociais e pessoais de cada um são diferentes, as pessoas não são essencialmente iguais: isso é o que a teoria da igualdade humana pretende esclarecer. A igualdade natural significa a igualdade de nascimento, ou seja, a origem comum da humanidade, mas é por meio do crescimento que os homens se tornam diversos e humanos.[72]

Em muitos casos, a desigualdade requer ações de redistribuição coletiva, não apenas porque viola nosso senso de justiça social, mas também porque significa um sério desperdício de recursos humanos que poderiam ter sido mais bem aproveitados em benefício de todos.[73]

1.2 A INFLUÊNCIA DA IGREJA NA IDEIA DE JUSTIÇA

A religião relaciona a justiça à caridade. Relevantes foram as contribuições de Santo Agostinho e de São Tomás de Aquino para o estudo da filosofia religiosa relacionada à justiça, conforme passaremos a analisar.

---

70. ALEXY, Robert. *Conceito e validade do direito*. Trad.: Gercélia Batista de Oliveira Mendes. São Paulo: Editora WMF Martins Fontes, 2009. p. 43.
71. SILVA, Fernanda Tartuce. *Vulnerabilidade como critério legítimo de desequiparação no processo civil*. 2011. Tese (Doutorado em Direito) – Universidade de São Paulo, São Paulo/SP, 2011. p. 25.
72. CHAGAS, op. cit., p. 86-100.
73. PIKETTY, Thomas. *A economia das desigualdades*. Trad.: Pedro Elói Duarte. Lisboa: Conjuntura Actual, 2014. p. 133.

1.2.1 Santo Agostinho

Santo Agostinho nasceu no ano 354 e foi o responsável por fazer uma síntese entre religião e filosofia.[74]

O teólogo ensinava que a melhor maneira de purificar o espírito era a educação, assim como Sócrates e Platão, porque o espírito educado pensaria com clareza e com verdade. Isso se daria pela via do estudo, ou seja, conhecendo o mundo pela inteligência e pela razão, mas mantendo a fé. Assim, aproximou a religião da filosofia, retirando-a da metafísica.[75]

O ideal de Santo Agostinho era que as leis humanas se conformassem às leis da justiça cristã e, ainda melhor, se fossem justas.[76] Ele visava promover a justiça do Evangelho e criou uma nova concepção das leis temporais reconciliadas com a plena justiça divina.[77] Desejava que a cidade terrena fosse uma reprodução da cidade divina, ou seja, que o direito se tornasse cristão.[78] Segundo Santo Agostinho, a justiça consistia em dar a cada um o que é seu,[79] o que mais tarde foi criticado por São Tomás de Aquino, conforme veremos a seguir.

1.2.2 Tomás de Aquino

Santo Tomás de Aquino nasceu em 1225 e sistematizou a obra de Aristóteles, com uma nova visão sobre lógica, física, metafísica e ética. Essa nova feição foi chamada escolástica.[80]

Diferentemente de Santo Agostinho, que considerava a fé como a única via para que o homem alcançasse a virtude, Santo Tomás de Aquino acreditava que os atos humanos devem ser considerados para efeito de atribuição de justiça. Por ser inteligente, o homem saberia naturalmente o que fazer para praticar o bem, considerada esta a lei natural, emanada de Deus. Porém, pregava a existência de outra lei, a concebida pelos homens, que seria o conjunto de normas que regula a vida em sociedade e abrange justiça, moral e ética. Mas as leis dos homens deveriam estar em acordo com a lei natural, para assim se chegar à felicidade.[81]

Contrariando Santo Agostinho, Tomás de Aquino entende que socorrer os miseráveis não é justiça, pois se entrega o que não lhes pertence. Assim, o ato da

---

74. CASTILHO, op. cit., p. 76.
75. Ibidem, p. 68.
76. VILLEY, op. cit., p. 107.
77. Ibidem, p. 106.
78. Ibidem, p. 108.
79. CASTILHO, op. cit., p. 69.
80. Ibidem, p. 68.
81. Ibidem, p. 71-72.

justiça não consiste em dar a cada um o que lhe pertence.[82] Chama-se justo o ato que, por assim dizer, implica a retidão da justiça e no qual termina a atividade desta, mesmo sem considerarmos de que modo ela é feita pelo agente.[83] Entende ainda que as virtudes morais retificam as paixões internas do homem, mas as ações relativas aos outros precisam de uma retificação especial, que é a justiça.[84] Assim, equilibra a necessidade da lei positiva humana e de suas relações com o direito natural.[85] Entretanto, a lei positivada deve corresponder ao direito natural como condição de validade, ou seja, para Tomás de Aquino, a lei positiva, para ser válida, também deve ser justa. Dessa forma, sua teoria é considerada jusnaturalista, distinguindo-se do positivismo jurídico no sentido de que, para os positivistas, a lei positiva é válida ainda que injusta.[86]

1.3 A JUSTIÇA EM HOBBES

Thomas Hobbes foi o grande filósofo do absolutismo. Na obra *Leviatã*, referência ao monstro bíblico que possuía coração de pedra e era extremamente poderoso – analogia ao Estado Absolutista –, afirma que o homem deve trabalhar em sociedade e para a sociedade, de modo a garantir a continuidade de sua própria vida. Hobbes ainda defende que o melhor modo de conquistar e assegurar a paz é criando pactos e garantindo meios para que estes durem por muito tempo. Nesse Estado, os súditos escolhem seu governante, que é absoluto, imbuído de plenos poderes, mas que pode ser deposto caso não cumpra sua função perante a sociedade.[87]

Certamente, é preciso apontar que Hobbes não é apenas um dos criadores do moderno Estado autoritário, mas também um dos primeiros intérpretes a identificar o direito como a manifestação jurídica do soberano. Trata-se da tendência que acabaria por se tornar dominante, ou seja, leis condizentes com a legislação introduzida pelo poder supremo, ainda que sejam leis criadas pelo Estado.[88]

Na visão de Hobbes, é impossível considerar os conceitos de responsabilidade política, do soberano e de Estado sem antes fazer referência ao conceito de estado de natureza, bem como aos conceitos de direito natural e lei natural. O poder soberano é considerado a partir da investigação de sua legalidade. A

---

82. TOMÁS DE AQUINO. *Suma Teológica*. Trad.: Alexandre Correia. Disponível em: https://sumateo-logica.files.wordpress.com/2017/04/suma-teolc3b3gica.pdf. Acesso em: 18 ago. 2021, p. 2.110.
83. Ibidem, p. 2.095.
84. Ibidem, p. 2.102.
85. VILLEY, op. cit., p. 197.
86. BOBBIO, Norberto. *Locke y el derecho natural*. Valencia: Tirant Humanidades, 2017. p. 34-35.
87. CASTILHO, op. cit., p. 95.
88. WOLKMER, op. cit., p. 9-28.

ruptura se dá porque, ao tentar responder à questão da origem do poder político, o eixo que o liga à questão da legitimidade é substituído: a primeira fonte de legitimidade não é mais Deus ou a natureza, mas o homem e a natureza humana.[89]

Hobbes compreende o direito natural como as leis que existem no estado da natureza, mas não são vigentes. Assim, considerando que no estado da natureza não existe obrigação de reciprocidade, ou seja, é um estado de insegurança perpétuo, os homens procuram mudá-lo, passando do estado de natureza ao estado civil. Os indivíduos acordam em renunciar a alguns direitos que teriam no estado natural e os transferem ao soberano para que se estabeleça a segurança e as obrigações tornem a ser eficazes.[90] Na visão de Hobbes, a condição essencial para estabelecer a paz é a subordinação de todo juízo individual a respeito do bem e do mal, da justiça e da injustiça aos ditames de um legislador soberano.[91]

Henrique Garbellini Carnio explica, por outro lado, que os indivíduos se relacionam desde a instituição do bando arcaico em relações de direito obrigacional de débito e crédito, o que foi transposto para as comunidades, implicando o banimento do indivíduo que, condenado, passa a ser odiado como um inimigo.[92] Nesse sentido, destaca-se, segundo Max Weber, que a sociedade é apenas e reconciliação de interesses competitivos, em cujo caso somente uma parte do objetivo ou dos meios de luta são eliminados; no entanto, o conflito real de interesses com a correspondente competição de oportunidades persiste.[93]

Junto com John Locke e Jean-Jacques Rousseau, Hobbes constitui a tríade clássica. Esses pensadores supõem que os indivíduos no estado de natureza (pré-político) concordarão com um acordo – um contrato social – que estabelecerá um governo responsável por proteger ou alterar os direitos naturais dos cidadãos[94] em prol da vida coletiva e da paz. Ele separa a filosofia política da fé, tratando-a como decorrência da razão.[95]

---

89. MARUYAMA, Natalia. Liberdade, lei natural e direito natural em Hobbes: limiar do direito e da política na modernidade. *Trans/Form/Ação*, São Paulo, v. 32, n. 2, p. 47-48, 2009. Disponível em: https://www. scielo.br/j/trans/a/4LdbKkHPSgbRVkV9tV3SpvC/?format=pdf&lang=pt. Acesso em: 22 nov. 2021.

90. BOBBIO, op. cit., p. 35-36.

91. WALDRON, Jeremy. *A dignidade da legislação*. São Paulo: Martins Fontes, 2003. p. 53-54.

92. CARNIO, op. cit., p. 95-96.

93. WEBER, Max. *Conceitos básicos de sociologia*. Trad.: Rubens Eduardo Ferreira Frias e Gerard Georges Delaunay. São Paulo: Centauro, 2002. p. 73.

94. FAGGION, Vinícius de Souza. O papel da teoria do conhecimento de Locke para seus escritos políticos. *Pormetheus – Journal of Philosophy*, v. 11, n. 30, p. 279-298, 2019. Disponível em: https://seer.ufs.br/ index.php/prometeus/article/view/7989. Acesso em: 22 nov. 2021. p. 280.

95. VILLEY, op. cit., p. 683.

1.4 O ILUMINISMO E A JUSTIÇA

Os filósofos de origem burguesa que participaram da Revolução Francesa, como forma de transformação da sociedade, eram seguidores e defensores da luz da razão em face do obscurantismo político e doutrinário da aristocracia feudal.[96] Por isso, se tornaram conhecidos como iluministas. Dentre os pensadores desse período, destacamos Montesquieu e Kant.

1.4.1 Montesquieu

Para Montesquieu, a Constituição teria o papel de limitar as ações do rei a partir das noções de honra e de justiça. A divisão do Estado em três poderes, como proposta por Montesquieu, foi efetivada, pela primeira vez, na Constituição dos Estados Unidos da América, em 1787. Dada a sua descrença no direito natural de herança divina – seja ela do rei, dos nobres ou mesmo das pessoas do povo –, Montesquieu não contemplou, na sua divisão de classes, os representantes da Igreja. Ficou clara a sua intenção de separar Igreja e Estado.[97]

Montesquieu afirma que, numa dada democracia, cada um deve ter a mesma felicidade e as mesmas vantagens, deve experimentar os mesmos prazeres e as mesmas esperanças. Para o filósofo francês, o amor à igualdade, numa democracia, limita a ambição ao único desejo, à única felicidade de prestar à pátria maiores serviços do que os outros cidadãos.[98]

Diferentemente, nos Estados despóticos, não há lei: o juiz é ele mesmo sua própria regra. Nos Estados monárquicos, existe uma lei: onde ela é precisa, o juiz segue-a; onde ela não o é, ele procura seu espírito. No governo republicano, é da natureza da constituição que os juízes sigam a letra da lei.[99]

Por outro lado, nas democracias, o povo parece fazer o que quer, mas a liberdade política não consiste em se fazer o que se quer. Em um Estado, isto é, numa sociedade onde existem leis, a liberdade só pode consistir em poder fazer o que se deve querer e em não ser forçado a fazer o que não se tem o direito de querer. A liberdade é o direito de fazer tudo o que as leis permitem. Se um cidadão pudesse fazer o que elas proíbem, ele já não teria liberdade, porque os outros também teriam tal poder.[100] No entanto, a obediência às leis é atingida pelo receio

---

96. SOUZA, op. cit., p. 120.
97. CASTILHO, op. cit., p. 110.
98. MONTESQUIEU, op. cit., p. 54.
99. Ibidem, p. 87.
100. Ibidem, p. 166.

dos cidadãos de que sofram punições pelo desacato.[101] Portanto, não há liberdade plena quando se convive em sociedade.

Assim, há certo cinismo quanto ao poder do Estado, e não é de hoje. Trasímaco, de Platão, já dissera que o justo outra coisa não é senão o interesse do mais forte. E que muitos odeiam a tirania apenas para que possam estabelecer a sua.[102]

Como dito por Maquiavel, a liberalidade, usada de forma que se torne conhecida de todos, prejudica, porque, se usada virtuosamente e como se a deve usar, ela não se torna conhecida e o indivíduo não conseguirá tirar de cima de si a má fama. Querendo manter entre os homens o nome de liberal, porém, é preciso não esquecer nenhuma espécie de suntuosidade, de forma tal que um príncipe, assim procedendo, consumirá em ostentação todas as suas finanças e terá necessidade de, ao final, se quiser manter o conceito de liberal, cravar extraordinariamente o povo de impostos, ser duro no fisco e fazer tudo aquilo de que possa se utilizar para obter dinheiro. Isso começará a torná-lo odioso perante o povo e, empobrecendo-o, fá-lo-á pouco estimado de todos.[103]

1.4.2 Kant

Immanuel Kant, ao escrever sobre moral e direito, sugere que, em sociedade, a pessoa é regida por uma lei interna, relacionada com a moral, com o sentimento íntimo de dever da pessoa para com o seu grupo. Por outro lado, a pessoa obedece à lei objetiva, ainda que contra a sua vontade, ou seja, o cidadão pratica sobre si mesmo uma coação subjetiva.[104]

Para ele, a vontade universal é dada inatamente e determina o que é certo entre as pessoas. No entanto, esse tipo de unidade da vontade do todo pode tornar-se simultaneamente a causa do efeito esperado e a prática do conceito jurídico. Assim, o uso da razão puramente prática e sua justiça, e seu propósito – os benefícios da paz eterna –, será naturalmente dado a todos. Dessa forma, entende que a própria moralidade é única e, se relacionada a uma política cognoscível *a*

---

101. CASTILHO, Ricardo. Teoria do Poder e Abusos do Poder. In: CASTILHO, Ricardo (Org.); STRASSER, Francislaine de Almeida Coimbra; RIBEIRO, Graziele Lopes; RAVAGNANI, Milton Roberto da Silva Sá (Org.). *As faces do poder*. Rio de Janeiro: Lumen Juris, 2019. p. 4.

102. Ibidem, p. 6.

103. MAQUIAVEL, Nicolau. *O príncipe*. Disponível em: http://www.dominiopublico.gov.br/download/texto/cv000052.pdf. Aceso em: 20 nov. 2021.

104. CASTILHO et al., op. cit., p. 5.

priori, ela se torna mais comum.[105] Em consequência, a felicidade própria e alheia somente é possível na existência da razão.[106]

Kant questiona o que é o homem, já que no Iluminismo o homem, e não mais Deus, passou a ser o centro. Enquanto ser racional, o homem é um conjunto de faculdades, sendo a principal a razão, e a atividade própria da razão é o pensar, ao passo que a atividade própria da inteligência é o conhecer. A razão teria a função de estimular a liberdade e o respeito à lei moral. Por isso, quando se trata de questões relativas à justiça, a razão predomina em detrimento da inteligência.[107]

Kant distingue a moralidade, que se identifica com a própria razão, da legalidade, cuja característica é definida por outra causa, por exemplo, o temor da sanção.[108] Assim, fazer alguma coisa porque é o certo, e não porque é útil ou conveniente, é que confere valor moral a uma ação.[109] Dessa forma, ele enxerga a humanidade como um fim em si mesmo, um valor absoluto, pois não se pode fundamentar a lei moral em interesses, propósitos ou objetivos particulares.[110]

1.5 A JUSTIÇA NA FILOSOFIA CONTEMPORÂNEA

A influência do Iluminismo no século XIX até o presente ensejou a crença na razão, na tecnologia e na sociedade industrial como sementes para um desenvolvimento constante. Entretanto, em contrapartida, a geração de riquezas criou a exclusão e a exploração de grande parte da população, levantando o questionamento sobre a justiça nessa era. A seguir, serão analisados alguns dos autores do período contemporâneo.

1.5.1 John Rawls

A disputa em torno do conceito de justiça vem rendendo elevadas discussões desde a publicação de *Uma teoria da justiça*, de John Rawls, em 1971.[111] No início

---

105. KANT, Immanuel. *A paz perpétua*. Um projecto filosófico. Trad.: Artur Morão. Covilhã, 2008, p. 42-43.
106. KANT, Immanuel. *Groudwork for the Metaphysics of Morals*. Disponível em: http://www.naharvard.pl/uploads/lektury/Immanuel_Kant_Groundwork_for_the_Metaphysics_of_Morals_1785.pdf. Acesso em: 26 jun. 2021.
107. SOUZA, op. cit., p. 121-122.
108. PEDRON, Flávio Quinaud. O giro linguístico e a autocompreensão da dimensão hermenêutico-pragmática da linguagem jurídica. *Revista Eletrônica do Curso de Direito* – PUC Minas, Serro, n. 3, 2011. Anais do I Congresso de Filosofia do Direito – 31/08 a 04/09/2010. Disponível em: http://periodicos.pucminas.br/index.php/DireitoSerro/article/view/2002. Acesso em: 7 abr. 2022. p. 175.
109. SANDEL, Michael J. *Justiça*. O que é fazer a coisa certa. Trad.: Heloisa Matias e Maria Alice Máximo. 17. ed. Rio de Janeiro: Editora Civilização Brasileira, 2015. p. 145.
110. Ibidem, p. 154.
111. SIMIM, Thiago Aguiar. Entre comunitaristas e liberais: a teoria da justiça de Axel Honneth. *Rev. Direito e Práx.*, Rio de Janeiro, v. 8, n. 1, p. 386-412, 2017. p. 388.

da obra, Rawls escreve que "a justiça é a primeira virtude das instituições sociais, como a verdade o é dos sistemas de pensamento".[112] Ao longo de sua reflexão, o autor se volta para o indivíduo, o que pode ensejar uma conclusão individualista. Entretanto, para ele, a cooperação social visa assegurar as condições para que cada indivíduo realize, ao máximo, o seu sistema de desejos. Tais sistemas são distintos, e, dessa forma, as regras sociais não podem se fundamentar em princípios cabíveis a um indivíduo só, como seria o pensamento utilitarista – que analisaremos no item seguinte –, devendo procurar minimizar diferenças a fim de satisfazer a todos. Sua teoria se baseia nos princípios da igualdade e da diferença, agregando o pluralismo de valores da sociedade moderna, ou seja, capaz de atentar-se a todas as diferenças como critério de justiça, alcançando qualquer situação particular.[113]

Rawls explica que a injustiça somente pode ser tolerada se for para impedir uma injustiça ainda maior. Um consenso sobre uma ideia de justiça é necessário para que os indivíduos coordenem seus planos com eficiência a fim de garantir que acordos mutuamente benéficos sejam mantidos.[114]

Seu foco é na justiça social, que deve avaliar os padrões distributivos da estrutura básica da sociedade. Rawls usa a justiça como equidade fundada nos princípios de pessoas livres e racionais que, preocupadas em promover seus próprios interesses, aceitariam uma posição inicial de igualdade. Na condição de ninguém conhecer seu lugar na sociedade, a posição de sua classe, ou seu *status* social, haveria a posição original de igualdade, correspondente ao estado de natureza na teoria tradicional do contrato social. As pessoas estariam numa posição racional e mutuamente desinteressada. Para ele, uma sociedade é uma associação de pessoas que, em suas relações mútuas, reconhecem certas regras de conduta como obrigatórias, agindo, quase sempre, de acordo com elas. No entanto, embora o fim seja promover o bem dos que fazem parte dela, ela também é marcada por conflitos.[115]

Percebe-se a questão social e política desenvolvida no conceito de justiça. Dessa forma, a justiça não se encerra na questão jurídica, se relacionando com as questões econômicas e políticas.

Os cidadãos pressupõem tacitamente uma consciência moral ou senso de justiça que transcende os limites da cosmovisão e, ao mesmo tempo, aprendem a tolerar diferenças como fonte de desacordos razoáveis. Diante

---

112. RAWLS, John. *Uma teoria da justiça*. Trad.: Almiro Pisetta e Lenita M. R. Esteves. São Paulo: Martins Fontes, 1997. p. 3.
113. SIMIM, op. cit., p. 389.
114. RAWLS, op. cit., p. 7.
115. Ibidem, p. 4.

desse estado de consciência moderna, Rawls apresentou uma proposta de uma visão suficientemente neutra da justiça em torno da qual é possível concretizar acordos políticos básicos entre cidadãos com diferentes conceitos religiosos ou metafísicos.[116]

Assim, a estrutura básica deve ser avaliada a partir da posição de cidadania definida pelos direitos e liberdades exigidos pelo princípio de liberdade igualmente considerado e pelo princípio da igualdade equitativa de oportunidades.[117] O princípio da oportunidade equitativa conduz a uma sociedade meritocrática, que, para tanto, deve reparar o desvio das contingências na direção da igualdade, por exemplo, gastar mais recursos com a educação dos menos inteligentes.[118]

Rawls propõe que uma concepção de justiça será mais estável que outra se o senso de justiça for mais forte entre as pessoas e se as instituições não fomentarem impulsos e tentações tão fortes no sentido de agir de forma injusta. Portanto, para ele, a estabilidade de uma concepção depende de um equilíbrio de motivos: "o senso de justiça que ela cultiva e os objetivos que encoraja devem normalmente ser mais fortes que as propensões para a injustiça".[119]

O senso de justiça relacionado à moralidade é identificado no primeiro estágio da moralidade no meio familiar, com o amor dos pais pela criança, em sua intenção de cuidar dela.[120] O segundo estágio é o da moralidade de grupo, a partir do conceito de que os indivíduos se associam a partir de um sistema de cooperação social, agindo de forma a apoiar suas regras justas (ou equitativas), conduzidos por laços de amizade e confiança mútua, de modo que, estabelecidos, um dos participantes tende a adquirir sentimentos de culpa quando não cumpre sua parte.[121] Num terceiro estágio, estaria a moralidade de princípios, que "nos leva a aceitar as instituições justas que se aplicam a nós e das quais nós e nossos consócios nos beneficiamos".[122] Esse dever natural de promover ordenações justas busca estender a concepção incorporada nesses sistemas a outras situações, promovendo o bem da comunidade em sentido mais amplo.[123]

---

116. HABERMAS, op. cit., p. 153.
117. RAWLS, John. *Uma teoria da justiça*. Trad.: Almiro Pisetta e Lenita M. R. Esteves. São Paulo: Martins Fontes, 1997. p. 102.
118. Ibidem, p. 107.
119. Ibidem, p. 505.
120. Ibidem, p. 514.
121. Ibidem, p. 525.
122. Ibidem, p. 525-526.
123. Ibidem, p. 526.

Nussbaum, a respeito de Rawls, afirma que o que queremos que os atores políticos façam é manter a justiça básica, não buscar a maximização dos interesses gerais.[124]

De certa forma, em *Uma teoria da justiça*, Rawls deu continuidade à abordagem kantiana, assumindo que os princípios de justiça aplicáveis – a cada sociedade foram estabelecidos: cada sociedade tem uma estrutura básica, cuja forma é determinada por esses princípios. A estrutura básica de uma sociedade é definida como as principais instituições sociais, distribuindo direitos básicos e obrigações e conferindo as vantagens da cooperação social.[125]

Rawls compreende um contrato social como um acordo hipotético em posição original de equidade, como se todos os seres estivessem cobertos por um véu de ignorância que temporariamente impeça de saber quem é cada um. Em decorrência desse contrato, surgiriam dois princípios de justiça: um que oferece as mesmas liberdades básicas para todos os cidadãos, como liberdade de expressão e religião; e outro que se refere à equidade social e econômica.[126]

Rawls compara esse modelo de argumentação para a geração de contratos sociais com a tradição utilitarista, que se concentra em produzir o bem maior para todos os membros, como veremos a seguir.[127]

A partir da obra de Rawls, os estudiosos passaram a dividir o conceito de justiça em duas concepções fundamentais, sob o ponto de vista de liberais e de comunitaristas, principalmente nos debates da década de 1980.[128] Os comunitaristas se aglutinaram na posição de crítica à teoria de Rawls, enquanto os liberais defendiam a filosofia política rawlsiana.[129] Segundo Rainer Forst, os comunitaristas são obcecados pelo contexto, ou seja, o indivíduo inserido em sociedade, enquanto liberais são esquecidos do contexto social, crendo que a justiça deve ser neutra quanto a valores, visando mediar a convivência das diferenças culturais na sociedade contemporânea.[130] Para os liberais, a justiça é vista sem a integração moral, e a liberdade passa a ser a ausência de obstáculos externos à autorrealização individual, prevalecendo a autonomia privada.[131] Segundo Forst, cabe ao Estado a

---

124. NUSSBAUM, Martha C. *Fronteiras da justiça*. Deficiência, nacionalidade, pertencimento à espécie. Trad.: Susana de Castro. São Paulo: Editora WMF Martins Fontes, 2013. p. 418.

125. Ibidem, p. 287.

126. SANDEL, op. cit., p. 178/179.

127. SEN, Amartya. *A ideia de justiça*. Trad.: Denise Bottmann. Ricardo Doninelli Mendes. São Paulo: Companhia das Letras, 2009. p. 45.

128. SIMIM, op. cit., p. 388.

129. Ibidem, p. 388.

130. Ibidem, p. 391-392.

131. Ibidem, p. 394.

incumbência de garantir as liberdades básicas à sociedade civil,[132] devendo formar um arcabouço de direitos e deveres que assegure aos sujeitos éticos desenvolver suas concepções éticas do bem.

1.5.2 Jeremy Bentham

Ainda quanto às teorias da justiça, o utilitarismo procura maximizar a felicidade da sociedade, como estado mental, sendo insensível ao fato de que, em determinadas circunstâncias de extrema pobreza, não se criem expectativas de direitos básicos e os indivíduos se conformem com tal situação.[133] Já o libertarismo procura garantir ao máximo os direitos individuais, porém não concilia liberdades formais com liberdades substantivas, já que liberdade individual de forma libertária pode causar prejuízos às liberdades substantivas de outras, como a fome.[134]

Bentham desprezava a ideia de direitos naturais e foi o fundador da doutrina utilitarista. Sua teoria fundamentou-se na ideia de que o mais elevado objetivo da moral é maximizar a felicidade, assegurando a hegemonia do prazer sobre a dor.[135]

O princípio da utilidade é o fundamento de sua teoria. Por esse princípio, aprova-se ou desaprova-se toda ação, de acordo com o aumento ou a diminuição da felicidade, sendo aplicado não apenas em todas as ações de um indivíduo privado, mas em todas as medidas de governo.[136]

A utilidade é a qualidade em qualquer objeto, por meio do qual tende a produzir benefício, vantagem, prazer, bem ou felicidade ou prevenir o acontecimento de dano, dor, maldade ou infelicidade à parte cujo interesse é considerado: o indivíduo ou a comunidade. O interesse da comunidade, segundo Bentham, é a soma dos interesses dos vários membros que a compõem.[137]

Bentham estabeleceu uma nova abordagem da justiça baseada no empirismo, considerando a natureza humana. Seguindo a filosofia de Locke, o fundamento de sua justiça estava na felicidade humana, já que todo esforço humano é uma busca

---

132. BORGES, Charles Irapuan Ferreira. A Constituição do Self Moderno: Rainer Forst entre Liberais e Comunitaristas. *Intuitio*, Porto Alegre, v. 5, n. 1, p. 90-105, Jul. 2012. Disponível em: https://revistaseletronicas.pucrs.br/ojs/index.php/intuitio/article/view/9609. Acesso em: 19 mar. 2021. p. 100-101.

133. LINHARES, Danillo Moretti Godinho; SANTOS, Aryane Raysa Araújo dos. Amartya Sen e John Rawls: um diálogo entre a abordagem das capacidades e a justiça como equidade. *Theoria* – Revista Eletrônica de Filosofia Faculdade Católica de Pouso Alegre, v. VI, n. 15, ano 2014. p. 157.

134. Ibidem, p. 158.

135. SANDEL, op. cit., p. 48.

136. BENTHAM, Jeremy. *Principles of Morals and Legislation*. Disponível em: https://learning.edx.org/course/course-v1:HarvardX+ER22.1x+3T2020/block-v1:HarvardX+ER22.1x+3T2020+type@sequential+block@c6828de7461a416381457d1eced938dc/block-v1:HarvardX+ER22.1x+3T2020+-type@vertical+block@b0048dfca2ce4c0cbd3a5a976c771318. Acesso em: 11 maio 2021.

137. Ibidem.

da felicidade. Quanto maior a soma possível de felicidade no mundo, medida em termos de prazer, maior a justiça.[138]

Dentre suas propostas, consta a retirada dos mendigos das ruas. Qualquer cidadão que encontrasse um mendigo poderia apreendê-lo, mediante recebimento de uma quantia do Estado, e levá-lo ao abrigo mais próximo, onde teria que trabalhar para pagar os custos do seu sustento. A visão de Bentham teria fundamento na redução da felicidade do público em geral ao ver um mendigo na rua. Outra proposta foi a criação do *Panopticon*, um presídio gerenciado por um empresário que o exploraria e receberia em troca o trabalho dos prisioneiros.[139]

Alf Ross aponta, contudo, que, na prática, o ser humano busca o seu próprio prazer, ainda que em situações em que nutra um sentimento de simpatia pelos outros.[140] Outra crítica de Alf Ross é que os desejos e as necessidades são diferentes em cada pessoa,[141] ficando o utilitarismo sem respostas quanto à incomensurabilidade das necessidades e a desarmonia dos interesses. Portanto, ao se falar em bem-estar social, está-se diante de uma variante da metafísica moral.[142]

A teoria utilitarista de Bentham foi criticada diante do desrespeito dos direitos individuais. A questão é colocada por Michael Sandel ao exemplificar com o caso dos cristãos jogados aos leões no Coliseu para a diversão da multidão, na Roma Antiga. Ainda que haja mais pessoas felizes diante de um suposto entretenimento da tragédia humana do que pessoas sendo devoradas por leões e, com isso, infelizes, não seria razoável defender moralmente essa situação.[143] É evidente que esse exemplo é radical e chocante, mas, em determinadas situações, a lógica utilitarista é aplicada em análises de custo-benefício por empresas e governos.

De modo geral, todas as visões utilitaristas têm três aspectos: consequencialismo, soma e benevolência da substância. O consequencialismo acredita que o comportamento correto é o comportamento que traz as melhores consequências gerais. A classificação pela soma nos diz como resumir os resultados de diferentes vidas, isto é, somar ou resumir os produtos que existem em diferentes vidas. A ideia de bom no utilitarismo assume duas formas diferentes. O utilitarismo de Bentham é puramente hedonista, defendendo o valor supremo do prazer e a perversão da dor.[144] A versão moderna de Peter Singer é um pouco diferente. Ele

---

138. ROSS, Alf. *Direito e justiça*. Trad.: Edson Bini. Revisão técnica: Alysson Leandro Mascaro. 2. ed. Bauru: Edipro, 2007. p. 336.
139. SANDEL, op. cit., p. 49-50.
140. ROSS, op. cit., p. 337.
141. Ibidem, p. 339.
142. Ibidem, p. 341-342.
143. SANDEL, op. cit., p. 51-52.
144. NUSSBAUM, op. cit., p. 416.

1 • UMA IDEIA DE JUSTIÇA – ANÁLISE DAS TEORIAS DA JUSTIÇA

chamou isso de utilitarismo preferencial, que acreditava que os resultados que devemos querer produzir são aqueles que geralmente "promovem os interesses (isto é, desejos ou preferências) dos afetados".[145]

No entanto, questiona-se o utilitarismo a partir dos direitos humanos, ainda que seja de apenas um indivíduo.[146] Ademais, felicidade ou prazer são conceitos elusivos. A intensidade e a duração são diferentes para cada um.[147]

1.5.3   Herbert Hart

Em geral, acredita-se que existe certa relação necessária entre o direito e a moral, e é essa relação que merece ser considerada o ponto central de qualquer tentativa de analisar ou esclarecer conceitos jurídicos.[148]

Segundo Hart, os termos mais comumente usados – por juristas para elogiar ou condenar a lei ou sua aplicação são justiça e injustiça. Os estudiosos costumam escrever como se os conceitos de justiça e moralidade fossem os mesmos. A justiça tem boas razões para desempenhar papel importante na crítica dos arranjos jurídicos. No entanto, é importante ver que esta é uma parte específica da moralidade e que a lei e sua aplicação podem ter ou não ter diferentes tipos de virtudes.[149]

Quando observamos a maioria das críticas expressas em termos de justiça e injustiça, as características salientes da justiça e sua conexão especial com a lei começam a se tornar evidentes. A justiça não é consistente com a moralidade geral, pois, na justiça, quando não estamos considerando o comportamento de um único indivíduo, estamos considerando como tratar diferentes categorias de indivíduos, ou seja, estamos alocando encargos ou benefícios entre eles.[150]

O princípio geral subjacente a essas diferentes aplicações da ideia de justiça é que os indivíduos têm direito a certo *status* relativo igual ou desigual entre si. Portanto, a visão tradicional de que a justiça é manter ou restaurar o equilíbrio ou a proporção, seu princípio norteador é, muitas vezes, expresso em ser tratado como igualdade, embora haja situações diferentes e, portanto, formas diferentes de lidar com cada situação.[151]

---

145. Ibidem, p. 416-417.
146. Ibidem, p. 421.
147. Ibidem, p. 423.
148. HART, H. L. A. *O conceito de direito*. Trad.: Antônio de Oliveira Sette-Câmara. São Paulo: Editora WMF Martins Fontes, 2009. p. 202.
149. Ibidem, p. 204.
150. Ibidem, p. 205.
151. Ibidem, p. 206.

Logo, a estrutura do conceito de justiça consiste em duas partes: características uniformes ou imutáveis, que se resumem no preceito de tratar os casos igualmente, e padrões mutáveis – ou variáveis, que servem para determinar quando os casos devem ser tratados como semelhantes ou diferentes para determinadas finalidades.[152]

A justiça pode abranger parte da moralidade e não tem relação com o comportamento individual de cada um, mas com a forma como o todo entende que determinados comportamentos são corretos. Mas o princípio da justiça não esgota os conceitos morais, nem todas as críticas jurídicas baseadas em razões morais são conduzidas em nome da justiça. As leis podem ser moralmente condenadas simplesmente porque exigem que as pessoas realizem certas ações que proíbem moralmente os indivíduos em determinadas situações ou porque exigem que as pessoas evitem agir de maneira moralmente responsável.[153] Por outro lado, um projeto de lei não se torna lei simplesmente sendo sancionado, mas quando começa a desempenhar um papel na vida da comunidade.[154]

Segundo Hart, aqui, somos confrontados com duas dificuldades inter-relacionadas. A primeira é que a palavra "moralidade" e todos os outros termos relacionados ou quase sinônimos a ela, como ética, reúnem áreas consideráveis – de imprecisão ou abertura. Certos princípios ou normas serão consideradas por alguns como morais, enquanto por outros, não. Em segundo lugar, mesmo que se chegue a um acordo sobre esse ponto, e certas normas ou princípios sejam aceitos como indiscutivelmente relacionados à moralidade, ainda existem enormes diferenças filosóficas.[155]

Portanto, as normas morais e legais de deveres e obrigações têm semelhanças relevantes no sentido de que são consideradas vinculativas, independentemente de os indivíduos que os obedecem concordarem ou não, e suas realizações são apoiadas pelas fortes pressões da obediência social. Além disso, tanto as leis quanto a ética incluem normas destinadas a regular o comportamento dos indivíduos em situações que ocorrem continuamente ao longo de suas vidas, não apenas em eventos ou ocasiões especiais. Ambos os tipos de normas contêm requisitos que qualquer grupo humano deve obviamente satisfazer se quiser viver junto. Portanto, as leis e a ética têm alguma forma de proibição da violência contra pessoas ou coisas, bem como requisitos mínimos de honestidade e veracidade. A tentativa mais famosa de resumir suas diferenças essenciais é a teoria de que as normas jurídicas exigem apenas comportamentos externos e são indiferentes

---

152. Ibidem, p. 207.
153. Ibidem, p. 217.
154. WALDRON, op. cit., p. 11.
155. HART, op. cit., p. 218.

a motivos, intenções ou outros concomitantes internos de comportamento, enquanto a moralidade não exige comportamentos externos específicos, mas apenas bom comportamento.[156]

Isso não significa que o padrão de validade legal de uma lei particular usada no sistema jurídico deva explícita ou tacitamente incluir uma referência à moralidade ou à justiça.[157]

O objetivo de Hart no livro *O conceito de direito* é propor uma teoria jurídica que seja geral e descritiva. É geral porque não está associado a nenhum sistema jurídico específico ou cultura jurídica qualquer, mas busca fornecer uma descrição explicativa e esclarecedora do direito como uma instituição social e política complexa.[158]

Concebido dessa forma, como uma teoria descritiva e geral do direito, constitui um empreendimento muito diferente do conceito de Dworkin, chamado de interpretativo, que busca determinar o que é mais adequado para o direito estabelecido ou por princípios que a ela conformam e à lei estabelecida. Pela teoria da interpretação, segundo Dworkin, uma prática dominante se estabelece ao usar conceitos interpretativos.[159] Os princípios assim determinados não são apenas parte da teoria do direito, mas também uma parte implícita do próprio direito.[160]

O filósofo estadunidense argumenta que não é a lei que está incompleta, mas a imagem do positivista, o que será comprovado por sua própria avaliação interpretativa da lei, que inclui princípios legais implícitos, que são mais adequados para leis explícitas, ao mesmo tempo que fornecem a melhor justificativa moral para elas. De acordo com essa visão explicativa, a lei nunca será incompleta ou incerta, então os juízes nunca terão a oportunidade de ir além do escopo da lei e exercer o poder de criar direitos para tomar decisões. Portanto, em casos difíceis, o tribunal deve apelar para esses princípios implícitos e suas dimensões morais.[161]

1.5.4 Axel Honneth

Axel Honneth delimita eixos não considerados nestas teorias da justiça: a justiça distributiva e a fixação no Estado enquanto única forma de justiça; a união entre o princípio de forma, ou seja, todos os princípios de justiça devem ser

---

156. Ibidem, p. 222-223.
157. Ibidem, p. 240.
158. Ibidem, p. 309-310.
159. DWORKIN, Ronald. *O império do direito*. Trad.: Jeferson Luiz Camargo. Revisão técnica: Gildo Sá Leitão Rios. 3. ed. São Paulo: Martins Fontes, 2014. p. 60.
160. HART, op. cit., p. 311.
161. Ibidem, p. 352.

passíveis de serem concebidos como resultado da formação comum da vontade, e seu componente material, de que a justiça social deve ser projetada como forma de garantia da autonomia individual, segundo a qual a liberdade seria a ausência de tutela externa e dependências pessoais.[162]

Para Honneth, ter o Estado como única agência de realização da justiça parte de uma divisão moral, segundo a qual os cidadãos devem produzir os princípios de justiça e o Estado democraticamente controlado deve implementá-los.[163]

Assim, as teorias da justiça liberais só podem tratar da justiça social como uma exceção aos princípios de justiça abstratos em razão de uma peculiaridade do contexto, ou como mínimo existencial para a garantia da participação na formação da vontade política democrática, mas nunca como cerne das questões de justiça. Por isso, é necessário se criarem correções materiais.[164]

Honneth coloca como formas de reconhecimento: as relações jurídicas (direitos), além das relações primárias (amor, amizade) e comunidade de valores (solidariedade). E como formas de desrespeito: a privação de direitos e a exclusão, ao lado de maus-tratos, violação, degradação e ofensa.[165]

Para o filósofo alemão, a realização dos planos de vida depende da (re)distribuição material, porém, antes, depende das condições sociais de reconhecimento recíproco, pois é o reconhecimento que demarca o horizonte de possibilidades de persecução dos planos de vida individuais.[166] Assim, por exemplo, a reconstrução normativa do casamento igualitário geraria o reconhecimento do cabimento de casamento não somente entre homem e mulher, sendo desnecessária essa demanda por justiça,[167] de forma que, a partir da teoria crítica, não se limite a descrever como funciona a sociedade, mas de compreendê-la à luz da emancipação social de seus indivíduos.[168]

1.5.5 Amartya Sen

Na obra *Desenvolvimento como liberdade*, Amartya Sen aborda, inicialmente, a questão da preocupação e da proteção estatal no extremo sul de Bangladesh com os tigres-de-bengala, afirmando que, contudo, o mesmo Estado não protege as pessoas que entram na floresta em busca de mel para sobreviver e acabam

---

162. SIMIM, op. cit., p. 398-399.
163. Ibidem, p. 400.
164. Ibidem, p. 401.
165. HONNETH, Axel. *Luta por reconhecimento*. A gramática moral dos conflitos sociais. Trad.: Luiz Repa. 2. ed. São Paulo: Editora 34, 2009. p. 211.
166. SIMIM, op. cit., p. 401.
167. Ibidem, p. 407-408.
168. HONNETH, op. cit., p. 9.

morrendo atacadas pelos tigres. Denota-se uma crítica na proteção dos animais em detrimento à das pessoas.

Com isso, o autor propõe a questão da necessidade econômica *versus* as liberdades políticas: a prioridade deve ser eliminar a pobreza e a miséria ou garantir a liberdade política e os direitos civis?[169] Por um lado, as liberdades políticas podem ter o papel fundamental de fornecer incentivos e informações na solução de necessidades econômicas acentuadas; por outro, a intensidade das necessidades econômicas aumenta a urgência das liberdades políticas.[170]

A educação pode ser uma forma de correção da pobreza e da fome. Contudo, não é possível ensinar uma pessoa que não esteja alimentada, abrigada e vestida, com boa saúde. Assim, trata-se de um dilema do que se deve resolver primeiro.[171]

O trabalho de Adam Smith foi uma motivação para Amartya Sen na área da teoria da escolha social e, na área da justiça social, baseada em liberdade e capacidades individuais, a teoria de justiça de Rawls foi uma inspiração.

Segundo o autor, a oposição às democracias e liberdades civis e políticas básicas em países desenvolvidos parte de três direções distintas. A primeira é aquela em que as liberdades e os direitos tolhem o crescimento e o desenvolvimento econômico. Essa é a tese denominada de Lee, nome do ex-primeiro-ministro de Cingapura, Lee Kuan Yew. A segunda é aquela em que, se aos pobres for dado escolher entre ter liberdades políticas e satisfazer necessidades econômicas, eles escolherão a segunda opção. A terceira é aquela em que a ênfase sobre liberdades políticas, liberdades formais e democracia é uma prioridade ocidental que contraria os valores asiáticos. Porém, não é possível ter certeza de tal afirmação, já que os cidadãos comuns têm pouca oportunidade política para expressar suas opiniões sobre a questão.[172]

Contra tais argumentos, Amartya Sen ressalta que a formação bem informada e não sistematicamente imposta de nossos valores requer comunicação e diálogo abertos, e as liberdades políticas e os direitos civis podem ser centrais para esse processo. Além disso, o autor ressalta que nenhuma fome coletiva substancial jamais ocorreu em nenhum país independente com uma forma democrática de governo e uma imprensa relativamente livre. Houve apenas em

---

169. SEN, Amartya. *Desenvolvimento como liberdade*. Trad.: Laura Teixeira Motta. São Paulo: Companhia das Letras, 2000, p. 173-174.
170. Ibidem, p. 175.
171. CHURCHMAN, C. West. *Introdução à teoria dos sistemas*. Trad.: Francisco M. Guimarães. 2. ed. Petrópolis: Vozes, 2015. p. 19-20.
172. SEN, op. cit., 2000, p. 175-176.

sociedades autoritárias contemporâneas e em reinos antigos, em comunidades tribais primitivas e em modernas ditaduras tecnocráticas.[173]

Pode-se afirmar que uma compreensão adequada de quais são as necessidades econômicas, seu conteúdo e sua força, requer discussão e diálogo. Os direitos políticos e civis, especialmente os relacionados à garantia de discussão, debate, crítica e dissensão abertos, são centrais para os processos de geração de escolhas bem fundamentadas e refletidas. Nossa concepção de necessidades relaciona-se às ideias que temos da natureza evitável de algumas privações e à compreensão do que pode ser feito quanto a isso. Na formação dessas compreensões e crenças, as discussões públicas têm papel crucial.[174]

Segundo Sen, a democracia apresenta falhas, como as privações na área de serviços de saúde, educação e meio social dos afro-americanos nos Estados Unidos.[175] As realizações da democracia dependem não só de regras e procedimentos que são adotados e salvaguardados, como também do modo como as oportunidades são usadas pelos cidadãos.[176] Assim,

> Desenvolver e fortalecer um sistema democrático é um componente essencial do processo de desenvolvimento. A importância da democracia reside, como procuramos mostrar, em três virtudes distintas: (1) sua importância intrínseca, (2) suas contribuições instrumentais e (3) seu papel construtivo na criação de valores e normas. Nenhuma avaliação da forma de governo democrática pode ser completa sem considerar cada uma dessas virtudes.[177]

Na obra *A ideia de justiça*,[178] Amartya Sen afirma que o que nos move não é a compreensão de que o mundo é privado de uma justiça completa, mas que à nossa volta existem injustiças claramente remediáveis que queremos eliminar. As injustiças corrigíveis são o argumento central da obra para a teoria da justiça. O objetivo do livro é esclarecer como podemos enfrentar questões sobre a melhoria da justiça e a remoção da injustiça, em vez de oferecer soluções para questões sobre a natureza e a justiça perfeita.[179] Assim, uma teoria de justiça que possa servir de base da argumentação racional no domínio prático precisa incluir modos de julgar como reduzir a injustiça e promover a justiça, em vez de objetivar apenas a caracterização das sociedades perfeitamente justas.

Para tal propósito, Sen indica que devemos argumentar de modo fundamentado, conosco e com os outros, em vez de apelar ao que chama tolerância

---

173. Ibidem, p. 180.
174. Ibidem, p. 181-182.
175. Ibidem, p. 182.
176. Ibidem, p. 183.
177. Ibidem, p. 185.
178. Obra escrita em Harvard e no Trinity College, em Cambridge, durante os anos de 1998 a 2004.
179. SEN, op. cit., 2009, p. 6.

descomprometida, acompanhada pelo conforto de uma solução em que se diz que um tem razão na sua comunidade e outro, na sua.[180]

Para Sen, a justiça de um ato deve ser medida conforme sua capacidade de promover as liberdades, resultando numa identificação entre justiça e desenvolvimento.[181] O autor apresenta uma situação fictícia – na qual três crianças, Anne, Bob e Carla disputam uma flauta – a fim de explicar três maneiras clássicas de ver a justiça: igualitária, libertária e utilitária. Segunda a justiça igualitária, que visa diminuir ou fazer desaparecer as disparidades econômicas, ou seja, as diferenças entre ricos e pobres, a flauta deveria ser dada a Bob, que não tem outro brinquedo. Segundo a justiça libertária, Carla ficaria com a flauta, já que a construiu, sendo fruto do seu trabalho. E segundo a justiça utilitária, a flauta deveria ser entregue a Anne, que é a única que sabe tocar flauta. Como se denota, há diferentes formas de justiça.[182]

Para o estudo da justiça, ele faz distinção entre dois conceitos: a justiça realizada, cumprida na vida da pessoa, que seria a justiça posta em prática, a qual chama de "nyaya", conceito que vem do direito indiano clássico; e "niti", que significa correção ao nível das organizações e dos comportamentos, optando pela primeira para sua teoria[183] e preferindo um comportamento efetivo a fim de eliminar injustiças a instituições idealizadas pelo institucionalismo transcendental, de Hobbes, Locke, Rousseau, Kant e Rawls e, mais contemporaneamente, de Dworkin, Gauthier e Nozick. A corrente denominada comparativa foca em realizações a fim de remover injustiças. Sen se alinha a essa última, juntamente com Adam Smith, Condorcet, Bentham, Marx e Stuart Mill.[184]

Quanto ao estudo de autores iluministas, Sen divide-os em dois grupos: os que se articulam em torno da ideia de um contrato social hipotético, incluindo Hobbes, Locke, Rousseau e Kant, que influenciaram Rawls na obra *Justiça como equidade*.[185] De outro lado, filósofos iluministas compartilharam o interesse comum em fazer comparações entre diferentes vidas que as pessoas podem levar, influenciadas pelas instituições e pelo comportamento real dessas pessoas, pelas interações sociais e outros determinantes significativos, como Smith, Condorcet, Wollstonecraft, Bentham, Marx e Stuart Mill, corrente na qual se filia Sen. Embo-

---

180. Ibidem, p. 6.
181. MOTA, Vilmária Cavalcante Araújo; MIRANDA, Márcio Fernando Moreira; GIRARDI, Márcia da Cruz. A ideia de Justiça de Amartya Sen. *Revista Jurídica UNIGRAN*, Dourados, v. 18, n. 36, Jul./Dez. 2016. Disponível em: https://www.unigran.br/dourados/revista_juridica/ed_anteriores/36/artigos/artigo10.pdf. Acesso em: 19 dez. 2021. p. 160.
182. Ibidem, p. 161.
183. Ibidem, p. 162.
184. Ibidem, p. 162.
185. SEN, op. cit., 2009, p. 17, 46.

ra haja diferenças entre os dois grupos, há semelhanças, como a argumentação racional e as exigências do debate público.

Importante ressaltar que o pai da economia moderna, Adam Smith, acreditava que as atividades de interesse privado guiariam o bem-estar de todos como uma mão invisível. Depois da crise financeira, ninguém hoje pode argumentar que as atividades de interesse privado dos banqueiros levam ao bem-estar de todos. Na melhor das hipóteses, trazem bem-estar aos banqueiros, enquanto o resto da sociedade arca com os custos. Este não é nem mesmo o jogo de soma zero, como os economistas denominam, ou seja, quando uma pessoa ganha e a perda é exatamente igual ao que todos os outros perdem. Ao contrário, é um jogo de soma negativa, em que o ganho do vencedor é menor do que a perda do perdedor. O resto da sociedade perde muito mais do que o ganho do banqueiro.[186]

Segundo Rousseau, o ser humano chegou a um ponto em que, por meio de sua resistência, as barreiras prejudiciais à sua proteção no estado natural ultrapassam o poder que todos podem usar para se manter nesse estado. Portanto, o estado primitivo não pode mais existir e, se não mudar sua forma de existência, a humanidade perecerá.[187]

A soma desse poder só pode ser alcançada pelo consentimento. Rousseau justifica a dificuldade do contrato social em obter soluções, tendo em vista os interesses diversos,[188] pois todos os direitos de cada membro são integralmente transferidos para toda a comunidade.[189] Segundo Otto Gierke, do ponto de vista visual, num país, há dois sujeitos de autoridade máxima ao mesmo tempo: o próprio país inteiro e o governante,[190] o que pode ocasionar conflitos de interesses. Assim, na segunda metade do século XVIII, perdeu-se o conceito de contrato social.[191]

A teoria clássica do contrato social, incluindo sua versão moralizada kantiana, não é suficiente para estabelecer uma forma inclusiva de cooperação social

---

186. STIGLITZ, Joseph E. *O preço da desigualdade*. Trad.: Dinis Pires. Lisboa: Bertrand Editora, 2013. p. 94.

187. ROUSSEAU, Jean-Jacques. *O contrato social*. Princípios de direito político. Trad.: Edson Bini. 2. ed. São Paulo: EDIPRO, 2015. p. 19-20.

188. Ibidem, p. 20.

189. Ibidem, p. 20

190. GIERKE, Otto. *Natural Law and the theory of society*. 1550 to 1800. Cambrigde: University Press, 1934. v. I. Disponível em: https://archive.org/details/in.ernet.dli.2015.503189/page/n5/mode/2up. Acesso em: 22 nov. 2021. p. 155.

191. LUHMANN, Niklas. O paradoxo dos direitos humanos e três formas de seu desdobramento. Trad.: Ricardo Henrique Arruda de Paula, Paulo Antônio de Menezes Albuquerque. *Revista Themis*, Fortaleza, v. 3, n. 1, p. 153-161, 2000. Disponível em: http://revistathemis.tjce.jus.br/index.php/THEMIS/article/view/314/295. Acesso em: 22 nov. 2021. p. 157.

1 • UMA IDEIA DE JUSTIÇA – ANÁLISE DAS TEORIAS DA JUSTIÇA

que respeite todas as pessoas igualmente.[192] Moralmente, concordamos que queremos viver em um mundo onde todos têm o que precisam para concretizar a dignidade humana.[193] Entretanto, Marshall Berman, analisando a frase do *Manifesto Comunista*, de Marx e Engels, na sociedade dos séculos XIX e XX, afirma que "tudo o que é sólido", desde as roupas que vestimos aos teares na tecelagem, homens e mulheres que operam as máquinas, famílias e comunidades onde vivem os trabalhadores, pessoas e empresas que as exploram, aldeias e cidades, todas as regiões e até mesmo os países ao seu redor, tudo isso significa que amanhã será destruído, rasgado ou estilhaçado, esmagado ou dissolvido, para que possa ser reciclado ou substituído na próxima semana, de modo que o processo possa continuar, talvez de forma mais lucrativa.[194]

A partir dessas explanações, constata-se que, de acordo com o método de Amartya Sen, uma proposta igualitária aceitável não deve se concentrar na igualdade do bem básico como Rawls, nem deve se concentrar na igualdade de recursos como Dworkin.[195]

Quando Sen propôs que a teoria do igualitarismo deveria se concentrar nas habilidades básicas das pessoas, ele quis dizer que essa teoria deveria dar atenção especial às diferentes performances (funções) dos indivíduos. As performances possíveis que Sen pensa são as mais diversas, desde atuações muito complexas, como a obtenção da autoestima ou um alto grau de integração na sociedade, até desempenhos muito básicos, como a obtenção de nutrição ou saúde adequadas.[196] De acordo com Sen, diferentes indivíduos, em diferentes sociedades, alcançam distintos níveis de desenvolvimento dessas capacidades e valorizam, também de modo diverso, cada um daqueles desempenhos possíveis.[197]

Para ele, mesmo em um mundo onde não há razão, o argumento racional é necessário para entender a justiça. Portanto, pode haver um forte senso de injustiça com base nos mais diversos motivos, e o desacordo com motivos específicos é a principal razão para o diagnóstico da injustiça, pois a demanda pela teoria da justiça está relacionada ao objeto de discórdia.[198] Para Sen, uma exigência da teoria da justiça é que a razão influencie o diagnóstico de justiça e de injustiça.[199]

---

192. NUSSBAUM, op. cit., p. 337-338.
193. Ibidem, p. 338.
194. BERMAN, Marshall. *Tudo que é sólido desmancha no ar*. A aventura da modernidade. Trad.: Carlos Felipe Moisés. Ana Maria L. Ioiatti. São Paulo: Companhia das Letras, 1986. p. 97.
195. GARGARELLA, Roberto. *As teorias da justiça depois de Rawls*. Um breve manual de filosofia política. Trad.: Alonso Reis Feire. São Paulo: WMF Martins Fontes, 2008. p. 72.
196. Ibidem, p. 75
197. Ibidem, p. 75.
198. SEN, op. cit., 2009, p. 16.
199. Ibidem, p. 16, 32.

Segundo ele, se tentarmos lutar contra as injustiças do mundo em que vivemos, combinadas com lacunas institucionais e má conduta, precisaremos considerar como devemos construir instituições para promover a justiça, fortalecendo as liberdades negativas e substantivas.[200]

As observações de Sen são muito importantes para buscar aprimorar ainda mais a teoria do igualitarismo. Portanto, justifica-se a busca iniciada por Sen para encontrar o ponto médio entre objetivismo e subjetivismo. Em todo caso, deve-se acrescentar que a proposta de Sen ainda parece estar em um estágio relativamente imaturo.[201]

Para Sen, a abordagem de Rawls da justiça como equidade serviu de base para sua própria teoria, a quem admira e também critica. Segundo considera Sen, Rawls produziu um único conjunto de princípios de justiça que dizem respeito exclusivamente ao estabelecimento de instituições justas. A determinação de uma concepção política da justiça influenciará os comportamentos individuais em conformidade com essa concepção.[202]

A teoria da justiça de Sen visa identificar as assimetrias produtoras dessas injustiças na vida das pessoas reais.[203] Dessa feita, uma ideia de justiça que sirva a todas as pessoas é impossível,[204] principalmente diante do mundo líquido atual, fluido, que rejeita uma única verdade. A justiça seria o caminho para a mudança social, e não apenas um fim em si mesma.[205] No atual cenário global, os sólidos que estão derretendo são os "elos que entrelaçam as escolhas individuais em projetos e ações coletivas – os padrões de comunicação e coordenação entre as políticas de vida conduzidas individualmente, de um lado, e as ações políticas de coletividades humanas, de outro".[206]

Os princípios de justiça identificados por Rawls incluem a prioridade da liberdade (o primeiro princípio), atribuindo precedência à liberdade máxima para cada pessoa sujeita à liberdade semelhante para todos, em relação a outras considerações, incluindo as de equidade econômica ou social. O segundo diz respeito à obrigação institucional de garantir que as oportunidades públicas sejam abertas a todos, sem considerar raça ou etnia ou casta ou religião, e inclui o princípio da diferença, relacionado com a equidade distributiva.[207]

---

200. Ibidem, p. 51.
201. GARGARELLA, op. cit., p. 76.
202. SEN, op. cit., 2009, p. 39.
203. MOTA et al., p. 164.
204. Ibidem, p. 166.
205. Ibidem, p. 166.
206. BAUMAN, Zygmunt. *Modernidade líquida*. Trad.: Plínio Dentzien. Rio de Janeiro, Zahar, 2001. p. 13.
207. SEN, op. cit., 2009. p. 40-41.

Mas o conceito de liberdade também diz respeito à liberdade de escolha a fim de determinarmos o que queremos, o que valorizamos e, em última análise, o que escolhemos. Portanto, o conceito de competência está intimamente relacionado ao aspecto de oportunidade da liberdade e a oportunidades abrangentes, em vez de focar apenas no que acontece no ápice de cada situação.[208]

Assim, a justiça estaria relacionada à promoção das liberdades e à escolha social e como uma justiça possível,[209] e não perfeita, e, nesse sentido, a relaciona com a economia. Como se denota, Sen busca uma forma de justiça a partir de um resultado concreto, mesmo que imperfeito, de forma pragmática.

1.5.6 Alf Ross

Alf Ross considera a *Teoria pura do direito*, de Hans Kelsen, como a contribuição mais importante para a filosofia jurídica do século. Referida teoria pertence à escola analítica.[210]

Os positivistas acreditavam firmemente que o direito não existe na natureza nem na sociedade; portanto, não se trata de um problema de descobri-lo e revelá--lo, mas é sempre uma expressão de atividades humanas conscientes. Na melhor das hipóteses, é uma questão de explicá-lo, mas, de qualquer forma, a explicação é, por sua vez, um trabalho de criação ou de entretenimento permanente.[211]

A ciência jurídica buscaria apenas estabelecer a existência dessas normas em leis vigentes, não canalizando valores morais e considerações políticas.[212] Na visão de Kelsen, a ciência jurídica não é nem filosofia moral nem teoria social, mas uma teoria dogmática específica em termos normativos.[213] Essa área de investigação envolve os princípios racionais que dotam o direito de validade ou de poder coercitivo e constituem o padrão de justiça das normas jurídicas. A justiça, para os positivistas, é geralmente considerada como a ideia de lei, que produz questões básicas sobre o conteúdo e a argumentação dos princípios de justiça.[214] Para Kelsen, designar uma teoria do direito como pura significa que ela se propõe a garantir um conhecimento apenas dirigido ao direito e a excluir tudo quanto não possa se determinar como direito.[215] Assim, essa teoria não fornece

---

208. Ibidem, p. 125.
209. MOTA et al., p. 167.
210. ROSS, op. cit., p. 25.
211. BOBBIO, Norberto. *Direito e poder*. Trad.: Nilson Moulin. São Paulo: Editora UNESP, 2008. P. 125.
212. ROSS, op. cit., p. 25.
213. Ibidem, p. 25.
214. Ibidem, p. 25.
215. KELSEN, Hans. *Teoria Pura do Direito*. Trad. João Baptista Machado. Coimbra: Armenio Amado Editora, 1984. P. 17.

nenhum critério para apreciação da justiça ou injustiça de um direito, sendo, por isso, muitas vezes, considerada insatisfatória.[216]

Na filosofia do direito natural, a ideia de justiça sempre foi o cerne. O direito natural insiste que existe uma ideia simples e evidente em nossa consciência, ou seja, a ideia de justiça, que é o princípio jurídico mais elevado em oposição à moralidade. A justiça refletiria mais ou menos o grau de clareza ou distorção em todo direito positivo, sendo uma medida de sua correção.[217]

Para explicitar essa contraposição de ideias de justiça, importante mencionar Sófocles, que nos mostra, em sua obra *Antígona*, o confronto entre Antígona, que reclama para si um direito transcendente, e Creonte, que positiva uma lei contrária ao direito natural invocado por Antígona.[218]

Como princípio jurídico, a justiça define e coordena os desejos, requisitos e interesses conflitantes na vida social da comunidade. Uma vez adotado o ponto de vista de que todas as questões jurídicas são questões de distribuição, o pressuposto de justiça equivale à exigência de distribuir ou compartilhar vantagens ou encargos. Justiça como sinônimo de igualdade foi a ideia apresentada por Pitágoras no século IV a.C. Usavam-se números quadrados para simbolizar a justiça, de modo que o mesmo tipo era combinado com a mesma espécie. Desde então, a ideia de justiça como igualdade tem sido exibida em inúmeras variantes.[219]

Dessa forma, a relevância social do direito não pode ser negada, mas sua função abrangente provavelmente será questionada.[220] Assim, Ross elenca algumas possibilidades de compreensão de justiça:[221]

a) A cada um segundo seu mérito: essa fórmula tem por fundamento os méritos morais ou o valor moral de uma pessoa. A ideia dessa justiça exige uma relação proporcional entre mérito e destino;

b) A cada um segundo sua contribuição: fórmula sustentada na teoria política, especialmente pelo socialismo marxista, no período que precede a realização plena do comunismo, como fundamento para a justa remuneração ou participação no produto;

---

216. Ibidem, p. 307.
217. ROSS, op. Cit., p. 313.
218. SÓFOCLES. *Antígona*. Disponível em: http://www.dominiopublico.gov.br/download/texto/bk000490. pdf. Acesso em: 22 nov. 2021.
219. ROSS, op. cit., p. 314.
220. LUHMANN, op. cit., 2016, p. 167.
221. ROSS, op. cit., p. 315-317.

1 • UMA IDEIA DE JUSTIÇA – ANÁLISE DAS TEORIAS DA JUSTIÇA

c) A cada um segundo suas necessidades: conforme essa fórmula, cada um deve contribuir de acordo com sua capacidade e receber de acordo com suas necessidades. É utilizada na comunidade plenamente socializada;

d) A cada um segundo sua capacidade: é a justiça utilizada para a distribuição de cargas tributárias, como nas regras de isenção de imposto de renda, alíquotas progressivas etc.;

e) A cada um segundo sua posição e condição: fórmula utilizada para justificar as distinções de classe social determinada por nascimento, raça, cor, credo, idioma, caráter nacional, etnias etc.

Segundo Ross, os termos "justiça" e "injustiça" fazem sentido quando usados – para descrever decisões tomadas por juízes ou qualquer outra pessoa que deve aplicar certas regras. Dizer que essa decisão é justa significa que ela foi tomada de forma convencional, ou seja, de acordo com as regras ou o sistema de regras vigentes.[222] Fora desse conceito, a ideia de justiça limita-se a uma expressão emocional, na defesa cega de determinados interesses,[223] como o uso da fórmula "para todos", mas não define o que é de cada qual. Logo, carece de fundamento e cai no vazio.[224]

Também perde o sentido o conceito de justiça relacionado a vocabulário que as pessoas interessadas sejam incapazes de entender, como "rejeição por incompetência", "inação", "parte imprópria", "decadência", "prescrição".[225] Portanto, para Ross, a justiça deve ser entendida como a correta aplicação das normas, ou seja, contrária à ideia de arbitrariedade.[226] E, para isso, a formulação das normas jurídicas deve ser baseada em padrões objetivos, de forma que julgamentos específicos sejam os mais independentes possíveis da reação subjetiva dos juízes.[227] O direito deve ser uma ordem social e institucional distinta dos fenômenos morais individuais, pois sem a racionalidade mínima, que produz previsibilidade e regularidade, é impossível considerar a ordem jurídica.[228] A ideologia da supremacia do direito nos faz responder à tendência dos países totalitários de autorizar os juízes a tomarem decisões enquanto arquivam todas as regras estabelecidas.[229]

---

222. Ibidem, p. 319-320.
223. Ibidem, p. 320.
224. Ibidem, p. 321.
225. NALINI, José Renato. É urgente construir alternativas à justiça. In: ZANETI JR., Hermes; CABRAL, Trícia Navarro Xavier (Coord.). *Justiça multiportas*. Mediação, conciliação, arbitragem e outros meios adequados de solução de conflitos. 2. ed. rev., ampl. e atual. Salvador: JusPodivm, 2018. p. 31.
226. ROSS, op. cit., p. 326.
227. Ibidem, p. 326.
228. Ibidem, p. 327.
229. Ibidem, p. 327.

Por outro lado, o direito de positivação mostrou-se alinhado com o nazismo, não se mostrando efetivo como conceito de justiça. Além disso, é impossível para o legislador prever todas as situações possíveis em determinada situação. Logo, um conceito que inclui interpretação jurídica deve ser derivado. Quando uma decisão está em conformidade com os princípios de interpretação ou avaliação na prática corrente, a decisão é objetiva (justa no sentido objetivo), mas, quando está longe dela, é subjetiva (injusta no sentido objetivo).[230]

Nesse sentido, o direito deve ser pensado e aplicado de modo a realizar a justiça, já que "a linguagem não pode ser compreendida como puro instrumento de comunicação de conhecimentos já realizados; antes disso, ela é condição de possibilidade para a construção desse conhecimento".[231] Assim, as leis que compõem o direito estão em relação com os participantes de forma pragmática.[232] Conforme Bruno Latour, o direito, ao contrário da ciência, não pode ter lacunas, deve ser pleno,[233] o que implica a possibilidade de preenchimento dessas lacunas pelos magistrados. Entretanto, muitas vezes, o juiz acaba ultrapassando o limite de sua função, pois compete ao Legislativo a produção de leis, e tais decisões carecem de legitimidade,[234] configurando um verdadeiro ativismo judicial.

Para Ross, o conceito correto de retidão (*rightness*) é o conceito *a priori*. Não pode ser deduzido da experiência sensorial, mas é capturado pela intuição intelectual. Da mesma forma, permite-nos compreender que o conhecimento eficaz não é uma ciência no sentido empírico, mas uma fonte de conhecimento diferente da experiência sensorial como um pré-requisito. A fonte desse tipo de conhecimento é a visão espiritual por meio da qual nos livramos dos grilhões dos sentidos e entendemos diretamente a essência da existência e as leis que regem nosso comportamento. Um tipo de conhecimento chamado de metafísico. Portanto, qualquer filosofia legal e moral que deva estabelecer normas de autoverificação para o comportamento humano é metafísica.[235]

Como se denota, o conceito de justiça não é uniforme entre os estudiosos das diversas teorias. Nos dizeres de Habermas, cada cidadão só pode se convencer da perspectiva de seu próprio sistema de interpretação de que o conceito de justiça é

---

230. Ibidem, p. 331.
231. PEDRON, op. cit., p. 179.
232. Ibidem, p. 179.
233. "A ciência pode ter lacunas, o direito deve ser pleno; a ciência pode alimentar vivas controvérsias, o direito deve procurar o equilíbrio... Se o tecido das ciências se estende por todo lugar, mas deixa muitos vazios, como uma renda, o tecido do direito deve cobrir sem hiato e sem costura. Duas formas totalmente diferentes de cobrir o mundo" (LATOUR, Bruno. *A fabricação do direito*. Um estudo de etnologia jurídica. Trad.: Rachel Meneguello. São Paulo: Editora Unesp, 2019, p. 297).
234. PEDRON, op. cit., p. 182.
235. ROSS, op. cit., p. 344.

verdadeiro para todos.[236] Por isso, concordamos com o pensamento de Friedrich Miller de que "a justiça é a estrela polar comum ao direito de todos os tempos, embora não se tenha chegado a um fundamento confiável a seu respeito".[237]

Os estudiosos vinculam o termo "justiça" com política, economia, questões sociais, direito etc. Nesse sentido, nenhuma delas pode ser definida como correta ou como incorreta. São diferentes entendimentos, diferentes compreensões, conforme o que se escolha como ponto de partida. Não pretendemos escolher qual seria o conceito de justiça mais coerente, pois cada um servirá a uma situação específica.

Segundo Cappelletti e Garth, a expressão "acesso à justiça" é de difícil definição, porém há nela duas finalidades básicas do sistema jurídico, que pode ser entendido como sistema pelo qual as pessoas podem reivindicar seus direitos e/ou resolver seus litígios sob a proteção do Estado. A primeira finalidade pode ser compreendida como igualdade no acesso ao sistema a todos; a segunda é que o sistema deve produzir resultados que sejam individual e socialmente justos.[238] Parece-nos ser esse o conceito de justiça adequado ao que propomos.

A análise do acesso à justiça tem em mente a justiça enquanto sociedade, via Estado, e não entre pessoas, ou seja, em relações entre indivíduos isoladamente. Inclusive porque o contexto social atual se alargou imensamente,[239] tornando-se transfronteiriço, podendo-se já cogitar de questões jurídicas e conflitos interplanetários num futuro próximo. Ademais, a justiça requer não apenas um conjunto de valores abstratos, mas também uma compreensão concreta da causalidade.[240] Tendo justiça como tema, também é possível designá-la como ponto de vista que supera as diferenças entre os modelos teóricos jurídicos tradicionalistas naturalistas e positivistas.[241]

---

236. HABERMAS, op. cit., p. 161.
237. "O que define as transformações epocais na ciência jurídica? Pelo modo de formular a pergunta pela justiça? Seria o modo de questionar o significado de justiça? Ocorre que a justiça é a estrela polar comum ao direito de todos os tempos, embora não se tenha chegado a um fundamento confiável a seu respeito" (MÜLLER, Friedrich. *O novo paradigma do direito*. Introdução à teoria e metódica estruturantes. 3. ed. rev., atual. e ampl. São Paulo: Ed. RT, 2013, p. 9).
238. CAPPELLETTI; GARTH, op. cit., p. 8.
239. As questões relacionadas à justiça passaram por imensas transformações decorrentes das mudanças da sociedade. O mandamento de não roubar, por exemplo, foi feito quando roubar significava colocar em suas próprias mãos coisas que não pertencessem a você. Mas hoje o roubo se refere a uma situação completamente diferente. Yuval Harari exemplifica com um caso hipotético de um dano ambiental causado por determina empresa muito lucrativa e questiona se um investidor poderia ser considerado criminoso nesse caso, já que se beneficiaria da riqueza resultante dos danos. Assim, poder-se-ia cogitar de acusar a empresa de "roubar o rio"? E quanto ao investidor? (HARARI, Yuval Noah. *21 lições para o século 21*. Trad.: Paulo Geiger. São Paulo: Companhia das Letras, 2018, p. 280-281).
240. Ibidem, p. 279.
241. LUHMANN, op. cit., 2016, p. 290.

Como vimos, os conceitos de justiça têm seus pilares assentados na igualdade, na reciprocidade, na necessidade e no reconhecimento. Interessante notar que todos se mesclam e servem para afirmar que há ou não justiça em cada cenário. Não pretendemos optar por uma ou outra teoria da justiça, visto que cada qual tem sua importância, além de se destacar a relevância de outras virtudes, como solidariedade, generosidade ou bondade,[242] conquanto não seja esse o objeto do presente trabalho. Conforme Dworkin, a ideia da justiça é uma interpretação que alguns de nós, inclusive, chegam a rever de vez em quando.[243]

A análise das teorias foi necessária para demonstrar que não há conceito correto ou errado sobre justiça, tampouco conceito que seja pleno. O que pretendemos é uma ideia de justiça que sirva para designar o que é justiça na esfera jurídica, ou seja, como ocorre o acesso ao direito brasileiro atual, a fim de que possamos demarcar uma nova compreensão do acesso à justiça que englobe os sistemas de justiça estatal, privado e público-privado. Esse acesso distingue-se em sua atual fase, ou onda de acesso à justiça, das três primeiras, abordadas e profundamente analisadas por Cappelletti e Garth, e de outras ondas, tema analisado no capítulo 3, de modo que, ao final, seja possível concluir por quais fatores podemos afirmar que estamos diante de um novo paradigma de acesso à justiça. Essa é a finalidade dos estudos desenvolvidos neste capítulo.

Apenas para fundamento, sem que seja possível definir o conceito de justiça definitivamente e para qualquer tipo de situação ou argumentação jurídica, filosófica ou moral,[244] compreendemos que, ao mencionar acesso à justiça, a justiça deve ser tida como projeção de formas de atenção à situação jurídica de cada qual. É reflexo desse entendimento que a justiça desempenha papel social relevante ao se compreender, exemplificativamente, que os direitos sociais são normas postas pelo constituinte e, portanto, ao serem efetivados, torna-se pleno o exercício da justiça. Logo, o panorama da justiça atual foca no resultado, na porta de saída do acesso, e não apenas na possibilidade de acessar um dos três sistemas de justiça, conforme demonstraremos. Ainda, sabendo de seus direitos, os cidadãos possam exercê-los ou reivindicá-los. O desconhecimento do direito é fator que afasta a justiça. A justiça seria, por essa compreensão, ressaltando-se, novamente, que somente para a definição utilizada na presente obra, o direito posto, porém na prática, ou a ser legislado, destituído de qualquer caráter metafísico. Nesse sentido, não se procura abordar o senso de justiça tão comum nas

---

242. MOTA, Maurício. O conceito de natureza e a reparação das externalidades ambientais negativas. *Revista de Direito da Cidade*, v. 6, n. 2, p. 201-225, 2006.

243. DWORKIN, op. cit., p. 91.

244. Afinal, conforme ressalta Ronald Dworkin, "isso seria um erro, pois a justiça é uma instituição que interpretamos" (Ibidem, p. 90).

teorias da justiça. Assim, parecem ser relevantes as teorias acima abordadas a fim de se distinguirem conceitos de justiça política, justiça social e justiça jurídica.

Conforme veremos a seguir, a justiça se subdivide em justiça política, justiça social e justiça jurídica. Para o presente trabalho, nos ateremos à justiça jurídica, que, sendo um sistema vivo,[245] absorve questões da justiça social e da justiça política e dos demais fatores presentes em seu entorno, considerando-se todos inseridos no sistema social.[246]

---

245. Enfaticamente, "como se o mundo tivesse que ser criado novamente a cada instante" (VESTING, Thomas. Autopoiese da comunicação do Direito? O desafio da Teoria dos Meios de Comunicação. *Revista de Estudos Constitucionais, Hermenêutica e Teoria do Direito (RECHTD)*, São Leopoldo, v. 6, n. 1, p. 2-14, p. 7, 2014).

246. Assim, "o sistema jurídico, como sistema, que faz parte da sociedade, deve sempre ativar o código binário do lado do valor positivo do direito" (Ibidem, p. 6).

2
SISTEMAS DE JUSTIÇA SOB A ÓTICA DA TEORIA DOS SISTEMAS

Quando adentramos na aventura de afirmar que existem três sistemas de justiça, necessário se fez compreender o que é um sistema. E, após, encontrar uma definição para os sistemas de justiça. Para então, analisarmos como cada um desses sistemas se comportam e como ocorre a interação entre eles. É o que veremos a seguir.

2.1 DEFINIÇÃO DE SISTEMA

Donella Meadows define sistema como um conjunto interconectado de elementos que se organiza de forma coerente para alcançar algo.[1] Albert Rutherford compreende que um sistema reúne diferentes elementos que se relacionam entre si, sendo afetados pelas ações e interações que acontecem no seu interior.[2] Ambos os conceitos compreendem que um sistema se define como a união de elementos que se conectam. Além disso, tais elementos visam a um propósito, não estando interligados sem que haja uma finalidade. O segundo conceito traz a informação de que as interações entre tais elementos acontecem dentro do sistema. Nesse aspecto, acreditamos que as interações ocorrem entre os elementos do próprio sistema e com outros elementos fora do sistema, conforme veremos adiante. Dentro ou fora dos sistemas, o que mantém a interconexão é o fluxo de informações e situações, que desempenha importante papel na determinação de como eles operam.[3]

O propósito ou objetivo de um sistema é inerente ao próprio conceito de sistema. Assim, um time de futebol pode ser considerado um sistema não somente por ter como elementos jogadores, treinador, campo e bola, mas por suas interconexões a partir das regras do jogo, da estratégia do treinador, das comunicações dos jogadores etc.[4] No entanto, o que o define como sistema é o seu propósito, que pode ser ganhar o campeonato, por exemplo. Por outro lado, a "areia espalhada

---

1. MEADOWS, Donella H. *Thinking in Systems*. Vermont: Chelsea Green, 2008. p. 304.
2. RUTHERFORD, Albert. *Learn to think in systems*. Use system archtypes to understand, manage, and fix complex problems and make smarter decisions. S/l: Albert Rutherford, 2019. p. 143.
3. MEADOWS, op. cit., p. 362.
4. Ibidem, p. 311.

na praia, folhas caídas ou pessoas aleatórias andando na rua não são um sistema",[5] pois lhes falta uma unidade de interconexões[6] que lhes dê unidade de propósito.

Quanto aos sistemas jurídicos, segundo Bernardo Montalvão, o significado de sistema pode ser relacionado em termos jurídicos a três conceitos.[7] Assim, um ordenamento jurídico, ao se empregar a interpretação sistemática, ou seja, dentro de uma organização de leis e normas, busca a melhor adequação de determinada interpretação em conformidade com a hermenêutica das demais escolhas legislativas. O ordenamento é visto como um todo. Também, pode-se compreender sistema como o ordenamento da matéria, realizado por meio de um processo indutivo, ou seja, a partir de normas singulares, chega-se a conceitos gerais: parte-se do singular para se chegar a regras plurais. O terceiro significado de sistema jurídico é excludente: se uma norma é válida, a incompatível não deve ser considerada; dessa forma, trata-se de um conceito que utiliza a coerência.

O conceito de sistema utilizado neste trabalho se relaciona com elementos de cada um dos três sistemas de justiça, compostos cada qual com leis próprias, princípios próprios, órgãos próprios interligados e coordenados a fim de cumprir um propósito, qual seja, o acesso à justiça, de forma que acessar um desses sistemas significa acessar a própria justiça. Considerar cada sistema como meio de ordenação e classificação permite a obtenção de maior autonomia[8] entre eles. Entender como os sistemas funcionam resulta numa melhor tomada de decisões.[9]

Conforme veremos, o acesso aos três sistemas não apenas cria a possibilidade de julgamento para resolver conflitos, mas um modelo que fornece vários métodos de prevenção e de resolução de conflitos, cada qual preparado para uma situação específica. Atualmente, cada um desses modelos usa a tecnologia que é mais adequada para a situação respectiva.[10]

2.2 SISTEMAS DE JUSTIÇA E LUHMANN

Em que pese a importância dessa nova forma de pensar a justiça, e em consequência suas formas de entrada e de saída, o sistema multiportas classifica o

---

5. RUTHERFORD, op. cit., p. 150.
6. MEADOWS, op. cit., p. 319.
7. MONTALVÃO, Bernardo. *Por uma nova concepção de sistema jurídico*. Entre o passado e o futuro. Salvador: Editora JusPodivm, 2021. p. 189-197.
8. LUHMANN, op. cit., 2018, p. 15.
9. RUTHERFORD, op. cit., p. 125.
10. CABRAL, Trícia Navarro Xavier. Justiça multiportas, desjudicialização e administração pública. In: ÁVILA, Henrique; WATANABE, Kazuo; NOLASCO, Rita Dias; CABRAL, Trícia Navarro Xavier (Coord.). *Desjudicialização, justiça conciliativa e poder público*. São Paulo: Thomson Reuters Brasil, 2021. p. 131.

sistema de justiça como um único sistema, com várias portas de entrada, ao passo que o acesso à justiça objeto deste estudo relaciona-se com diversos sistemas.

O que, aqui, se propõe é um sistema inserido em outro. Assim, a justiça está inserida no sistema social. O sistema jurídico como um todo é um sistema parcial do sistema social, como afirmara Luhmann,[11] e com o qual concordamos. Essa justiça, considerada como sistema, é assim subdivida: sistema de justiça político, sistema de justiça social e sistema de justiça jurídico. A justiça social é um sistema que trata das desigualdades sociais, inserido no sistema social, que é tido como um conjunto de relações entre as pessoas. A justiça política é o sistema que trata das decisões tomadas pela administração pública a fim de gerir a sociedade, inserido no sistema social. É preciso salientar que não trabalharemos com os sistemas de justiça político e social, ambos proximamente relacionados à economia ou à visão econômica do direito. E, ainda, distinguir o foco de nosso estudo do senso de justiça, conforme estudado no capítulo 1.

Para aclarar as explanações propostas, apresentamos a teoria a partir de figuras:[12]

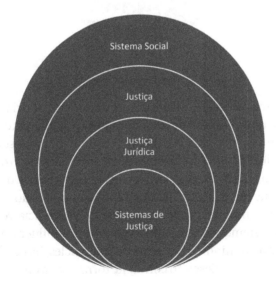

Figura 1 – Justiça inserida no sistema social
Fonte: Elaborada pela autora

---

11. LUHMANN, op. cit., 2018, p. 75.
12. "A importância da arquitetura e do desenho de uma teoria consiste em que ela dê visibilidade ao seu modo de argumentar – o que, evidentemente, traz consequências: quando se penetra na fortificação da Teoria dos Sistemas não é tão fácil sair dela, ainda mais que ela tem dado mostras de possuir uma defesa inexpugnável" (LUHMANN, Niklas. *Introdução à teoria dos sistemas*. Aulas publicadas por Javier Torres Nafarrate. Trad.: Ana Cistina Arantes Nasser. 2. ed. Petrópolis: Vozes, 2010, p. 339).

A partir dessa visão macroscópica, seguimos para uma visão mais aproximada, como se estivéssemos usando lentes de aumento em um microscópio. Incorporados ao sistema de justiça jurídico, tem-se o sistema estatal, composto pelo Judiciário, via de ação, pelo Executivo, como a plataforma consumidor.gov.br e as agências reguladoras, integrantes da administração pública indireta. E dentro do sistema de justiça jurídico, está presente o sistema privado, em que exercem justiça as câmaras privadas de arbitragem, as plataformas de conciliação e mediação on-line e a advocacia negociativa. Por fim, o sistema público-privado, ou *sui generis*, em que exercem justiça as serventias extrajudiciais.

Figura 2 – Justiça
Fonte: Elaborada pela autora

Os três sistemas se desenvolvem conforme são influenciados pelo sistema social, ou pela estrutura social ordenada, composta por diferentes normas sociais, como usos, costumes, moralidade e direito,[13] e por demandas sociais. Dentro do sistema de justiça jurídico, por influências ou pontos de irritação ou estímulo entre os três sistemas, ou seja, o sistema público, o sistema privado e o sistema público-privado. Ainda que um dos sistemas queira se acomodar, não será possível, pois os sistemas sofrem constantes provocações e, em consequência, respondem a essas provocações. São sistemas vivos e, conforme sofrem a influência uns dos outros, podem aumentar ou diminuir. Dentro de cada um deles, há células capazes de se recriar, como numa autopoiese – "o constante tornar-se", a que Thomas Vesting se refere[14] –, gerando novos órgãos, entes e formas novas de se fazer justiça.

A autopoiese é a continuação, trazendo consigo algo que foi pensado ou criado, ensejando uma autoligação à continuidade de algo iniciado.[15] Em Luhmann, a

---

13. MONTALVÃO, Bernardo. *O que você precisa saber sobre sociologia do direito*. São Paulo: Editora JusPodivm, 2022. p. 88.
14. VESTING, op. cit., p. 5.
15. Ibidem, p. 5.

autopoiese dos sistemas é justificada com base na comunicação. O que propomos, a exemplo da autopoiese de Luhmann, é que os sistemas de justiça são autopoiéticos por influência de fatores sociais que ocorrem dentro (influência interna, do próprio sistema) ou fora da justiça (influências externas), podendo também ocorrer entre eles, nas zonas de intersecção (ou interpenetração, de forma similar à mencionada por Vesting).[16] O fundamento está, portanto, na teoria de Luhmann, mas nela não se encerra. Há diferenças, como o fundamento da comunicação utilizado por Luhmann na interação e na autopoiese dos sistemas. E na análise exclusiva da justiça, e dos sistemas de justiça. Luhmann é, sem dúvidas, o ponto de partida, mas criamos algo novo, uma nova percepção do acesso à justiça, ou aos seus sistemas. Somente a partir de algum conhecimento pode-se criar ou identificar algo novo, não havendo "começo do começo",[17] mas um começo (ou uma proposta do que venha a ser um novo começo) a partir de uma dependência de um conhecimento anterior.

A título de exemplo, e usando uma lente de aumento que aproxima ainda mais o sistema de justiça estatal, podemos enxergar o Poder Judiciário recriando suas varas por influência do sistema social. Assim, existem as varas especializadas de registros públicos, de contratos agrários, de recuperação judicial e falência, e existem as recentemente criadas, varas de violência contra a mulher, por exemplo. Também, por força da autopoiese, foram criados os Centros Judiciários de Solução de Conflitos e Cidadania (Cejusc).

2.3 A INTERAÇÃO ENTRE OS SISTEMAS DE JUSTIÇA: AS ZONAS DE INTERSECÇÃO

Entre os sistemas estatal, privado e público-privado, há zonas de intersecção, pois, em determinadas situações, trabalham em conjunto. Nas varas de registros públicos têm um elo forte com o sistema público-privado das serventias extrajudiciais na esfera jurisdicional. E, na via administrativa, todos os juízes que exercem a função de corregedorias permanentes, em conjunto com suas principais atribuições, como juízes cíveis, com os cartórios extrajudiciais.

A lente ainda mais ampliada será capaz de mostrar que os pontos de irritação provocam nos sistemas a transferência de funções de um sistema a outro. Aqui podemos visualizar a desjudicialização ou a extrajudicialização, onde ocorre a migração de serviços às câmaras de arbitragem, no primeiro caso, e às serventias extrajudiciais, no segundo caso.

---

16. Ibidem, p. 4.
17. Ibidem, p. 3.

Com os três sistemas de justiça jurídica bem delimitados, podemos compreender que não há apenas um acesso à justiça, mas acessos a três sistemas de justiça. A partir dessa compreensão, fica nítido que, ao mencionarmos acesso à justiça, não podemos pensar apenas em formas de acesso ao Poder Judiciário. Cada sistema, com suas peculiaridades, deve ter uma forma de acesso adequada. E, de forma evidente, formas de saídas adequadas também.

Ao cogitar que o acesso à justiça seja somente o acesso aos tribunais, ainda que se pense em muitas portas e formas diversas de se resolverem litígios, várias parcelas de justiça são deixadas para trás. Por isso, o que propomos é não somente um tribunal multiportas, que tenha a mediação, a conciliação e outras formas de solução de litígios, além da sentença. Esse tribunal deve permanecer com todas as suas portas bem abertas e devemos continuar pensando em formas de promover celeridade e efetividades para essas demandas.

No entanto, a luz do microscópio deve ter potencial para aproximar a visão de doutrinadores, legisladores e profissionais do direito de modo a que enxerguem os outros dois sistemas – privado e público-privado – e, a partir de então, vislumbrem como o acesso a tais sistemas pode ser melhorado. Podemos, inclusive, cogitar de ondas de acesso a cada um desses sistemas. O que Cappelletti e Garth propuseram, de forma brilhante, foi classificar em ondas as melhorias de acesso ao Judiciário, ou seja, parte do sistema estatal. Podemos nos aproveitar dos conceitos por eles desenvolvidos para aprimorar o acesso, incluindo o sistema estatal por completo e os sistemas privado e público-privado, atentos à atividade viva de cada um, com suas autopoieses e a ingerência entre eles.

Figura 3 – Justiça Jurídica – Sistemas de Justiça
Fonte: Elaborada pela autora

O termo "acesso à justiça" adquiriu seu significado atual no final dos anos 1970. Antes, o termo referia-se ao recurso às instituições judiciais públicas. No discurso jurídico pós-Segunda Guerra Mundial, ocasionalmente apareceu como uma descrição de objetivos ou benefícios da assistência judiciária e até mesmo como uma garantia de igualdade perante a lei. Segundo Marc Galanter, no final dos anos 1970, o termo passou a ter significado novo e mais amplo: várias agências, agências governamentais e não governamentais, agências judiciais e agências extrajudiciais podiam ser usadas para que os requerentes pudessem defender a justiça,[18] visão que corrobora o objeto desta pesquisa.

A revolução eletrônica, seguida pelas revoluções nas comunicações, nos novos materiais e na biotecnologia, combinadas com suas próprias lógicas, determina a mistura de várias lógicas organizacionais, as quais afetam as mudanças fundamentais nas ciências organizacionais e têm grande impacto no país. Tudo isso reafirma a existência de um novo paradigma e exige repensar o que foi determinado anteriormente.[19]

Além da sentença judicial, há outras formas de solução de controvérsias, conforme passaremos a analisar. Preferimos o uso de "formas diversas" a "formas alternativas", pois dar-se-ia a impressão de ser uma alternativa, ou seja, algo que não mereceria credibilidade tanto quanto o Poder Judiciário. Ressaltamos que, com exceção da arbitragem, as demais formas que serão analisadas também podem ser utilizadas pelo Judiciário. Essas formas foram consideradas no sistema multiportas, por Frank Sander, conforme veremos no capítulo 5.

De fato, o sistema multiportas, concebido por Sander e proposto pela primeira vez na famosa Pound Conference, em 1976, mostra que é possível resolver os conflitos entre os indivíduos de forma eficaz. Para tal, é necessário satisfazer as necessidades da sociedade. Os mecanismos existentes para as mais diversas necessidades conflitantes oferecem múltiplas possibilidades. Portanto, é impróprio para um único método satisfazer todos os indivíduos envolvidos em desacordos. Isso prejudica a equidade e a eficácia do acordo, podendo levar a novos conflitos ou mesmo ao descumprimento por uma das partes no futuro.[20]

O sistema multiportas é projetado para oferecer opções às partes com problemas comuns, ou seja, fornece às instituições judiciais formas diversas de

---

18. GALANTER, Marc. Acesso à justiça em um mundo com capacidade social em expansão. Trad.: Berenice Malta. In: FERRAZ, Leslie Shérida (Coord.). *Repensando o acesso à justiça no Brasil*: estudos internacionais. V. 2. Institutos inovadores. Aracaju: Evocati, 2016. p. 18.

19. PASSOS, José Joaquim Calmon de. Instrumentalidade do processo e devido processo legal. *Revista Diálogo Jurídico*, Salvador, ano I, v. 1, n. 1, p. 4, 2001.

20. SALES, Lilia Maia de Morais; SOUSA, Mariana Almeida de. O sistema de múltiplas portas e o Judiciário brasileiro. *Revista Brasileira de Direitos Fundamentais & Justiça*. Abril 2018. p. 218.

resolução de conflitos, permitindo que as partes tenham opções e encontrem soluções para os problemas com mais facilidade, daí o nome "portas múltiplas".[21]

A I Jornada de Prevenção e Solução Extrajudicial de Litígios, do Conselho da Justiça Federal, aprovou o Enunciado 81, que dispõe que "A conciliação, a arbitragem e a mediação, previstas em lei, não excluem outras formas de resolução de conflitos que decorram da autonomia privada, desde que o objeto seja lícito e as partes sejam capazes",[22] corroborando com nosso entendimento. Ademais, Juliana Lourenço Engelberg menciona "sistema de justiça cartorária", realçando a ideia aqui proposta.[23]

Tem-se como conceito popular de acesso à justiça o julgamento judicial. Entretanto, quando a eficiência passa a ser o princípio orientador, o desperdício do precioso tempo dos juízes é considerado desproporcional à justiça.[24]

Assim, mesmo em processos judiciais, faz-se necessário pensar em soluções céleres, efetivas e eficazes.[25] Contudo, obter uma ordem jurídica justa é obter uma resolução adequada dos conflitos,[26] condizente com a realidade social, ou seja, preocupada com o direito substancial, e não apenas com eficiência técnica.[27] Por isso, o que pretendemos é uma teoria com influência não só do direito, mas que abranja a ótica da sociologia e a filosofia.[28]

Como bem salientado por Nancy Andrighi, há uma necessidade urgente de nos livrarmos de nosso treinamento em romanismo, porque acreditamos firmemente que apenas os juízes que receberam funções judiciais podem ter jurisdição.[29]

O que pretendemos é reafirmar a importância do sistema multiportas na justiça brasileira e ilustrar como se mantém esse sistema atualmente. Assim,

---

21. Ibidem, p. 205.
22. Disponível em https://www.cjf.jus.br/cjf/corregedoria-da-justica-federal/centro-de-estudos-judiciarios-1/prevencao-e-solucao-extrajudicial-de-litigios. Acesso em: 24 nov. 2021.
23. ENGELBERG, Juliana Lourenço. Os cartórios – extrajudiciais – estão preparados para os novos desafios? In: VIEIRA, Bruno Quintiliano Silva; PINHEIRO, Weider Silva (Org.). *II Estudos de Direito Notarial e Registral*. Goiânia: Kelps, 2021. p. 87.
24. COHEN, Hadas; ALBERSTEIN, Michal. *Multilevel acess to justice in a world of vanishing trials*: a conflict resolution perspective. Disponível em: https://zenodo.org › record › files. Acesso em: 21 nov. 2021.
25. TESHEINER, José Maria Rosa; THAMAY, Rennan Faria Krüger. *Novos caminhos do processo contemporâneo*. São Paulo: Expressa, 2021.
26. BACELLAR, Roberto Portugal. *Mediação e arbitragem*. Coord.: Alice Bianchini. Luiz Flávio Gomes. São Paulo: Saraiva, 2012.
27. WATANABE, Kazuo. *Acesso à ordem jurídica justa*: conceito atualizado de acesso à justiça, processos coletivos e outros estudos. Belo Horizonte: Del Rey, 2019.
28. TESHEINER, op. cit.
29. ANDRIGHI, Fátima Nancy. *Formas alternativas de solução de conflitos*. Disponível em https://www.stj.jus.br › ministros › Discursos. Acesso em: 21 nov. 2021.

serão expostas a mediação, a conciliação, a arbitragem e a negociação direta, ou resolução colaborativa de disputas. Além disso, importa salientar o uso da tecnologia no Poder Judiciário e em disputas on-line como um novo formato para inovar as portas do sistema.

Desde o início do século XX, o modelo hierárquico do legislador foi enfraquecido, enquanto o poder de interpretação do juiz aumentou. Por isso, o trabalho dos tribunais foi ampliado. Os juízes se deparam, então, com uma dupla exigência: tanto para decidir em cada caso, como também para fazer uma decisão justa, o que significa aplicar a igualdade em casos específicos, ou seja, aplicar as mesmas regras.[30] Passa-se, assim, a pensar num sistema de justiça circular e não mais piramidal.

Figura 4 – Zonas de intersecção
Fonte: Elaborada pela autora

A teoria da ação de Talcott Parsons, que serviu de inspiração para a teoria dos sistemas sociais de Luhmann, se atém mais ao indivíduo, integrando, na sociologia, os aspectos psicológicos e orgânicos dos atores, ao passo que a teoria dos sistemas de Luhmann é usada para especificar uma realidade em grande escala, ou seja, uma visão macro factual. Por outro lado, Parsons apontou firmemente que ações e sistemas não podem ser entendidos separadamente. Destarte, a construção da estrutura social se realiza na forma de um sistema, e a operação básica de construção desse sistema é a ação.[31]

Luhmann se vale, em suas explicações, do ambiente ecológico, semelhante ao que Varela e Maturana denominam de entorno. Se o organismo não se adapta ao ambiente ecológico e supera as expectativas, o movimento também precisa do equilíbrio do comportamento do corpo para prosseguir.[32] Portanto, as assimetrias

---

30. LUHMANN, op. cit., 2016, p. 406.
31. LUHMANN, op. cit., 2010, p. 41-42.
32. Ibidem, p. 50.

existentes no modelo decorrem de influências temporais, e não de hierarquia. Luhmann ainda fundamenta sua teoria na comunicação: as ofertas temporais de comunicação levam o sistema ao conflito ou a uma história comum de solidariedade e de cooperação.[33] Um período de estabilidade solidifica as instituições dos sistemas de justiça, e, com o decorrer do tempo, a estabilidade pode ser desconstituída. Nesse sentido, as mudanças são causadas por interações apenas quando há integração. Essa integração pode ser observada em situações de cooperação e paz, mas também em contextos conflituosos.[34]

Figura 5 – Estímulos provocando mudanças
Fonte: Elaborada pela autora

2.4 AS CONSTANTES MUTAÇÕES DOS SISTEMAS DE JUSTIÇA

Para Luhmann, os sistemas se organizam de acordo com o ambiente que os rodeiam, fazendo suas escolhas, diante de todas as possibilidades oferecidas por outro sistema, no qual inseridos, numa autopoiese. A justiça, considerada como um sistema, passa por constante mutação, conforme a irritabilidade provocada por outros sistemas. O direito, em seu caráter autopoiético, se cria com base nos seus próprios elementos. Como sistema autorreferente, permite que o direito mude a sociedade e se altere ao mesmo tempo, com base num código binário que, segundo Luhmann, é, para o direito, constituído daquilo que é lícito e do que é ilícito. Quando as estruturas do sistema se alteram, o próprio sistema se altera, devido à sua reprodução autopoiética,[35] pois são as funções que dão origem às estruturas, porque estas devem ter a capacidade de se adaptar às mudanças de funções.[36] O sistema pode reagir positiva ou negativamente à provocação. A seleção de estruturas para viabilizar a continuidade do que foi (re)produzido

---

33. Ibidem, p. 320.
34. Ibidem, p. 336.
35. LUHMANN, op. cit., 2016, p. 394.
36. MONTALVÃO, op. cit., 2021, p. 330.

dependerá da reação positiva do sistema, ou seja, da aceitação. A partir da aceitação pelo sistema, ocorre o processo evolutivo, com a restabilização da unidade reproduzida e do sistema como um todo.[37]

Tal estudo só pode ser compreendido por meio de uma visão pluralista, que acredita que os conflitos podem ser submetidos a diferentes instituições e situações – judiciais e/ou não judiciais – devido às suas múltiplas formas e funções, bem como às diferentes características, podendo apresentar diferentes respostas, cada qual adequada à sua busca.[38] O sistema de justiça funciona tal qual esclarecido por Luhmann, de forma que, havendo alterações de outros sistemas no qual inserido ou que seja por eles atingido, provoca-se a autopoiese, reproduzindo-se como e quando necessário.[39]

Tendo em vista o inegável crescimento descontrolado das expectativas normativas, oriundo de costumes, exigências morais e hábitos, cabe ao direito a função de estabilizar essas expectativas, o que só é alcançado com novas possibilidades de acesso à justiça.[40] Por isso, de acordo com a complexidade do nível de desenvolvimento social específico, o sistema se multiplica tal qual a autopoiese.[41] É o que ocorre com os sistemas de justiça.

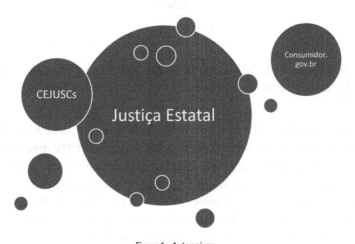

Figura 6 – Autopoiese
Fonte: Elaborada pela autora

---

37. Ibidem, p. 388.
38. ENGELBERG, op. cit., p. 85.
39. Autopoiese ou autopoiesis (do grego auto "próprio", poiesis "criação") é um termo criado na década de 1970 pelos biólogos e filósofos chilenos Francisco Varela e Humberto Maturana para designar a capacidade dos seres vivos de produzirem a si próprios.
40. LUHMANN, op. cit., 2016, p. 182.
41. Ibidem, p. 458.

Dessa forma, os sistemas de justiça se constroem conforme um tipo de operação que eles mesmos produzem,[42] seja por influência de instabilidades externas ou internas, seja a partir de provocações entre os demais sistemas de justiça, quando há situações de integração.

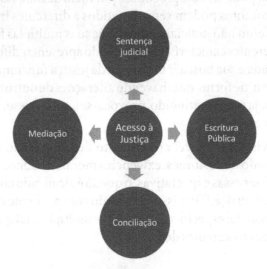

Figura 7 – Acesso à justiça
Fonte: Elaborada pela autora

Na concepção de Mário Losano, sistema jurídico é o conjunto de normas próprias de certo ordenamento, por exemplo, o sistema jurídico anglo-americano ou islâmico.[43]

O sistema que propomos no presente trabalho tem conotação diferente, já que se trata de sistemas de justiça, considerando-se a coparticipação de sistemas inseridos na justiça, especificamente a justiça tida por jurídica, ou a que se refere ao direito (Figura 2). Filiamo-nos ao grupo que considera o direito como vivo, portanto a interação entre o ambiente (sistema social) e o direito é capaz de provocar mudanças em ambos (Figura 1). Assim, o direito e os sistemas de justiça são influenciados pela sociologia do direito e pela história.[44]

Tais sistemas de justiça são vivos, podendo ser considerados, nos dizeres de Varela e Maturana, como máquinas autopoiéticas, pois transformam a matéria neles mesmos inseridas, de tal forma que seu produto é sua própria

---

42. LUHMANN, op. cit., 2010, p. 328.
43. LOSANO, Mario G. *Os grandes sistemas jurídicos*: introdução aos sistemas jurídicos europeus e extraeuropeus. Trad.: Marcela Varejão; revisão da tradução Silvana Cobucci Leite. São Paulo: Martins Fontes, 2007. p. 10-12.
44. Ibidem, p. 561-562.

organização. E o contrário também é verdadeiro: se um sistema é autopoiético, ele é vivo.[45]

Parsons considera os sistemas sociais como constituintes do sistema mais geral de ação. Os outros constituintes primários são os sistemas culturais, os sistemas de personalidade e os organismos comportamentais. Os quatro são abstratamente definidos com relação ao comportamento concreto de interação social. As distinções entre os quatro subsistemas de ação são funcionais, ou seja, referem-se à manutenção de padrão, à integração, à realização de objetivo e à adaptação.[46] Sob o ponto de vista do indivíduo, Parsons destaca o fenômeno de interpenetração, como a interiorização de objetos sociais e normas culturais por sua personalidade, a partir de um sistema de ação, uma "zona de componentes estruturados ou padrões que precisam ser tratados teoricamente como comuns aos dois sistemas (e não simplesmente atribuídos a um sistema ou outro)".[47]

Segundo Parsons, o que se verifica no indivíduo verifica-se de forma mais ampla nos sistemas sociais, considerados pelo autor como abertos, com intercâmbio contínuo de recepções e apresentações com seus ambientes. Internamente, se diferenciam em várias ordens de subcomponentes, que também participam continuamente dos processos de intercâmbio entre si.[48] Aqui, se relaciona a zona de intersecção de nossa proposta de sistemas de justiça, daí por que a consideramos uma teoria com pretensão de universalidade,[49] pois autorreferencial,[50] ou seja, nela, os sistemas têm a capacidade de estabelecer relações entre si e consigo mesmo, e de diferenciar tais relações das de seu ambiente (Figura 4). Essa teoria desenvolve-se como policêntrica, não linear, mas circular (Figura 3), tal qual a teoria dos sistemas sociais de Luhmann.[51] O observador, sujeito que se vale dos sistemas de justiça, faz parte do próprio sistema.[52] Assim,

---

45. GARCÍA, Francisco J. Varela; ROMESÍN, Humberto Maturana. *De máquinas y seres vivos*. Autopoiesis: la organización de lo vivo. 5. ed. Santiago do Chile: Editorial Universitaria, 1998. p. 73.
46. PARSONS, Talcott. *O sistema das sociedades modernas*. Trad.: Dante Moreira Leite. São Paulo: Pioneira, 1974. p. 15.
47. Ibidem, p. 17.
48. Ibidem, p. 17.
49. O conceito de autorreferência designa a unidade constitutiva do sistema consigo mesmo: unidade de elementos, de processos, de sistema (LUHMANN, Niklas. *Sistemas sociales*: Lineamientos para una teoria general. Trad.: Silvia Pappe y Brunhilde Erker; Coord.: Javier Torres Nafarrete. Barcelona: Anthropos, 1998, p. 55).
50. Ibidem, p. 9.
51. "A construção da teoria se assemelha, assim, mais a um labirinto do que a uma rodovia com final feliz" (LUHMANN, op. cit., 1998, p. 11).
52. "Nesse caso, em vez do clássico triângulo observador – organismo – ambiente, o que há é um círculo com o observador no centro, em que o observar é só um modo de viver o mesmo campo experiencial que se deseja explicar. O observador, o ambiente e o organismo observado formam agora um só e idêntico processo operacional-experiencial-perceptivo no ser do ser observado" (GARCÍA, Francisco J. Varela;

[...] ela é parcialmente, embora não necessariamente, condicionada pela sociedade e parcialmente definida no próprio ordenamento jurídico. Isso significa que o nível de reivindicações relacionadas à justiça no sistema jurídico, o grau de abstração da dogmática jurídica e a extensão em que as questões jurídicas são decididas de acordo com critérios de direito, não podem ser estabelecidos independentemente das expectativas da sociedade, da mesma forma que, por outro lado, essas expectativas são orientadas para as possibilidades oferecidas pelo ordenamento jurídico.[53]

As diferenças entre sistema e ambiente reconstroem, em diferentes linhas de intersecção (Figura 4), o sistema total de justiça jurídica, que, por sua vez, em nova intersecção com os sistemas de justiça política e de justiça social, reconstroem, em diferentes linhas de intersecção, o sistema total de justiça (Figura 2).[54] A zona de intersecção também pode ser observada entre o sistema social e os sistemas de justiça, de modo que a criação do direito só se faz possível numa base de convenções sociais e, a seu turno, o sistema social pressupõe um repertório comum de regras.[55]

O conceito de adaptação, originalmente, designava uma relação simples entre sistema e entorno. Segundo tal conceito, o sistema deveria adaptar-se ao entorno para poder sobreviver. Desenvolvendo-se melhor a teoria, o entorno também deveria se adaptar ao sistema. E, quanto aos sistemas complexos, estes se adaptariam também à sua própria complexidade, além de se adaptarem ao entorno,[56] de maneira a se reproduzirem continuamente,[57] provocando mudanças entre eles (Figura 5) e em si próprios (Figura 6), considerando-se que a reprodução ocorre internamente, ou seja, dentro do próprio sistema.[58]

2.5 A AUTONOMIA DE CADA SISTEMA DE JUSTIÇA E A AUTOPOIESE

Dentro de cada sistema de justiça, há determinada organização das relações entre os seus componentes, de modo que seja reconhecido como elemento de tal sistema. Os componentes e as relações que concretamente constituem determina-

---

ROMESÍN, Humberto Maturana. *A árvore do conhecimento*. As bases biológicas do entendimento humano. Trad.: Jonas Pereira dos Santos. s/l.: Editorial Psy II, 1995. p. 35).

53. LUHMANN, op. cit., 2018, p. 74.
54. LUHMANN, op. cit., 1998, p. 32.
55. VESTING, op. cit., p. 12.
56. LUHMANN, op. cit., 1998, p. 54.
57. Ibidem, p. 56.
58. "[...] autopoiese não pressupõe necessariamente que não haja nenhum tipo de operação no ambiente como aquelas com as quais o sistema se reproduz. [...] no entanto, o próprio processo de reprodução do sistema só pode ser usado internamente. A reprodução não pode ser usada como elo entre o sistema e o meio ambiente, ou seja, outra vida e outra consciência não podem ser extraídas para transferi-la para o próprio sistema" (Ibidem, p. 56).

do sistema realizam sua organização e constituem sua estrutura.[59] Os sistemas de justiça se caracterizam pelas distinções com os demais.[60] As distinções podem ser relacionadas aos objetivos do sistema, ao ambiente do sistema, aos recursos do sistema, aos componentes do sistema, suas atividades e finalidades e à administração do sistema.[61] Assim, há certa autonomia em cada um dos sistemas de justiça, pois é possível identificar o que os torna distintos dos demais e o que, internamente, há de características próprias.[62] Somente poderá se reproduzir quando tal sistema seja primeiramente uma unidade singular, com uma organização que o defina.[63] A autopoiese é causada por constantes condições, perturbação e compensação dessas perturbações.[64] Thomas Vesting se refere à virada autopoiética da teoria de sistemas para enfatizar sua importância.[65]

A autopoiese, aqui estabelecida, é tida por uma forma de sobrevivência do próprio sistema, visto que o congestionamento de uma via ou veia de acesso à justiça pode levar ao colapso do sistema. Por isso, busca vias de descongestionamento ou de desafogamento. As vias ou veias que fomentam o sistema de justiça não são visíveis, por isso sua compreensão é mais complexa.[66]

Na Figura 6, a reprodução do sistema de justiça estatal gerou os Cejusc dentro do Poder Judiciário e a plataforma consumidor.gov.br, do Poder Executivo, como formas de atendimento às demandas sociais e do legislador. Demonstra-se, assim, a contínua mudança estrutural no sistema de justiça, desencadeada por interações com o meio onde se encontra ou como resultado de sua dinâmica interna.[67] Essa mudança de estrutura, sem que perca sua organização, é denominada ontogenia. E as interações com o ambiente são tidas como perturbações recíprocas, já que o meio social transforma o sistema de justiça, e o sistema de justiça transforma o ambiente.[68] A transformação pode significar a influência de um sistema em outro (Figura 5) ou a interação entre eles (Figura 4).

---

59. GARCÍA; ROMESÍN, op. cit., 1995, p. 87.
60. Ibidem, p. 83.
61. CHURCHMAN, op. cit., p. 47-48.
62. GARCÍA; ROMESÍN, op. cit., 1995, p. 88.
63. Ibidem, p. 98.
64. GARCÍA; ROMESÍN, op. cit., 1998, p. 69.
65. VESTING, op. cit., p. 7.
66. Nesse sentido, torna-se fácil compreender ao examinar o seguinte exemplo: "os elementos de um sistema são frequentemente as partes mais fáceis de notar, porque muitos deles são coisas visíveis e tangíveis. Os elementos que compõem uma árvore são raízes, tronco, galhos e folhas. Se você olhar mais de perto, verá células especializadas: vasos que transportam fluidos para cima e para baixo, cloroplastos e assim por diante" (MEADOWS, op. cit., p. 333).
67. GARCÍA; ROMESÍN, op. cit., 1995, p. 112.
68. Ibidem, p. 113.

Na Figura 5, a arbitragem do sistema de justiça privado tem sua execução, quando não haja o cumprimento da sentença de forma voluntária, efetuada junto ao Poder Judiciário. O sistema de justiça estatal tem sido alterado por opção do legislador (por sua vez, por influências dos sistemas sociais), gerando o que se denomina extrajudicialização, ou seja, serviços que têm sido delegados às serventias extrajudiciais, como a usucapião extrajudicial conduzida pelo registrador de imóveis, a retificação administrativa, conduzida pelo registrador civil das pessoas naturais e pelo registrador de imóveis, conforme o caso, a separação, o divórcio e a partilha extrajudiciais, lavradas por escrituras públicas pelos tabeliães de notas etc.

Na Figura 4, exemplificamos como áreas de intersecção a fiscalização e o julgamento de procedimentos de suscitação de dúvidas e pedidos de providências exercidos pelas corregedorias permanentes de justiça, na via administrativa, em atuação correcional junto às serventias extrajudiciais, e ainda as decisões em casos de impugnação de confrontantes em procedimentos de retificação administrativa de imóvel.

Cada um dos sistemas de justiça tem suas peculiaridades que lhe dão unidade. Sendo assim, o acesso à justiça não pode ser considerado de uma só forma. Há que se desdobrar o acesso de acordo com cada um dos sistemas e seus modos de atendimento às demandas jurídicas (Figura 7), de maneira que cada um mantém a sua independência (Figura 3), firmada por princípios, legislação, normas próprias, enfim, suas peculiaridades, porém, simultaneamente, se relacionam com os outros sistemas de justiça (Figura 4) e com o sistema social numa constante interface. Por isso, o que se aventa é uma nova ótica do acesso à justiça a partir da teoria dos sistemas. Analisaremos em cada um dos capítulos subsequentes o comportamento de tais sistemas, visando iluminar a proposta teórica.

3
SISTEMAS DE JUSTIÇA ESTATAL

O abandono do estado de natureza ensejou a troca da justiça privada, em que predominava o uso da força, pela justiça pública. Essa delegação de poderes dos indivíduos, pelo contrato social, como enunciado por Hobbes, terminou por criar uma organização dos serviços públicos de justiça.[1] Como acesso aos sistemas de justiça estatal compreendemos o acesso aos órgãos do Poder Judiciário e do Poder Executivo destinados à resolução de conflitos e outras demandas relacionadas ao direito do cidadão.

O Poder Judiciário é composto por: Supremo Tribunal Federal (STF), Conselho Nacional de Justiça (CNJ), Superior Tribunal de Justiça (STJ), Tribunais Regionais Federais e Juízes Federais, Tribunais e Juízes do Trabalho, Tribunais e Juízes Eleitorais, Tribunais e Juízes Militares e Tribunais e Juízes dos Estados e do Distrito Federal e Territórios (art. 92 da CF/88). Todos eles, em suas especialidades, atuam como formas de acesso à justiça.

O Poder Executivo é exercido pelo Presidente da República com o auxílio dos Ministros de Estado (art. 76 da CF/88). Dentre os ministérios, o da Justiça se destaca por desempenhar o papel de acesso à justiça tal qual proposto. Conforme veremos, a Secretaria Nacional do Consumidor (Senacon) tem sido responsável por essencial atuação na busca de soluções de conflitos. Além disso, o papel relevante das agências reguladoras ganha destaque.

O Poder Legislativo também tem seu próprio mecanismo de justiça, porém deixaremos de o analisar, tendo em vista que acreditamos que não há livre acesso a qualquer pessoa a esse sistema, ou seja, trata-se de uma função atípica (arts. 71, II, e 86, *caput*, da CF/88).

Seja o Poder Judiciário, seja o Poder Executivo, cada um sustenta seu próprio sistema de justiça a partir de princípios, normas, orientações, recomendações e provimentos próprios. E se recriam a partir de estímulos e interações, conforme expusemos no capítulo anterior. Seguimos à análise deles.

---

1. COSTA E SILVA, Paula. *A nova face da justiça*. Os meios extrajudiciais de resolução de controvérsias. Lisboa: Coimbra Editora, 2009, p. 20.

3.1 SISTEMA DE JUSTIÇA DO PODER JUDICIÁRIO

O Poder Judiciário é caracterizado por haver um terceiro imparcial e sem interesse no litígio, cabendo a ele aplicar a norma ao caso concreto, visando à coisa julgada.[2]

Ao analisar o art. 5º, XXXV, da Constituição Federal, Kazuo Watanabe ensina que, havendo lesão ou ameaça a direito, assegura-se ao cidadão que o Poder Judiciário é quem deverá decidi-la.[3] Pode-se dizer, segundo o autor, que se trata de um princípio que possibilita o acesso de todo cidadão à busca de justiça ou, pelo menos, de uma manifestação jurisdicional do Poder Judiciário. Não significa um mero acesso formal, mas a obtenção de tutela jurisdicional efetiva, tempestiva e adequada. Cabe ressaltar que a garantia constitucional deve ser interpretada como o acesso à ordem jurídica justa.[4]

O princípio do amplo acesso ao Poder Judiciário remonta à Constituição de 1946. Segundo André Ramos Tavares, o próprio enunciado da legalidade requer que haja a possibilidade ampla e irrestrita de apreciação de lesão ou ameaça a direito pelo órgão competente.[5] Para o autor, consequência direta do princípio é a não aceitação da chamada instância administrativa forçada, ou jurisdição condicionada, por meio da qual há necessidade de recorrer primeiramente às vias administrativas, franqueadas por força da Emenda Constitucional 7/77 à Constituição de 1967/69.[6] Com a redação da Emenda Constitucional 7/77, a Constituição de 1969 (Emenda Constitucional 01) passou a prever, no seu art. 111,[7] que a lei poderia criar contencioso administrativo e lhe atribuir competência para o julgamento das causas de litígios decorrentes das relações de trabalho dos servidores com a União, inclusive autarquias e empresas públicas federais, qualquer que fosse o seu regime jurídico. O único caso admitido no direito pátrio atual é o referente à Justiça Desportiva, em que a Constituição impõe o prévio esgotamento das instâncias administrativas próprias (art. 217, § 1º).[8]

---

2. ALVIM NETTO, José Manoel Arruda. Da jurisdição – Estado-de-direito e função jurisdicional. Doutrinas essenciais de Processo Civil, v. 2, p. 331, Out / 2011.
3. WATANABE, op. cit., p. 7.
4. THAMAY, Rennan Faria Krüger. *Manual de direito processual civil*. São Paulo: Saraiva Educação, 2019. p. 48.
5. TAVARES, André Ramos. *Curso de direito constitucional*. 11. ed. rev. e atual. São Paulo: Saraiva, 2013.
6. Ibidem, p. 585.
7. Art. 111. A lei poderá criar contencioso administrativo e atribuir-lhe competência para o julgamento das causas mencionadas no artigo anterior.
   Art. 110. Os litígios decorrentes das relações de trabalho dos servidores com a União, inclusive as autarquias e as empresas públicas federais, qualquer que seja o seu regime jurídico, processar-se-ão e julgar-se-ão perante os juízes federais, devendo ser interposto recurso, se couber, para o Tribunal Federal de Recursos.
8. TAVARES, op. cit., Capítulo XXIV – Direito de Acesso ao Judiciário.

Segundo Galeno Lacerda, no processo se chocam dois ideais, o de justiça e o de paz social.[9] Para o primeiro, o fator tempo se mostra relativo, importando, antes de tudo, que se alcance, embora tarde, a sentença veraz e justa para solução perfeita da lide. Para o segundo, requer-se a eliminação rápida e eficaz dos conflitos a fim de restaurar a harmonia dentro do grupo no menor tempo possível.

Com a transição para o direito natural racional criado pela humanidade, mas sob o império da lei da razão (o conteúdo normativo da racionalidade prática de Kant), a lei natural cindida foi abandonada. O procedimento não é mais considerado um instrumento puro e não tem o direito de interferir na essência do direito, pois o próprio procedimento, como um direito, deve obedecer à lei da razão (lei natural racional), assim como à lei material.[10] Portanto, atualmente, deve prevalecer o entendimento de que o procedimento serve para resolver situações conflituosas ou nas quais seja exigida sua situação por expressa disposição legal.

Para aprofundar o estudo sobre a atuação judicial como sistema, a seguir, exploraremos as ondas de acesso à justiça, objeto de interessante estudo de Cappelletti e Garth na obra *Acesso à Justiça*.

3.1.1 Uma reflexão sobre o impacto das ondas de acesso à justiça no Brasil

Há mais de 30 anos, as Constituições incluíram justiças especiais – a Militar, a Trabalhista e a Eleitoral – entre os órgãos do Poder Judiciário. O Foro Especial para os Delitos Militares foi mencionado na Constituição de 1891, que se dirigia aos militares de terra e mar (art. 77 e inciso). Com a promulgação da Constituição de 1934, duas justiças especiais – Militar e Eleitoral – foram explicitamente mencionadas como órgãos judiciais. A Justiça do Trabalho foi originalmente criada fora do âmbito do Poder Judiciário, ao abrigo da Constituição de 1934 (art. 122), e foi apenas na Constituição de 1946 que começou a aparecer em conjunto com outras justiças especiais.[11] A diversidade de especialidades no Poder Judiciário é uma das formas de se ampliar o acesso à justiça. Contudo, outras propostas de facilitação do acesso, denominadas de ondas, foram elaboradas ao longo do tempo, conforme passaremos a analisar.

---

9. LACERDA, Galeno. O código como sistema legal de adequação do processo. *Revista do Instituto dos Advogados do Rio Grande do Sul*, Porto Alegre, p. 257, 1976.
10. PASSOS, op. cit., p. 6.
11. RODRIGUES, Walter Piva. A visão unitária do processo. *Revista de Ciências Sociais e Humanas da Universidade Metodista de Piracicaba*, v. 7, n. 15, p. 67, 1994.

3.1.1.1 Análise das ondas de acesso à justiça segundo Mauro Cappelletti e Bryant Garth

Do final da Segunda Guerra Mundial até meados da década de 1970, os tribunais e o Poder Legislativo lançaram importante campanha com o objetivo de expandir a responsabilidade e as medidas de correção. Os direitos civis fornecem às pessoas comuns novas oportunidades de usar os tribunais e, quando o fazem, têm mais probabilidade de ter sucesso. Existem, dessa forma, planos para fornecer representação legal para os grupos pobres e não representados. Cada vez mais profissionais do direito consideram essa expansão um teste de realização profissional.[12]

Em 1978, quando o Projeto Florença ainda estava em execução, justiça era o tema oficial da American Bar Association. Desde então, o avanço da justiça se tornou um canto reconhecido do mundo jurídico e é usado por acadêmicos e profissionais em publicações e projetos. O *Legal Journal Index* lista 443 livros e artigos de periódicos com "acesso à justiça" no título, e todos os livros e artigos de periódicos foram listados desde 1976, exceto dois temas: na política interna e suas operações de ajuda externa (como a Agência dos Estados Unidos para o Desenvolvimento Internacional, o Departamento do Reino Unido para o Desenvolvimento Internacional) e em organizações internacionais (como o Programa das Nações Unidas para o Desenvolvimento, o Banco Asiático de Desenvolvimento). Muitos desses patrocinadores combinam e/ou integram o acesso à justiça com seu movimento transnacional de direitos humanos.[13]

O livro *Acesso à justiça*, de Cappelletti e Garth, é um marco na história do direito e serve de marco teórico para este trabalho. Segundo os autores, no mundo ocidental, o interesse no acesso à justiça teve início em 1965, com três soluções sequenciais ou ondas do novo movimento.

No Brasil, depois que a ex-ministra do STF, Ellen Gracie Northfleet, traduziu para o português as obras de Cappelletti e Garth, passou a ter muita força a maneira de estudar a chamada onda de renovação do acesso à justiça. É importante destacar que a tradução do relatório final do projeto foi publicada em solo brasileiro apenas dez anos após seu lançamento, quando o Brasil se tornou um país democrático de direito por meio da promulgação da Constituição Federal. Esse enquadramento político e social é, sem dúvida, decisivo para a sua aceitação

---

12. GALANTER, Marc. Access to justice in a world of expanding social capability. *Fordham Urban Law Journal*, v. 37, n. 1, p. 117, 2010.
13. Ibidem, p. 119.

como referencial teórico para o debate sobre a facilitação da aquisição e defesa de direitos.[14]

O Projeto Florença analisa relatórios entre os anos 1971 a 1978 sobre o tema do acesso à justiça. Tais relatórios foram compilados por vários estudiosos do assunto, utilizando uma metodologia rigorosa para analisar diferentes países. Foram estudados os seguintes países: Austrália, Áustria, Bulgária, Canadá, Chile, China, Colômbia, Grã-Bretanha, França, Alemanha, Holanda, Hungria, Indonésia, Israel, Itália, Japão, México, Polônia, União Soviética, Espanha, Suécia, Estados Unidos e Uruguai. A metodologia do direito comparado, aliada à observação e à utilização de pesquisas empíricas nos mais diversos países, leva a crer que as três ondas preconizadas por Cappelletti e Garth são, na verdade, sobre problemas específicos da justiça nos mais diversos países. Assim, o relatório final descreveu as soluções adotadas nos problemas enfrentados pelos países investigados, utilizando a metáfora das três ondas de justiça.[15]

O acesso à justiça no Brasil atingiu seu apogeu na afirmação dos direitos básicos dos cidadãos e no estabelecimento de mecanismos processuais e garantias processuais para assegurar a efetivação desses direitos. Portanto, o sinal da redemocratização do país é o conceito amplamente difundido de acesso à justiça, que retém o amplo papel do Judiciário como palco de interpretação e aplicação das leis.[16]

A primeira onda foi a assistência judiciária; a segunda, atinente às reformas tendentes a proporcionar representação jurídica para os interesses difusos, especialmente nas áreas da proteção ambiental e do consumidor; a terceira é chamada pelos autores de "enfoque de acesso à justiça e inclui as anteriores, mas vai além, representando uma tentativa de atacar as barreiras ao acesso de modo mais articulado e compreensivo.[17] Dessa forma, tais ondas convivem. Não há que estar cada uma totalmente implementada e de forma satisfatória para se pensar numa próxima onda. Por isso, é possível que uma onda vá se sobrepondo a outra, como ocorre com as ondas marítimas, sem que cada qual perca sua importância e performance.

No Brasil, a crescente judicialização da política e das relações gerou a crise do Judiciário a partir da segunda metade do século XX, pela busca da constitu-

---

14. ASPERTIL, Maria Cecília de Araújo; SOUZA, Michel Roberto Oliveira de. Desmistificando a "cultura do acordo": os discursos de acesso à Justiça e eficiência no atual cenário da mediação e da conciliação judiciais no Brasil. In: FREITAS JR., Antonio Rodrigues de; ALMEIDA, Guilherme Assis de (coord.). SOUZA, Michel Roberto O. de (Org.). *Mediação e o novo código de processo civil*. Curitiba: Juruá, 2018. p. 20.
15. Ibidem, p. 20.
16. Ibidem, p. 22.
17. CAPPELLETTI; GARTH, op. cit., p. 31.

cionalização e da efetivação de direitos fundamentais.[18] A ampliação dos direitos materiais trazidos, especialmente, com a promulgação da Constituição Federal de 1988, que começaram a ser exigidos, resultou na judicialização dos conflitos,[19] gerando processos repetitivos, já que a maioria é judicializada individualmente, o que provoca a sobrecarga de serviços no Judiciário.[20]

O movimento de acesso à justiça fornece elementos para adequação da dogmática jurídica a uma visão mais fiel à feição complexa da sociedade humana, que vai além da componente normativa, ou seja, adéqua-se a uma visão realística que se preocupa com os resultados da necessidade, do problema ou da exigência social.[21] Cappelletti trata o movimento de acesso à justiça como um movimento de reforma,[22] segundo o qual procura transpor obstáculos das pessoas quanto às liberdades civis e políticas.[23] O autor elenca, quanto ao processo civil, os obstáculos: econômico, correspondente à primeira onda; organizacional, correspondente à segunda onda; e, por fim, o relacionado com os métodos alternativos de solução de conflitos.[24]

Apesar de não estarem cem por cento implementadas em nosso país, verifica-se que essas ondas estão inseridas em nosso ordenamento jurídico, inclusive grande parte já concretizada. Passaremos à análise de cada uma delas.

3.1.1.1.1 A primeira onda: assistência judiciária para os pobres

A primeira onda considerada por Cappelletti e Garth na obra *Acesso à justiça* é a assistência judiciária a quem não tem condições de pagar por tais serviços. Segundo os autores, a justiça somente podia ser obtida por quem pudesse arcar com seus custos. Havia, dessa forma, acesso formal, sem efetivo acesso à justiça.[25] Porém, à medida que as sociedades do *laissez-faire* cresciam, o conceito de

---

18. MEIRELLES, Delton R. S. Meios alternativos de resolução de conflitos: justiça coexistencial ou eficiência administrativa? *Revista eletrônica de direito processual – REDP*, v. 1, n. 1, p. 70, out.-dez./2007.

19. WATANABE, Kazuo. O acesso à justiça e solução pacífica dos conflitos de interesses. In: ZANETI JR., Hermes; CABRAL, Trícia Navarro Xavier (Coord.). *Justiça multiportas*. Mediação, conciliação, arbitragem e outros meios adequados de solução de conflitos. 2. ed. rev., ampl. e atual. Salvador: JusPodivm, 2018. p. 836-837.

20. WATANABE, Kazuo. *Política pública do poder judiciário nacional para tratamento adequado dos conflitos de interesses*. Disponível em: https://www.tjsp.jus.br/Download/Conciliacao/Nucleo/ParecerDesKazuoWatanabe.pdf. Acesso em: 21 nov. 2021.

21. CAPPELLETTI, Mauro. Os métodos alternativos de solução de conflitos no quadro do movimento universal de acesso à justiça. Trad. do inglês: J. C. Barbosa Moreira. *Revista de Processo*, Ano 19, janeiro-março de 1994, p. 83.

22. Ibidem, p. 83.

23. Ibidem, p. 83.

24. Ibidem, p. 84.

25. CAPPELLETTI; GARTH, op. cit., p. 9.

3 • SISTEMAS DE JUSTIÇA ESTATAL **65**

direitos humanos se transformava, passando a ser sinônimo de acessibilidade e efetividade a todos, a exemplo do preâmbulo da Constituição Francesa de 1846. Superada a visão individualista dos direitos, estes passaram a ser reconhecidos como deveres sociais de governos, comunidades, associações e indivíduos.[26] Nesse sentido, a Constituição Federal brasileira de 1988 garante os direitos ao trabalho, à saúde, à educação etc. Os Estados atuais, baseados no *welfare state*, proclamam os direitos substantivos, com acesso efetivo, e não apenas formal. Por isso, a reivindicação desses direitos individuais e sociais implica acesso à justiça também efetivo, e não apenas formal, sendo, assim, considerado como o mais básico dos direitos humanos "um sistema jurídico moderno e igualitário que pretenda garantir, e não apenas proclamar os direitos de todos".[27]

No Brasil, a justiça judiciária é pública, e o ingresso na magistratura ocorre por concurso público de provas e títulos, com a participação da Ordem dos Advogados do Brasil (OAB) em todas as fases, exigindo-se do bacharel em direito, no mínimo, três anos de atividade jurídica (art. 93, I, da CF/88).

Portanto, é preciso que a justiça e tudo o quanto a ela se relaciona sirvam ao efeito substantivo da lei. Assim, as técnicas processuais servem a funções sociais, e os tribunais são uma das formas de solução de conflitos, devendo os juristas se aliar aos métodos de análise da sociologia, da política, da psicologia e da economia e outras culturas.[28] Dessa forma, o acesso não é apenas um direito social básico cada vez mais reconhecido, mas também o ponto central da ciência procedimental moderna.[29]

No capítulo II da obra *Acesso à justiça*, mostra-se que a efetividade do direito substantivo significa a igualdade de armas, de modo que o resultado final dependa apenas dos méritos jurídicos de cada parte. Entretanto, essa perfeita igualdade é utópica, pois as diferenças sempre existirão. Contudo, podem ser minimizadas. Para isso, os autores identificam os obstáculos à sua consecução:[30]

a) As custas judiciais: segundo levantamento do Projeto de Florença, a relação entre os custos a serem enfrentados nas ações cresce na medida em que se reduz o valor da causa.[31] Demandas de valores mais baixos acabam suportando maiores custos judiciais, o que é incoerente e termina por ser um obstáculo ao acesso das pequenas causas à justiça. Além disso, em

---

26. Ibidem, p. 11-12.
27. Ibidem, p. 11-12.
28. Ibidem, p. 12-13.
29. Ibidem, p. 13.
30. Ibidem, p. 15.
31. Ibidem, p. 19.

determinados países, antes de propor uma ação, é necessário garantir em juízo despesas do adversário,[32] sobrecarregando ainda mais o proponente;

b) Tempo: ressaltam os autores o dispositivo sobre razoabilidade da duração do processo previsto na Convenção Europeia para Proteção dos Direitos Humanos e Liberdades Fundamentais (art. 6º, § 1º)[33] e que, para muitas pessoas, o acesso à justiça somente se efetiva quando num prazo razoável.[34] A duração razoável do processo é garantia constitucional brasileira, nos termos do inciso LXXVIII do art. 5º, incluído pela Emenda Constitucional 45, de 2004, que assegura a todos, no âmbito judicial e administrativo, a razoável duração do processo e os meios que garantam a celeridade de sua tramitação. Na mesma linha, o Código de Processo Civil de 2015 dispõe, em seu art. 4º, que "as partes têm o direito de obter em prazo razoável a solução integral do mérito, incluída a atividade satisfativa", cabendo ao juiz velar pela duração razoável do processo (art. 139, II, do CPC). Assim, a demora na prestação jurisdicional é consubstanciada pela ofensa a direito individual à prestação jurisdicional eficaz;[35]

c) Quanto às possibilidades das partes, há diferenças relativas aos recursos financeiros para propor demandas ou se defender para algumas pessoas ou organizações que dispõem de recursos extras para litigar ou para litígios mais demorados.[36] E, ainda, quanto à capacidade jurídica, que é a aptidão para reconhecer um direito e propor uma ação ou sua defesa, há grandes vantagens a quem teve acesso à educação, meio e *status* social.[37] Em geral, as pessoas têm limitados conhecimentos a respeito da maneira de ajuizar uma demanda.[38] A dificuldade aumenta, tendo em vista que os procedimentos tendem a ser complicados, além de formais, em ambientes intimidadores, como o dos tribunais.[39] Ainda quanto a esse obstáculo, a análise prossegue no aspecto de litigantes eventuais e litigantes habituais, sendo que os habituais têm maior experiência em demandas, conheci-

---

32. Ibidem, p. 18.
33. "Qualquer pessoa tem direito a que a sua causa seja examinada, equitativa e publicamente, num prazo razoável por um tribunal independente e imparcial, estabelecido pela lei, o qual decidirá, quer sobre a determinação dos seus direitos e obrigações de carácter civil, quer sobre o fundamento de qualquer acusação em matéria penal dirigida contra ela" (Disponível em: https://www.echr.coe.int/documents/convention_por.pdf. Acesso em: 7 nov. 2021).
34. CAPPELLETTI; GARTH, op. cit., p. 20-21.
35. ANNONI, Danielle. *O direito humano de acesso à Justiça no Brasil.* Porto Alegre: Sergio Antonio Fabris, 2008. p. 177.
36. CAPPELLETTI; GARTH, op. cit., p. 21.
37. Ibidem, p. 22.
38. Ibidem, p. 23.
39. Ibidem, p. 24.

mento do litígio, posturas e entendimentos recorrentes dos magistrados naquela matéria, podendo diluir os riscos da demanda por maior número de casos e testar estratégias com determinados casos, de modo a garantir expectativa mais favorável em casos futuros;[40]

d) Problemas especiais dos interesses difusos: esse obstáculo é analisado pelos autores como a razão de o próprio interesse ser difuso, uma vez que ninguém tem direito a corrigir a lesão a um interesse coletivo, ou o prêmio para qualquer indivíduo buscar essa correção é pequeno demais para intentar uma ação;[41]

e) As barreiras ao acesso: os obstáculos criados por nossos sistemas jurídicos são mais pronunciados para as pequenas causas e para os autores individuais, especialmente os pobres; por outro lado, litigantes organizacionais têm vantagens como a representação por advogados mais preparados.[42] A redução de custos para acesso aos mais pobres esbarra na eliminação da representação por advogado em certos procedimentos. Contudo, litigantes de baixo nível econômico e educacional provavelmente não terão capacidade de apresentar seus próprios casos de modo eficiente, terminando por estarem mais prejudicados que beneficiados por essa economia.[43]

Nessa esteira, surgiu o sistema *judicare*, que implicou a assistência judiciária a todas as pessoas que se enquadrassem nos termos da lei, sendo os advogados particulares pagos pelo Estado. Verificou-se esse sistema em países como Áustria, Inglaterra, Holanda, França e Alemanha Ocidental, garantindo direito para todas as pessoas que cumprissem os requisitos, nos termos da lei.[44] Contudo, a manutenção financeira de advogados preparados a todos que necessitam é irreal para o Estado suportar.

Nos termos da Constituição Federal brasileira, a justiça gratuita será prestada aos que comprovarem insuficiência de recursos (art. 5º, LXXIV). Ademais, a Lei 1.060/50 estabelece normas para a concessão de assistência judiciária aos necessitados. Segundo o art. 1º da Lei 1.060/50, com a redação dada pela Lei 7.510/86, os poderes públicos federal e estadual concederão assistência judiciária aos necessitados, independentemente da colaboração que possam receber dos municípios e da OAB (art. 1º). Nos Estados onde a assistência judiciária seja organizada e por eles mantida, caberá ao defensor público a assistência aos ne-

---

40. Ibidem, p. 25.
41. Ibidem, p. 26.
42. Ibidem, p. 28.
43. Ibidem, p. 29.
44. Ibidem, p. 35.

cessitados, ou quem exerça cargo equivalente, sendo intimado pessoalmente de todos os atos do processo, e os prazos serão contados em dobro (art. 5º, § 5º, da Lei 1.060/50). Se não houver Defensoria Pública, caberá a indicação à OAB, por suas Seções Estaduais ou Subseções Municipais (art. 5º, § 2º, da Lei 1.060/50). Não havendo subseções da OAB nos municípios, o próprio juiz fará a nomeação do advogado que patrocinará a causa do necessitado (art. 5º, § 3º, da Lei 1.060/50). E será preferido para a defesa da causa o advogado que o interessado indicar e que declare aceitar o encargo (art. 5º, § 4º, da Lei 1.060/50).

O direito à assistência jurídica integral e gratuita assume a função de "promover a igualdade, com o que se liga imediatamente ao intento constitucional de construir uma sociedade livre, justa e solidária" (art. 3º, I, da CF/88) e de "reduzir as desigualdades sociais" (art. 3º, III, *in fine*, da CF/88).[45]

É sabido que o custo financeiro do processo é fator limitante ao acesso à justiça.[46] No entanto, em um mundo com capacidades, expectativas e proliferação de reivindicações injustas cada vez maiores, não podemos evitar a necessidade de quantificar a justiça. A justiça não é gratuita, pois consome recursos.[47]

Nesse aspecto, cabe mencionar alguns pontos não resolvidos na justiça pátria. O Judiciário vem encontrando dificuldades para selecionar quais são os casos em que as partes devem ser enquadradas como beneficiárias da justiça gratuita e quais são os casos em que as partes não devem assim ser enquadradas. Outra questão é que as gratuidades deferidas nos processos judiciais são projetadas para outros entes, incluindo os serviços prestados pelas serventias extrajudiciais, nos termos do art. 98 do Código de Processo Civil. Assim, a questão compreende, além das taxas ou as custas judiciais, os selos postais: despesas com publicação na imprensa oficial, dispensando-se a publicação em outros meios; indenização devida à testemunha que, quando empregada, receberá do empregador salário integral, como se em serviço estivesse; despesas com a realização de exame de código genético (DNA) e de outros exames considerados essenciais; honorários do advogado e do perito e remuneração do intérprete ou do tradutor nomeado para apresentação de versão em português de documento redigido em língua estrangeira; custo com a elaboração de memória de cálculo, quando exigida para instauração da execução; depósitos previstos em lei para interposição de recurso, para propositura de ação e para a prática de outros atos processuais inerentes ao exercício da ampla defesa e do contraditório; emolumentos devidos a notários ou registradores em decorrência da prática de registro, averbação ou qualquer

---

45. SARLET, Ingo Wolfgang; MARINONI, Luiz Guilherme; MITIDIERO, Daniel. *Curso de direito constitucional*. 7. ed. São Paulo: Saraiva Educação, 2018. p. 900-901.
46. Ibidem, p. 853.
47. GALANTER, op. cit., 2010, p. 126.

outro ato notarial necessário à efetivação de decisão judicial ou à continuidade de processo judicial no qual o benefício tenha sido concedido.

No entanto, a concessão de gratuidade não abrange despesas processuais e honorários advocatícios em caso de sucumbência (art. 98, § 2º, do CPC) e não afasta o pagamento das multas processuais que sejam impostas ao beneficiário da gratuidade (art. 98, § 4º, do CPC).

Especificamente quanto às serventias de notas e registros, o Código de Processo Civil trata da possibilidade de notários e registradores, após praticarem o ato, requererem, ao juízo competente para decidir questões notariais ou registrais, a revogação total ou parcial do benefício ou a substituição pelo parcelamento previsto no § 8º do art. 98, havendo dúvida fundada quanto ao preenchimento atual dos pressupostos para a concessão de gratuidade, caso em que o beneficiário será citado para, em quinze dias, manifestar-se sobre esse requerimento.

Sobre essa previsão, pairam dúvidas sobre quem seria o juízo competente para decidir questões notariais ou registrais. Percebe-se que o juízo competente seria o Juiz Corregedor Permanente, nos termos dos arts. 20, § 2º,[48] e 29, XIII,[49] da Lei 8.935/94 e, entre outros, do parágrafo único do art. 55[50] e do art. 198 da Lei 6.015/73.[51] Entretanto, a compreensão sobre quem seria o juízo competente para fins do art. 98, § 6º, do Código de Processo Civil foi outra pela Corregedoria-Geral da Justiça de São Paulo, no Recurso Administrativo 1040560-06.2020.8.26.0506,[52] fundamentado na impossibilidade de revisão ou cassação de decisão proferida na

---

48. Art. 20, § 2º. Os notários e os oficiais de registro encaminharão ao juízo competente os nomes dos substitutos.

49. Art. 30. São deveres dos notários e dos oficiais de registro:
    XIII – encaminhar ao juízo competente as dúvidas levantadas pelos interessados, obedecida a sistemática processual fixada pela legislação respectiva;

50. Parágrafo único. Os oficiais do registro civil não registrarão prenomes suscetíveis de expor ao ridículo os seus portadores. Quando os pais não se conformarem com a recusa do oficial, este submeterá por escrito o caso, independente da cobrança de quaisquer emolumentos, à decisão do Juiz competente.

51. Art. 198. Havendo exigência a ser satisfeita, o oficial indicá-la-á por escrito. Não se conformando o apresentante com a exigência do oficial, ou não a podendo satisfazer, será o título, a seu requerimento e com a declaração de dúvida, remetido ao juízo competente para dirimi-la, obedecendo-se ao seguinte:
    I – no Protocolo, anotará o oficial, à margem da prenotação, a ocorrência da dúvida;
    II – após certificar, no título, a prenotação e a suscitação da dúvida, rubricará o oficial todas as suas folhas;
    III – em seguida, o oficial dará ciência dos termos da dúvida ao apresentante, fornecendo-lhe cópia da suscitação e notificando-o para impugná-la, perante o juízo competente, no prazo de 15 (quinze) dias;
    IV – certificado o cumprimento do disposto no item anterior, remeter-se-ão ao juízo competente, mediante carga, as razões da dúvida, acompanhadas do título.

52. Localidade: Ribeirão Preto; Data de Julgamento: 25.10.2021; Data DJ: 28.10.2021; Relator: Ricardo Mair Anafe). Disponível em: https://www.kollemata.com.br/formal-de-partilha-emolumentos-gratuidade-processual-oficial-pedido-de-revogacao-via-administrativa.pdf. Acesso em: 9 nov. 2021.

esfera jurisdicional que deferiu benefício da gratuidade ao ser objeto de pedido de revogação formulado por registrador, com fulcro no art. 98, § 8º, do Código de Processo Civil, na via administrativa, mediante pedido de providências. Porém, referida decisão não mencionou qual seria a melhor interpretação do juízo competente para julgar a impugnação dos benefícios da gratuidade por notários e registradores.

No Agravo de Instrumento 2079320-36.2021.8.26.0000, do Tribunal de Justiça do Estado de São Paulo, entendeu-se que cabe à parte provar a alegada difícil situação financeira, devendo o juiz conceder o benefício, conforme o caso concreto, àquele que demonstrar insuficiência de recursos para pagar custas, despesas processuais e honorários advocatícios. Ainda, ressaltou-se que o serviço judicial sempre tem custo e, na hipótese de concessão dos benefícios da justiça gratuita, esse custo será suportado: (i) por todos os contribuintes de impostos estaduais do Estado de São Paulo, pois o orçamento da Justiça Comum Estadual decorre de repasse de valores, formados por impostos, do Governo do Estado de São Paulo; (ii) por todos os demandantes que pagam a taxa judiciária nas ações em trâmite da Justiça Comum Estadual, pois 30% desse tributo são repassados ao Poder Judiciário do Estado de São Paulo para integrar o Fundo Especial de Despesa. Assim, manteve-se a decisão de revogação do benefício da gratuidade, pois não houve comprovação de sua necessidade.[53]

Importante ressaltar os itens 68 e 68.1 do Capítulo XIII das Normas de Serviço da Corregedoria-Geral da Justiça de São Paulo (NSCGJSP),[54] que estabelecem que o benefício da justiça gratuita é de cunho eminentemente pessoal, inclusive porque os emolumentos extrajudiciais têm natureza jurídica tributária de taxa, conforme decidiu o STJ na ADI 1.378-5/ES, tendo como relator o Ministro Dias Toffoli (j. 13.10.2010, DJ 9.2.2011). Depreende-se, daí, que a decisão judicial que eventualmente deferir gratuidade deverá expressamente mencionar a parte que recebeu a concessão para fins de registro.

Quanto à questão de gratuidades nas serventias extrajudiciais, é preciso haver um reequilíbrio contraprestacional por parte do Estado, já que não deve haver trabalhos que não sejam remunerados, inclusive porque a Constituição Federal, em seu art. 151, III, veda à União instituir isenções de tributos de com-

---

53. Comarca: Piracaia; Agravante: Osvaldo Miranda; Agravado: O Juízo; Juiz de primeiro grau: Lucas de Abreu Evangelinos; Voto 28.005.

54. 68. São gratuitos os atos previstos em lei e os praticados em cumprimento de mandados e demais títulos judiciais expedidos em favor da parte beneficiária da justiça gratuita, sempre que assim for expressamente determinado pelo Juízo.

68.1. A assistência judiciária gratuita é benefício de cunho eminentemente pessoal que não abrange outras partes para as quais não tenha havido expressa concessão de gratuidade pela Autoridade Judiciária.

petência dos Estados, do Distrito Federal ou dos Municípios. Em São Paulo, a Lei 11.331/2004, que regulamenta a Lei Federal 10.169/2002, dispõe que 3,289473% do valor total pago pelos serviços extrajudiciais são destinados à compensação dos atos gratuitos do registro civil das pessoas naturais e à complementação da receita mínima das serventias deficitárias (art. 19, I, *d*). Esse valor será gerido por entidade representativa de notários ou registradores, indicada pelo Poder Executivo (art. 21 da Lei 11.331/2004). Contudo, não há regulamentação quanto ao ressarcimento dos atos gratuitos praticados pelas demais especialidades de notas e de registros.

Além disso, a Lei 13.465/2017, que, entre outras, dispõe sobre a regularização fundiária, prevê a isenção de custas e emolumentos para atos registrais relacionados à Regularização Fundiária Urbana de Interesse Social (Reurb-S), dentre eles: o primeiro registro da Reurb-S, o qual confere direitos reais aos seus beneficiários; o registro da legitimação fundiária; o registro do título de legitimação de posse e sua conversão em título de propriedade; o registro da CRF e do projeto de regularização fundiária, com abertura de matrícula para cada unidade imobiliária urbana regularizada; a primeira averbação de construção residencial, desde que respeitado o limite de até setenta metros quadrados; a aquisição do primeiro direito real sobre unidade imobiliária derivada da Reurb-S; o primeiro registro do direito real de laje no âmbito da Reurb-S; e o fornecimento de certidões de registro para os atos previstos no art. 13, § 1º, sob pena de sanção àqueles que retardarem ou não efetuarem o registro de acordo com referida lei (art. 13, § 6º). É certo que o Decreto 9.310/2018, que institui as normas gerais e os procedimentos aplicáveis à Regularização Fundiária Urbana, dispõe que os Estados e o Distrito Federal criarão e regulamentarão fundos específicos destinados à compensação, total ou parcial, dos custos referentes aos atos registrais da Reurb-S (art. 90). Contudo, ainda não há notícias de criação desse fundo, permanecendo os registradores com a obrigatoriedade da prática dos atos registrais, porém sem contraprestação.

Para Alberto Gentil de Almeida Pedroso, é inconstitucional a concessão de gratuidade prevista no art. 98, IX, do Código de Processo Civil, bem como as isenções previstas no art. 13, § 1º, da Lei 13.465/2017 (criada pela União para regularização fundiária) e os atos administrativos estaduais ou federais de concessão de gratuidades e isenções de emolumentos, pois pode haver o desequilíbrio econômico entre serviço e custo da operação, o que pode gerar o colapso da atividade extrajudicial.[55]

---

55. PEDROSO, Alberto Gentil de. **A busca do equilíbrio entre o custo do serviço extrajudicial e a gratuidade**. Disponível em: http://genjuridico.com.br/2020/10/05/custo-servico-extrajudicial-gratuidade/. Acesso em: 9 nov. 2021.

Por fim, é preciso repensar formas de custeio para a manutenção do Poder Judiciário, já que há previsão de deficit exorbitante atualmente, com a manutenção de toda a estrutura de prédios e servidores.

3.1.1.1.2 A segunda onda: representação dos interesses difusos

A segunda onda, ou movimento de acesso à justiça, é a representação dos interesses difusos. Nessa onda, se incluem os interesses coletivos ou grupais.[56] Podemos dividir tais direitos em difusos – aqueles em que os titulares são indeterminados e indetermináveis, por exemplo, os relacionados ao meio ambiente – e em coletivos – aqueles restritos a um grupo, categoria ou classe de pessoas.

No Brasil, o princípio do amplo acesso ao Poder Judiciário remonta à Constituição de 1946, que previa, no seu art. 141, § 4º,[57] que a lei não poderia excluir da apreciação do Poder Judiciário lesão de direito individual. Nota-se que se previa apenas o direito individual, deixando de mencionar os direitos coletivos à época.

Os autores apontam as reformas legislativas com maior inclusão de indivíduos ou grupos no rol de legitimados ativos. No mesmo compasso da segunda onda de acesso à justiça, a fim de prestigiar os interesses coletivos e difusos, entraram em vigor a Lei das Pequenas Causas (Lei 7.244, de 7.11.1984), a Lei da Ação Civil Pública (Lei 7.347, de 24.7.1985) e o Código de Defesa do Consumidor (Lei 8.078, de 11.9.1990).[58]

No Brasil, têm legitimidade para propor a ação civil pública: o Ministério Público; a Defensoria Pública; a União, os estados, o Distrito Federal e os municípios; autarquia, empresa pública, fundação ou sociedade de economia mista; a associação que, concomitantemente, esteja constituída há pelo menos um ano, nos termos da lei civil, e inclua, entre suas finalidades institucionais, a proteção ao patrimônio público e social, ao meio ambiente, ao consumidor, à ordem econômica, à livre concorrência, aos direitos de grupos raciais, étnicos ou religiosos ou ao patrimônio artístico, estético, histórico, turístico e paisagístico (art. 5º da Lei 7.347/85).

Ainda, a ação popular é uma ação constitucional, podendo ser impetrada por qualquer cidadão, ou seja, o eleitor – que esteja em condições de fruir de

---

56. CAPPELLETTI; GARTH, op. cit., p. 49.
57. Art. 141. A Constituição assegura aos brasileiros e aos estrangeiros residentes no País a inviolabilidade dos direitos concernentes à vida, à liberdade, a segurança individual e à propriedade, nos termos seguintes:
§ 4º A lei não poderá excluir da apreciação do Poder Judiciário qualquer lesão de direito individual.
58. DINAMARCO, Cândido Rangel. O novo Código de Processo Civil brasileira e a ordem processual civil vigente. *Revista de Processo*, v. 247, p. 63-103, set. 2015.

seus direitos políticos[59] –, visando invalidar ato lesivo ao patrimônio público ou de entidade de que o Estado participe, à moralidade administrativa, ao meio ambiente e ao patrimônio histórico e cultural (art. 5º, LXXIII, da CF/88 e Lei 4.717/65). Trata-se de uma ação em que figura no polo passivo qualquer agente ou ente da administração pública que tenha cometido ato comissivo ou omissivo. Inclusive, o STF já decidiu que há legitimidade passiva em relação ao membro do Ministério Público.[60]

Para a proteção dos direitos dos consumidores, para os fins do art. 81, parágrafo único, da Lei 8.078/90, são legitimados concorrentemente: o Ministério Público, a União, os Estados, os Municípios e o Distrito Federal; as entidades e órgãos da administração pública, direta ou indireta, ainda que sem personalidade jurídica, especificamente destinados à defesa dos interesses e direitos protegidos pelo CDC; as associações legalmente constituídas há pelo menos um ano e que incluam, entre seus fins institucionais, a defesa dos interesses e direitos protegidos pelo CDC, dispensada a autorização assemblear (art. 92 da Lei 8.078/90).

Quanto aos interesses coletivos, pode o juiz, quando se deparar com diversas demandas individuais repetitivas, oficiar o Ministério Público, a Defensoria Pública e, na medida do possível, outros legitimados a que se referem os arts. 5º da Lei 7.347/85, e 82 da Lei 8.078/90, para, se for o caso, promover a propositura da ação coletiva respectiva (art. 92 do CPC).

Cappelletti e Garth observam que, para a proteção de interesses difusos, provocou-se a mudança do papel do juiz e de conceitos básicos processuais, já que seria impossível que todos os titulares de um direito difuso comparecessem a juízo, sendo necessário um representante adequado para agir em benefício da coletividade, mesmo que os membros dela não sejam citados individualmente. Por sua vez, a decisão, para ser efetiva, deve obrigar a todos os membros do grupo.[61]

Outra questão a ser trabalhada na presente onda é o preparo dos profissionais que atuarão na seara de interesses difusos e coletivos. Isso porque se exige qualificação técnica em áreas não jurídicas, como contabilidade, mercadologia, medicina e urbanismo.[62] Nesse sentido, o Código de Processo Civil, no seu art. 138, traz importante previsão sobre o *amicus curiae*, de modo que o juiz ou o relator, considerando a relevância da matéria, a especificidade do tema objeto da demanda ou a repercussão social da controvérsia, poderá, de ofício ou a re-

---

59. ABBOUD, Georges. *Processo constitucional brasileiro*. São Paulo: Ed. RT, 2016. p. 497.
60. Promotor de Justiça pode, em tese, ser demandado em sede de ação popular (art. 6º da Lei 4.717/65), caso lhe seja imputada a prática de atos lesivos ao patrimônio das entidades públicas (REsp 703118-RS, 1ª Turma; Relator: Min. Teori Albino Zavascki; data do julgamento 04.04.2006; DJ 17.04.2006).
61. CAPPELLETTI; GARTH, op. cit., p. 50.
62. Ibidem, p. 52.

querimento das partes ou de quem pretenda manifestar-se, solicitar ou admitir a participação de pessoa natural ou jurídica, órgão ou entidade especializada, com representatividade adequada, no prazo de quinze dias de sua intimação, sendo a decisão irrecorrível.

Os autores sugerem a criação de certas agências públicas regulamentadoras altamente especializadas para garantir certos direitos do público ou outros interesses difusos.[63] No Brasil, temos as agências reguladoras, compreendidas como autarquias especiais, criadas por lei para fiscalizar, conduzir e regular as prestações de serviços públicos e o exercício de atividades econômicas por particulares. Atualmente, há as seguintes: Agência Nacional de Aviação Civil (Anac); Agência Nacional de Telecomunicações (Anatel); Agência Nacional do Cinema (Ancine); Agência Nacional de Energia Elétrica (Aneel); Agência Nacional do Petróleo (ANP); Agência Nacional de Transportes Terrestres (ANTT); Agência Nacional de Mineração (ANM); Agência Nacional de Transportes Aquaviários (Antaq); Agência Nacional de Vigilância Sanitária (Anvisa) e Agência Nacional de Saúde Suplementar (ANS). Em que pese haver regulamentações de cada agência nas áreas de suas atuações, ainda é tímida a participação dessas agências na resolução de casos concretos, podendo, em nosso sentir, haver maior atuação na solução de demandas, contribuindo para a desjudicialização, inclusive com a utilização de métodos de conciliação.

Ainda na segunda onda, insere-se a assessoria pública. Estimula-se a criação de novas instituições, subsidiadas pelo governo, para servir ao interesse público.[64] No Brasil, destaca-se o trabalho executado pelas Defensorias Públicas, a quem compete, nos termos do art. 134 da Constituição Federal, a orientação jurídica, a promoção dos direitos humanos e a defesa, em todos os graus, judicial e extrajudicial, dos direitos individuais e coletivos, de forma integral e gratuita, aos necessitados.

A jurisprudência em teses do STJ, que resume teses organizadas pela Secretaria de Jurisprudência, mediante exaustiva pesquisa na sua base de jurisprudência, tem como título da edição número 148: A Gratuidade da Justiça I.[65] A tese número 1 tem o seguinte teor: "A Defensoria Pública não detém a exclusividade da prestação de assistência jurídica gratuita na defesa daqueles que não têm meios financeiros para contratar advogado, assim como não existe direito subjetivo de o acusado de ser defendido pela Defensoria Pública".

---

63. Ibidem, p. 52.
64. CAPPELLETTI; GARTH, op. cit., p. 64.
65. Disponível em: https://scon.stj.jus.br/SCON/jt/toc.jsp?livre=gratuidade&b=TEMA&p=true&thesaurus=JURIDICO&l=1&i=1&operador=mesmo&ordenacao=MAT,TIT&ordem=MAT,TIT. Acesso em: 9 nov. 2021.

3 • SISTEMAS DE JUSTIÇA ESTATAL

Destaca-se, ainda, a função exercida pelo Ministério Público, ao qual compete a defesa da ordem jurídica, do regime democrático e dos interesses sociais e individuais indisponíveis (art. 127 da CF/88).

O primeiro e o segundo tratados republicanos assinados pelos três Poderes em 2004 e 2009 são um bom exemplo da institucionalização desse discurso da eficiência, pois formularam políticas voltadas para um processo razoável e contínuo, fortaleceram precedentes, melhoraram os serviços judiciais e aumentaram o investimento em formas diversas de resolução de litígios, especialmente arbitragem, mediação e conciliação,[66] já caminhando para a terceira onda.

Com base nessas premissas, foi editada a Emenda Constitucional 45, de 30 de dezembro de 2004, que, em meio a relevantes mudanças na estrutura institucional no Poder Judiciário, criou o CNJ como órgão cuja função é exercer o controle de sua atuação administrativa e financeira e do cumprimento dos deveres funcionais dos juízes, entre outras atribuições elencadas no § 4º do art. 103-B da Constituição Federal.

3.1.1.1.3 A terceira onda: do acesso à representação em juízo a uma concepção mais ampla de acesso à justiça – um novo enfoque de acesso à justiça

Na terceira onda, Cappelletti e Garth explanam sobre o reconhecimento das reformas em busca do acesso à justiça, porém ressaltam que o novo enfoque de acesso à justiça tem alcance muito mais amplo. A terceira onda de reforma inclui a advocacia, judicial ou extrajudicial, seja por meio de advogados particulares, seja por meio de advogados públicos, mas vai além. Os autores a denominam de "o enfoque do acesso à justiça", devido à sua abrangência no conjunto geral de instituições e mecanismos, pessoas e procedimentos utilizados para processar e mesmo prevenir disputas nas sociedades modernas.[67]

Na terceira onda, não se pode mais focar o acesso à justiça exclusivamente na representação judicial.[68] Inclui-se nessa onda uma variedade de reformas, alterações nas formas de procedimento, mudanças na estrutura dos tribunais ou criação de novos tribunais, uso de pessoas leigas ou paraprofissionais, tanto juízes quanto defensores, modificações no direito substantivo destinadas a evitar litígios ou facilitar sua solução e utilização de mecanismos privados ou informais

---

66. ASPERTIL; SOUZA, op. cit., p. 27.
67. CAPPELLETTI; GARTH, op. cit., p. 67-68.
68. Ibidem, p. 69.

de solução dos litígios.[69] Para tanto, fazem-se imprescindíveis um estudo crítico e uma reforma de todo o aparelho judicial.[70]

Nesse enfoque, aponta-se a possibilidade de outros entes atuarem no acesso à justiça, porém é necessária a melhoria dos tribunais, visto que muitas situações necessitarão da atuação judiciária. É sabido que os tribunais são essenciais a algumas demandas, contudo procedimentos contraditórios altamente estruturados, utilizando advogados bem treinados e perícias dispendiosas, colocam severas limitações à acessibilidade a pequenas causas intentadas por pessoas comuns.[71]

No Brasil, somente nos anos 1970, ocorreu o desenvolvimento da tutela constitucional do processo, representada pelos princípios e garantias estabelecidos na Constituição Federal, ou seja, a garantia constitucional do contraditório, o devido processo legal, o direito ao processo, a inafastabilidade do controle jurisdicional e o acesso à justiça.[72] Assim, o Código de Processo Civil de 1973 foi reformado ao longo do tempo, de forma a avançar a garantia da tutela jurisdicional.[73] Em 2005, surgiu a Lei 11.232, a Lei do Cumprimento de Sentença.[74]

É preciso, contudo, ir além. Os autores apontam no continente europeu movimentos de reforma em busca da oralidade, da livre apreciação da prova, da concentração do procedimento e o contato imediato entre juízes, partes e testemunhas, bem como com a utilização dos juízos de instrução para investigar a verdade e auxiliar a colocar as partes em pé de igualdade.[75]

Na terceira onda, procura-se atenuar a sobrecarga dos tribunais e as despesas excessivamente altas com os litígios.[76] Para tanto, há alguns sistemas para coibir a utilização desenfreada do Judiciário, como o sistema de pagar o julgamento, que

---

69. Ibidem, p. 71.
70. Ibidem, p. 75.
71. Ibidem, p. 91.
72. DINAMARCO, Cândido Rangel. O novo Código de Processo Civil brasileira e a ordem processual civil vigente. *Revista de Processo*, v. 247, p. 63-103, set. 2015.
73. "[...] a saber: (a) aquele que alargou portas à antecipação da tutela jurisdicional ao instituir um verdadeiro poder geral de antecipação à disposição do juiz (art. 273, caput e parágrafos, red. Lei 8.952, de 13.12.1994); (b) aqueles que instituíram a chamada execução direta das obrigações de fazer ou não fazer (art. 461, red. Lei 8.952, de 13.12.1994) e também das obrigações de entregar coisa certa (art. 461-A, red. Lei 10.444, de 07.05.2002); (c) aquele que deu nova regência à interposição do agravo de instrumento, o qual passou a ser apresentado diretamente ao tribunal competente e não mais ao Juízo a quo, como sempre fora (art. 524, red. Lei 9.139, de 30.11.1995); e (d) aquele que eliminou a liquidação por cálculo do contador, mandando que, quando a determinação do *quantum debeatur* depender exclusivamente de contas aritméticas, o próprio credor os faça e deduza a petição inicial executiva acompanhada de uma memória atualizada (arts. 604 e 614, red. Leis 8.898, de 29.06.1994 e 8.953, de 13.12.1994)" (Ibidem, p. 63-103).
74. Ibidem, p. 63-103.
75. CAPPELLETTI; GARTH, op. cit., p. 76.
76. Ibidem, p. 83-84.

3 • SISTEMAS DE JUSTIÇA ESTATAL **77**

consiste em o autor pagar os custos de ambas as partes caso não aceite proposta de conciliação oferecida pela outra parte, quando, após o julgamento, se comprove ter sido razoável tal proposta.[77] Há, ainda, o sistema de Michigan, que proporciona uma determinação imparcial, por meio de especialistas, de um acordo razoável, possibilitando estimativa objetiva do valor da causa a ambas as partes.[78]

Há também a necessidade de aproximar o conceito de justiça ao conceito de justiça social,[79] analisada no capítulo 1, e, como sistema de justiça social, conforme mencionado no capítulo 2, entendida como a busca de procedimentos que sejam conducentes à proteção dos direitos das pessoas comuns a fim de minimizar a desigualdade social. Os tribunais tendem a atribuir à justiça um significado de aplicação das regras corretas de direito aos fatos do caso. Os autores ressaltam que ambos os conceitos de justiça devem ser buscados pelos julgadores.[80] Nesse aspecto, é preciso considerar com cautela se a atuação de juízes em prol da justiça social não seria ativismo judicial,[81] incabível no direito pátrio, tendo em vista nossa Constituição analítica, com previsão de inúmeros direitos fundamentais. Visualizamos uma interação entre os sistemas de justiça social e da justiça jurídica nesses casos, salutar, quando o sistema de justiça jurídica não adentra sobremaneira o sistema de justiça social.

A busca de um sistema mais democrático é a diretriz da terceira onda, devendo primar por baixos custos, informalidade, rapidez e capacidade de lidar com litígios que envolvam relacionamentos permanentes e complexos, como entre locadores e locatários.[82] Nesse sentido, a Constituição Federal dispõe a razoável duração do processo e os meios que garantam a celeridade de sua tramitação, no âmbito judicial e administrativo (art. 5º, LXXVIII). A previsão constitucional é

---

77. Ibidem, p. 88-89.
78. Ibidem, p. 90.
79. A justiça social é um dos sistemas de justiça, inserido no sistema social. Não é espécie deste, mas sistema autônomo, que com aquele se relaciona. A própria legislação ressalta a justiça social como autônoma. Vejamos: Art. 39, Lei 10.257/2001 (Estatuto da Cidade). "A propriedade urbana cumpre sua função social quando atende às exigências fundamentais de ordenação da cidade expressas no plano diretor, assegurando o atendimento das necessidades dos cidadãos quanto à qualidade de vida, à *justiça social* e ao desenvolvimento das atividades econômicas, respeitadas as diretrizes previstas no art. 2º desta Lei".
80. CAPPELLETTI; GARTH, op. cit., p. 93.
81. "O termo 'judicial activism' é utilizado no Common Law, que considera ativista a decisão judicial que nos EUA protege qualquer direito não previsto expressamente no texto constitucional" (ABBOUD, Georges. *Discricionariedade administrativa e judicial*: o ato administrativo e a decisão judicial. São Paulo: Ed. RT, 2014, p. 419). "Havia uma jurisprudência progressista acerca de direitos fundamentais. Verificando a Constituição dos Estados Unidos da América, com apenas sete artigos, é fácil entender a necessidade de atuação da Suprema Corte a fim de suprir lacunas" (PATAH, Priscila Alves. Ativismo judicial e outras formas de desnaturação de decisões judiciais. *Revista Jurídica Luso-Brasileira*, ano 2, n. 5, p. 1281, 2016).
82. CAPPELLETTI; GARTH, op. cit., p. 93-94.

fruto do devido processo legal, já que, para ser devido, não pode ser moroso. É, ainda, resultado do volume de ações dos tribunais, que se acumulam devido, em grande parte, à lentidão de sua tramitação.[83]

Apesar da boa vontade do legislador para criar pequenos juizados para causas pequenas, é fato que muitos terminam por ser tão lentos quanto as varas. Há certa resistência na oralidade. No Brasil, parte da resistência advém da formação nas faculdades de Direito que pouco privilegiam a arte da retórica. Além de advogados que costumam dar preferência a prazo e entrega de manifestações por escrito, há resistência dos juízes em abandonar seu estilo de comportamento tradicional, formal e reservado.[84]

Outro desafio desse enfoque da justiça é a criação de locais atraentes para os indivíduos, econômica, física e psicologicamente, para que se sintam à vontade e confiantes para utilizá-los, apesar dos parcos recursos de que disponham.[85] Os signos da justiça judiciária, por exemplo, o terno e a toga, além do formalismo, veiculam visões de mundo e rituais de poder, comando e obediência[86] que levam, muitas vezes, pessoas mais simples a não se sentirem confortáveis, pois desconectadas de seu território existencial.[87]

Assim, podem-se encontrar na terceira onda quatro pilares de reforma: (i) a promoção de acessibilidade geral; (ii) a tentativa de equalizar as partes; (iii) a alteração no estilo de tomada de decisão; e (iv) a simplificação do direito aplicado.[88]

Quanto à acessibilidade, além da física, que inclui o acesso facilitado às pessoas com deficiência física e um ambiente mais acolhedor, que já observamos em alguns tribunais, Cappelletti e Bryant apontam a acessibilidade de horários, sugerindo a possiblidade de mantê-los abertos durante a noite para que as pessoas que trabalham não precisem faltar ao serviço na busca de seus interesses.[89]

Ainda na terceira onda, nota-se a busca pela conciliação em pequenas causas, de forma que o processo seja mais informal e discreto. O Código de Processo Civil, em seu art. 166, trata dos princípios da conciliação e da mediação: princípios da independência, da imparcialidade, da autonomia da vontade, da confidencialidade, da oralidade, da informalidade e da decisão informada.

---

83. ALVIM, Arruda. *Novo contencioso cível no CPC/2015*. São Paulo: Ed. RT, 2016. p. 56/57.
84. CAPPELLETTI; GARTH, op. cit., p. 97.
85. Ibidem, p. 97.
86. SOUZA, op. cit., p. 152.
87. Segundo Elton Luiz Leite de Souza, "território existencial é a condição de possibilidade da existência das subjetividades psicológicas e sociais" (Ibidem, p. 155).
88. CAPPELLETTI; GARTH, op. cit., p. 99.
89. Ibidem, p. 102.

O modelo de Stuttgart de audiência no processo civil preza os princípios da oralidade e da imediatidade. Assim, o juiz assume o comando efetivo do processo, com o comparecimento pessoal das partes na audiência e contato direto entre elas e delas com o tribunal, firmando-se os pontos fundamentais da controvérsia, o que tem gerado grande número de acordos.[90]

Atualmente, o Código de Processo Civil permitiu maior autonomia às partes, ao dispor, em seu art. 190, que: "versando o processo sobre direitos que admitam autocomposição, é lícito às partes plenamente capazes estipular mudanças no procedimento para ajustá-lo às especificidades da causa e convencionar sobre os seus ônus, poderes, faculdades e deveres processuais, antes ou durante o processo".[91] E, ainda, privilegiou o diálogo, com fulcro no contraditório, no art. 10, que prevê que "o juiz não pode decidir, em grau algum de jurisdição, com base em fundamento a respeito do qual não se tenha dado às partes oportunidade de se manifestar, ainda que se trate de matéria sobre a qual deva decidir de ofício".[92] Além disso, o CPC contém dez artigos alusivos à conciliação e à mediação, a que se destina toda uma seção (arts. 165 e seguintes).[93]

A fim de trazer celeridade aos processos, prevê o atual Código de Processo Civil que "é facultado aos advogados promover a intimação do advogado da outra parte por meio do correio, juntando aos autos, a seguir, cópia do ofício de intimação e do aviso de recebimento" (art. 269, § 1º).[94] Em alguns casos, há, inclusive, possibilidade de as partes estarem desacompanhadas de advogados.[95] Sugere-se, ainda, a proposta de tomada de decisão baseada na justiça mais do que na letra fria da lei.[96]

No que concerne aos tribunais de vizinhança, ou mais conhecidos no Brasil como Justiça Comunitária, estes servem para solucionar divergências na comunidade. A ideia é a criação de um órgão acolhedor para as pessoas comuns sujeitas a conflitos mínimos, mas importantes para aqueles indivíduos, e que não poderiam ou não gostariam de submeter a tribunais regulares.[97] O Programa Justiça Comunitária tem por objetivo estimular a comunidade a desenvolver formas de resolução de conflitos por meio do diálogo, da participação social e da

---

90. WATANABE, Kazuo. Cultura da sentença e cultura da pacificação. In: YARSHELL, Flávio Luiz; MORAES, Maurício Zanoide. *Estudos em Homenagem à Professora Ada Pellegrini Grinover*. São Paulo: DPJ, 2005. p. 688.

91. DINAMARCO, op. cit., p. 63-103.

92. Ibidem, p. 63-103.

93. Ibidem, p. 63-103.

94. Ibidem, p. 63-103.

95. CAPPELLETTI; GARTH, op. cit., p. 108-109.

96. Ibidem, p. 111.

97. Ibidem, p. 115.

efetivação dos direitos humanos. O facilitador do diálogo é um voluntário capacitado, conhecido como agente comunitário, que auxilia a realização de acordos e o fortalecimento da comunidade,[98] tornando as pessoas mais participativas das decisões básicas que afetam suas vidas.[99]

Ainda na terceira onda, se insere a simplificação do direito, uma vez que quanto mais compreensível mais acessível será às pessoas comuns,[100] satisfazendo, assim, as necessidades daqueles que não tinham possibilidade de reivindicar seus direitos.[101] É evidente que reformas judiciais e processuais não resolvem questões políticas e sociais,[102] mas podem ser instrumentos para sua concretização.

Contudo, também é notório que os procedimentos técnicos foram escolhidos a fim de evitar arbitrariedades e injustiças.[103] Por isso, pode haver o risco de o uso de procedimentos rápidos e de pessoal com menor remuneração resultar numa resposta de má qualidade.[104]

Verifica-se, ainda, na terceira onda, a especialização dos tribunais quanto a matérias. No entanto, a expertise pode vir a consistir em barreira ao acesso efetivo, o que o relatório francês do Projeto de Florença denominou como litigação parasitária, já que um juiz especializado pode ter uma visão muito estreita de determinada questão.[105]

Finalizamos o estudo da terceira onda com a conclusão dos autores de que o conhecimento dos perigos e limites pode ensejar reformas cuidadosas e exitosas, tornando a justiça mais acessível a todos, que é o que se pretende com esse enfoque de acesso à justiça.[106]

Portanto, a atenção e o interesse em alternativas que empreguem o método tradicional continuam a crescer. O caos da governança obriga as pessoas a buscar outras opções, sendo as mais frequentemente consideradas métodos "alternativos", como mediação, conciliação e arbitragem. São respostas mais atrativas para o mercado, pois a longa duração do processo, o custo global de seu valor tangível e intangível e o caminho natural que envolve o sistema têm despertado nichos da sociedade para encontrar soluções mais razoáveis – para os conflitos.[107]

---

98. Disponível em: https://www.justica.gov.br/news/ministerio-da-justica-apresenta-o-programa-justica-comunitaria. Acesso em: 10 nov. 2021.
99. CAPPELLETTI; GARTH, op. cit., p. 143.
100. Ibidem, p. 156.
101. Ibidem, p. 161.
102. Ibidem, p. 161.
103. Ibidem, p. 164.
104. Ibidem, p. 165.
105. Ibidem, p. 163.
106. Ibidem, p. 165.
107. NALINI, José Renato. É urgente construir alternativas à justiça. In: ZANETI JR., Hermes; CABRAL. Trícia Navarro Xavier (Coord.). *Justiça multiportas*. Mediação, Conciliação, Arbitragem e outros meios adequados de solução de conflitos, 2. ed. rev., ampl. e atual. Salvador: JusPodivm, 2018. p. 31.

Além dos conhecidos métodos de mediação, conciliação e arbitragem, existem muitas maneiras de resolver disputas por consenso, nomeadamente a Resolução Alternativa de Litígios (RAL) não vinculativa.[108] Dentre elas, destaca-se a arbitragem não vinculante, em que a decisão do árbitro é apenas consultiva. Ocorre quando as partes se submetem a um terceiro neutro, com base no sigilo. Cada uma das partes conduz uma reunião confidencial para determinar os fatos, e há um pequeno júri ou um pequeno procedimento de acompanhamento. Em seguida, as negociações são conduzidas no nível de gestão.[109]

Cappelletti menciona o aspecto da privatização como um dos elementos da evolução jurídica moderna, pois, em muitos expedientes de RAL, leigos assumem funções decisórias ou quase decisórias e utilizam, muitas vezes, a equidade como critério de julgamento.[110] No entanto, para Barbosa Moreira, falar em privatização de processos é usar expressões que em algumas situações são inadequadas.[111] Segundo o autor, o que se pode e deve ser reconhecido é que a tendência do nosso tempo – com intensidades variadas, a depender da localização e do material – é envolver os indivíduos nas atividades de resolução de conflitos, seja no campo judicial, seja fora dele. No entanto, é claramente inadequado rotular esse movimento como privatização processual ou privatização da justiça.[112]

3.1.1.2 A proposta de quarta onda de Kim Economides

Kim Economides questiona se de fato todas as reformas da terceira onda promovem o acesso à justiça ou a paz. Para ele, resolução de litígios não é necessariamente o mesmo que recorrer à justiça, porque existe o perigo de dar aos cidadãos uma solução pacífica, mas inferior aos direitos legais que teriam. Ele critica a tendência prevalecente do informalismo judicial.[113]

A quarta onda por ele proposta revela os aspectos éticos e políticos da administração judicial, demonstrando, assim, os novos e importantes desafios da responsabilidade profissional e da formação jurídica. Dessa forma, propõe uma mudança importante de uma questão metodológica para uma questão epistemológica, ou seja, redireciona a atenção para que se possa olhar para a justiça

---

108. *Alternative Dispute Resolution*, ou ADR, é a sigla usada na doutrina e no direito anglo-saxônicos. No direito francês, usa-se *Médiation, Arbitrage, Conciliation*, ou MAC. No Brasil, emprega-se a sigla RAL para Resolução Alternativa de Litígios.
109. NALINI, op. cit., p. 34.
110. CAPPELLETTI, op. cit., p. 95.
111. MOREIRA, José Carlos Barbosa. Privatização do processo? *Revista da EMERJ*, v. 1, n. 3, p. 18, 1998.
112. Ibidem, p. 18.
113. ECONOMIDES, Kim. Lendo as ondas do "Movimento de Acesso à Justiça": epistemologia *versus* metodologia? 1999. Disponível em: https://www.passeidireto.com/disciplina/teoria-geral-do-processo/?type=6&materialid=20911675&utm_source=whatsapp&utm_medium=whatsapp&u/tm_campaign=arquivo. Acesso em: 7 dez. 2020.

sob uma nova luz, a partir da oportunidade dos cidadãos de receber educação jurídica e entrar na profissão jurídica.[114]

Da perspectiva das comunidades periféricas, ele diz que precisamos de uma teoria com mais nuances que apoie as diferentes aspirações de justiça social e padrões nacionais, bem como quais direitos podem ser realizados e cumpridos e como os serviços jurídicos realmente produzem expectativas suficientes. Assim, a legitimidade de uma norma só pode ser determinada pela observação da rede recursiva que ela produz.[115] Como exemplo, questiona como a legislação deve coexistir com as normas indígenas, ou seja, propõe-se que é necessária uma explicação mais abrangente da legitimidade para manter as contradições e tensões entre a relação centro-periferia.[116]

Portanto, o primeiro tema diz respeito ao recebimento da formação jurídica: quem pode ser advogado ou juiz? Quem pode entrar para a faculdade de Direito? Uma vez que as faculdades de Direito são sempre as guardiãs dos portões da profissão jurídica, é necessário entender quem pode ingressar nelas e com que base.[117]

O segundo tópico diz respeito a como garantir que advogados e juízes tenham acesso à justiça ao longo de suas carreiras. Por sua vez, esse tema levanta questões éticas sobre as responsabilidades mais amplas das faculdades de Direito e organismos profissionais envolvidos não apenas no controle de entrada na profissão jurídica, mas na definição do padrão profissional mínimo.[118]

A quarta onda proposta por Economides visa expor os aspectos morais dos profissionais empenhados na promoção da assistência judiciária (dirige-se aos profissionais do direito) e, quanto ao conceito de justiça, aponta os importantes e novos desafios da responsabilidade profissional e da formação jurídica.[119]

O estudo das três primeiras ondas de acesso à justiça parece estar mais atrelado com o sistema judiciário brasileiro, que é apenas um dos sistemas de justiça jurídico (há ainda o social e o político), além do senso de justiça, mais relacionado à moral.

Economides sugere que, se o governo apoiar ativamente os serviços jurídicos preventivos, não apenas por meio do programa de assistência jurídica para financiar o trabalho dos profissionais privados, mas também investir diretamente

---

114. Ibidem.
115. LUHMANN, op. cit., 2016, p. 183.
116. ECONOMIDES, Kim. On liberating law from the tyranny of the city. In: FERRAZ, Leslie Shérida (Coord.). *Repensando o acesso à Justiça no Brasil*: estudos internacionais. Aracaju: Evocati, 2016. v. 2.
117. ECONOMIDES, op. cit., 1999.
118. ECONOMIDES, op. cit., 1999.
119. BACELLAR, op. cit., p. 25.

no trabalho dos tribunais e dos serviços extrajudiciais e paralegais, o resultado será melhorar o acesso dos cidadãos à justiça.[120] Portanto, tal como nós, o autor enxerga o trabalho preventivo e extrajudicial como uma forma de acesso à justiça.

A fim de localizar uma onda de acesso condizente com as transformações da sociedade e necessidades de acesso à justiça atuais, buscamos outras propostas de ondas de acesso à justiça, conforme veremos.

3.1.1.3 Outras ondas de acesso à justiça

Além das quatro ondas acima expostas, já há proposta de uma quinta onda de acesso à justiça, focada no desenvolvimento de atividades que tenham por fim a análise de saída da justiça, relativa aos conflitos judicializados, e na oferta de métodos ou meios adequados à resolução de conflitos, dentro ou fora do Estado, no contexto do que se denomina de acesso à resolução adequada do conflito. O fundamento dessa onda é perceber a complexidade das relações entre as pessoas e ampliar o conhecimento de forma interdisciplinar, agregando técnicas, ferramentas, mecanismos e instrumentos para verificar a questão social do conflito.[121]

Com base nos preceitos da sexta onda da reforma judiciária, cabe o uso de meios tecnológicos para otimizar o acesso judicial e padronizar o uso da justiça digital, o que pode ser entendido como direito básico. Assim, em termos de recurso aos tribunais e obtenção de procedimentos e condições para o exercício de outros direitos, o recurso à justiça ganhou um formato diferente, mostrando a sua complexidade e relevância.[122]

A proposta da sétima onda de acesso à justiça é democratizar a cooperação jurídica internacional por meio da abertura do mecanismo burocrático de cooperação internacional entre as instituições de direitos humanos, usar um sistema multiportas em escala internacional no campo dos direitos humanos, com foco no diálogo e na tecnologia.[123]

Todas as ondas mencionadas até aqui têm seus fundamentos e auxiliam o acesso à justiça. Entretanto, cada uma delas parece tratar apenas de determinado

---

120. ECONOMIDES, op. cit., 1999.
121. BACELLAR, op. cit., p. 28-29.
122. MOREIRA, Tássia Rodrigues. O acesso democrático à justiça na era da tecnologia: uma questão de política pública. In: TAVARES NETO, José Querino; SILVA, Juvêncio Borges; BELLINETTI, Luiz Fernando. *Acesso à justiça II* [Recurso eletrônico on-line]. Florianópolis: CONPEDI, 2020. Disponível em: http://site.conpedi.org.br/publicacoes/nl6180k3/2i8uuq04/os73m777Ys9VIU9S.pdf. Acesso em: 23 nov. 2021.
123. LIMA, Mariana Carvalho de Paula de. *A 7ª onda de acesso à justiça e o papel das instituições nacionais de direitos humanos na revisão periódica universal da ONU*. 2020. Dissertação (Mestrado em Direito Constitucional) – Faculdade de Direito, Universidade de Coimbra, Coimbra, 2020.

interesse. Especialmente quanto às três primeiras ondas, precisam ser atualizadas ao momento presente. Portanto, são aproveitadas para justificar este trabalho, que tem por fim afirmar a existência de três sistemas de justiça. É possível mencionar que as ondas coexistem e que há ondas específicas em cada um dos sistemas, de acordo com suas peculiaridades inerentes.

3.1.2 O uso da tecnologia no Poder Judiciário

As decisões tomadas com o auxílio da tecnologia podem ser muito positivas se revisadas e complementadas com o conhecimento e a expertise do ser humano.[124]

Com o uso da tecnologia, a jurisprudência se comporta como a memória de um sistema, transformando a indeterminação jurídica em alternativas de lógica binária (composta pelos números zero e um) e a racionalidade procedimental adquire um perfil algorítmico,[125] o que significa que cada decisão pode modificar o sistema.[126]

Ademais, o uso da tecnologia envolve a questão da digitalização, que converte a informação em um código binário para armazenamento de dados. Assim, o sistema transforma a materialidade do objeto analógico em um código binário, ou seja, desmaterializa o objeto.[127]

A tecnologia no Judiciário brasileiro tem alcançado níveis altos quanto ao acesso por meio de processos digitais.

Durante o ano de 2018, apenas 16,2% do total de processos novos ingressaram fisicamente. Em apenas um ano, entraram 20,6 milhões de casos novos eletrônicos. Nos dez anos cobertos pela série histórica *Justiça em Números*, foram protocolados, no Poder Judiciário, 108,3 milhões de casos novos em formato eletrônico. É notória a curva de crescimento do percentual de casos novos eletrônicos, sendo que, no último ano, o incremento foi de 4,4 pontos percentuais.[128]

O percentual de adesão já atinge 83,8%. Destaca-se a Justiça Trabalhista, segmento com maior índice de virtualização dos processos, com 100% dos casos novos eletrônicos no TST e 97,7% nos Tribunais Regionais do Trabalho, sendo 93,6% no 2º grau e 99,9% no 1º grau e com índices muito semelhantes em todos

---

124. HUESO, Lorenzo Cotino. Big data e inteligencia artificial. Una aproximación a su tratamiento jurídico desde los derechos fundamentales. *Dilemata*, Año 9, n. 24, p. 143, 2017.

125. GARCÍA, Jesús Ignacio Martínez. Derecho inteligente. *Cuadernos Electrónicos de Filosofía del Derecho*, n. 37, p. 99, 2018.

126. Ibidem, p. 99.

127. LATTANZI, Juan Pablo ¿El poder de las nuevas tecnologías o las nuevas tecnologías y el poder? *Cuaderno 45*. Centro de Estudios en Diseño y Comunicación, 2013. p. 18.

128. Disponível em: https://www.cnj.jus.br/pesquisas-judiciarias/justica-em-numeros. Acesso em: 18 nov. 2019.

os Tribunais Regionais do Trabalho, o que prova a existência de um trabalho coordenado e uniforme nesse segmento.[129]

Como se denota, a transformação tecnológica tem repercussões sociais, econômicas e políticas, e o profissional do direito deve estar preparado para essas transformações, ser um pensador do direito, e não mero operador jurídico, e, ainda, ser um jurista digital.[130]

A tecnologia não é algo ruim. Se sabemos o que queremos da vida, isso pode nos ajudar a conseguir, mas se não sabemos, a tecnologia moldará facilmente nossos objetivos e controlará nossa vida. À medida que a tecnologia adquire uma compreensão melhor dos humanos, podemos nos descobrir servindo a ela mais do que ela nos serve.[131]

Assim como o homem da Revolução Industrial passou por tais transformações, o homem da era digital também as deve enfrentar. A forma de pensar de um advogado da Inglaterra vitoriana tinha uma dinâmica diferente da de um jurista de Oxford na época de Locke;[132] cada jurista teve de se adaptar às mudanças de seu tempo. Isso porque o sentido do direito não é algo pronto, constante, mas um processo que tem que se regenerar e se atualizar. E a morfologia da rede está mais bem adaptada para servir a um mundo fluido e mutável.[133]

Entretanto, os diversos tribunais brasileiros têm adotado sistemas próprios e diferentes dos demais, em sua maioria.[134] Alguns deles são: Sistema de Automação do Judiciário (SAJ), desenvolvido pela Softplan; e-Proc, desenvolvido pelo TRF-4; Processo Judicial Eletrônico (PJe), elaborado pelo CNJ; Processo Judicial Digital (Projudi), inaugurado como projeto-piloto da Comarca de Campo Largo/PR; e Tuvujuris, desenvolvido pelo TJAP.

Ocorre que a Lei 12.965/2014 – Marco Civil da Internet – prevê a adesão a padrões tecnológicos abertos que permitam a comunicação, a acessibilidade e a interoperabilidade, algo que ainda não temos na atual tecnologia de nosso sistema judiciário.

---

129. Disponível em: https://www.cnj.jus.br/pesquisas-judiciarias/justica-em-numeros. Acesso em: 18 nov. 2019.

130. "Un experto es alguien que resuelve problemas definidos por otros; um pensador cuestiona los programas y la forma de ver los problemas. Llamamos *jurista* al pensador del derecho y no al mero operador jurídico.

Para el *jurista digital* el derecho ya no es un conjunto de normas sino um conjunto de programas (siempre en plural: no es um solo programa, ni puede sintetizarse em um programa de programas)" (GARCÍA, op. cit., p. 103).

131. HARARI, op. cit., 2018, p. 328.

132. GARCÍA, op. cit., p. 97.

133. Ibidem, p. 100.

134. "O Brasil possui 91 tribunais que adotam 46 sistemas informatizados distintos de tramitação processual" (DE LUCCA, Newton; SIMÃO FILHO, Adalberto; LIMA, Cíntia Rosa Pereira de (Coord.). *Direito & Internet III*. São Paulo: Quartier Latin, 2015, t. II: Marco Civil da internet (Lei 12.965/2014), p. 532).

Além dos processos digitais, a inteligência artificial (IA) – tecnologia capaz de fazer os sistemas agirem de maneira autônoma, de acordo com informações recebidas e análise de dados, e de oferecer respostas – tem sido utilizada pelo Poder Judiciário.

Entendida como a simulação de processos ou atividades humanas levadas a cabo por máquinas dotadas com a capacidade de raciocinar, planificar e aprender,[135] a IA se aproxima do comportamento cognitivo humano. É programada para receber dados novos, compreendê-los (*machine learning*) e, com base nessa experiência, oferecer soluções e detectar padrões. Assim, quanto mais informações receber, mais capaz será de selecionar as repostas apropriadas aos diversos problemas.

A IA está presente em muitos recursos que são usados no nosso dia a dia, como os sistemas de busca do Google e do Yahoo, por meio dos quais podemos estudar hábitos e comportamentos das pessoas, e também no YouTube, no Spotify e na Netflix, que analisam as preferências para oferecer filmes, séries, canções e vídeos.[136] A IA funciona com armazenamento de dados próprios, que vão aumentando conforme o uso e com dados de outras fontes (*big data*). Esse volume de dados não poderia ser analisado pelos métodos tradicionais, com as ferramentas humanas. Dessa forma, podemos obter resultados como a tomada de decisões das pessoas, o reconhecimento da voz, a identificação de objetos, o diagnóstico de enfermidades, a elaboração de perfil, os interesses etc.[137]

O Projeto Sócrates,[138] desenvolvido pela Assessoria de Inteligência Artificial do STJ, será capaz de examinar recursos e acórdãos recorridos. Dessa análise, sairão informações relevantes aos relatores, por exemplo: se o caso se enquadra nos repetitivos do tribunal, a legislação aplicada e até mesmo captar processos semelhantes, com sugestões de decisões.

O STF, em parceria com a Universidade de Brasília (UnB), está desenvolvendo o Projeto Victor.[139] A IA homenageia o ex-Ministro Victor Nunes Leal. O "Victor" está na fase de construção de suas redes neurais para aprender, a partir de milhares de decisões já proferidas no STF, a respeito da aplicação de diversos temas de repercussão geral. Ao ser capaz de analisar todos os recursos extraordinários e agravos em recursos extraordinários que venham a adentrar na Corte, Victor responderá se estes cumprem ou não o requisito (art. 102, § 3º, da CF/88),

---

135. DEVIA, Andrea Martínez. La inteligencia artificial, el big data y la era digital: ¿una amenaza para los datos personales? *Revista La Propiedad Inmaterial*, n. 27, p. 6-7, enero-junio 2019.

136. Ibidem, p. 7-8.

137. Ibidem, p. 8.

138. Disponível em: http://www.stj.jus.br/sites/portalp/SiteAssets/documentos/noticias/Relat%-C3%B3rio%20de%20gest%C3%A3o.pdf. Acesso em: 16 jun. 2021.

139. Disponível em: http://www.stf.jus.br/portal/cms/verNoticiaDetalhe.asp?idConteudo=380038. Acesso em: 13 dez. 2019.

auxiliando os ministros. O objetivo do projeto não é que a IA tome a decisão final sobre a existência ou não da repercussão geral.

Em que pese o fascínio que a IA proporciona, cabe questionar até onde seu uso seria ético, uma vez que não conta com características de solidariedade, humanidade e um olhar adequado a cada caso concreto, que tem suas particularidades de forma a distinguir de outros, peculiaridades inerentes aos seres humanos.

Quando discriminados grupos inteiros, como mulheres ou negros, esses grupos podem se organizar para protestar contra a discriminação coletiva. No entanto, um algoritmo pode distinguir um indivíduo sem que este venha a saber por quê. Talvez o algoritmo tenha encontrado algo que não compreenda em seu DNA, em sua história pessoal ou em sua conta do Facebook. Assim, não vai discriminar determinada pessoa por ser mulher ou negra, mas porque o indivíduo é alguém. Algoritmos podem não "gostar" de certas coisas nesse alguém. Esse alguém não sabe o que é e, mesmo que soubesse, não poderia organizar protestos com outras pessoas, porque ninguém mais é alvo do mesmo preconceito. No século XXI, podemos enfrentar uma crescente discriminação pessoal, não apenas discriminação coletiva, o que redunda em impedir questionamentos sobre determinadas decisões por falta de motivação.[140]

Assim, indaga-se se seria legítimo, por exemplo, o uso de sensores e monitoramento de impulsos e respostas corporais de suspeitos em interrogatórios e seu uso em negociações e acordos nos processos, tendo em conta a previsibilidade do resultado[141] ou seu uso para elaboração de sentenças.

Logo, a implementação de tecnologias digitais gera certos fatores favoráveis, como a diminuição de distâncias físicas e o acesso facilitado a pessoas portadoras de necesidades especiais.[142] Entretanto, a crença liberal em sentimentos pessoais e livre escolha não é natural nem antiga. Por milhares de anos, as pessoas acreditaram que a autoridade vinha da lei de Deus. Somente nos últimos séculos a fonte de autoridade mudou dos corpos celestes para as pessoas de carne e osso. Em breve, a autoridade pode mudar novamente – de humanos para algoritmos. Assim como a autoridade é legitimada pela mitologia religiosa e a autoridade humana é legitimada por narrativas livres, futuras revoluções tecnológicas podem estabelecer a autoridade de algoritmos de *big data* enquanto destrói o conceito simples de liberdade pessoal.[143]

---

140. HARARI, op. cit., 2018, p. 97.
141. HUESO, op. cit., p. 144.
142. LÓPEZ, Adriana Patricia Arboleda; GIRALDO, Luis Fernando Garcés. La conciliación extrajudicial en entornos virtuales: reflexiones éticas. *Revista científica electrónica de Educación y Comunicación en la Sociedad del Conocimiento*, v. I, n. 17, p. 34, Enero-Junio de 2017.
143. HARARI, op. cit., 2018, p. 72.

3.2 SISTEMA DE JUSTIÇA DO PODER EXECUTIVO

Tendo em vista que de nada adianta haver a grande porta de entrada a tantos processos se a porta de saída é demorada e pequena, Kazuo Watanabe ressalta que a solução de conflitos pode ficar a cargo de entidades públicas além do Poder Judiciário, por exemplo: Ministério Público, Ordem dos Advogados do Brasil, Procon, Defensoria Pública, Procuradoria de Assistência Judiciária, Prefeituras Municipais.[144]

No Brasil, o *site* consumidor.gov.br[145] é um serviço público que permite a interlocução direta entre consumidores e empresas para solução de conflitos de consumo pela internet, monitorado pela Secretaria Nacional do Consumidor (Senacon) do Ministério da Justiça. Segundo o *site*, atualmente, 80% das reclamações registradas são solucionadas pelas empresas, que respondem às demandas dos consumidores em um prazo médio de sete dias. A participação de empresas só é permitida àqueles que aderem formalmente ao serviço, mediante assinatura de termo no qual se comprometem a conhecer, analisar e investir todos os esforços disponíveis para a solução dos problemas apresentados. E o consumidor deve se identificar adequadamente e comprometer-se a apresentar todos os dados e informações relativos à reclamação relatada.

A criação dessa plataforma guarda relação com o art. 4º, V, da Lei 8.078/90, que dispõe que a Política Nacional das Relações de Consumo tem por objetivo o incentivo à criação, pelos fornecedores, de meios eficientes de controle de qualidade e segurança de produtos e serviços, assim como de mecanismos alternativos de solução de conflitos de consumo.

A plataforma consumidor.gov.br coloca as relações entre consumidores, fornecedores e o Estado em um novo patamar a partir das seguintes premissas: transparência e controle social são imprescindíveis à efetividade dos direitos dos consumidores; as informações apresentadas pelos cidadãos consumidores são estratégicas para gestão e execução de políticas públicas de defesa do consumidor; e o acesso à informação potencializa o poder de escolha dos consumidores e contribui para o aprimoramento das relações de consumo.

Ao mencionar a terceira onda de acesso à justiça, Cappelletti evidencia que, em resposta à demanda do público por equipamentos de resolução de disputas a preços acessíveis, programas de arbitragem para reclamações de consumidores

---

144. WATANABE, Kazuo. *Acesso à ordem jurídica justa*: conceito atualizado de acesso à justiça, processos coletivos e outros estudos. Belo Horizonte: Del Rey, 2019. p. 7.

145. Disponível em: https://www.consumidor.gov.br/pages/principal/?1575392631376. Acesso em: 16 jun. 2021.

também proliferaram. Muitos dos programas mais importantes são promovidos por empresas, e sua eficácia baseia-se nos interesses próprios do empresário, na prosperidade e na reputação no mundo dos negócios.[146]

A plataforma de resolução privada ResolveJa foi criada por meio de um acordo firmado entre o Instituto Brasileiro de Pesquisa e Gerenciamento de Inadimplência (IBeGI) e a TIPS, que presta serviços para bancos, financeiras, administradoras de cartões de crédito, redes de varejo, educação, telefonia e telecomunicações. A ResolveJa utilizou um mecanismo simples para possibilitar o contato com os consumidores. Por meio do *chat*, o consumidor pode fornecer seus dados pessoais (nome completo, CPF, telefone e endereço de *e-mail*) e iniciar a conversa na caixa de mensagem. A partir daí, a dívida pode ser negociada com escritório especializado em cobrança de dívidas. Curiosamente, o Banco do Brasil é operado apenas por meio da plataforma privada ResolveJa e não está registrado na plataforma pública consumidor.gov.br, embora seja uma empresa com capital majoritário. É uma ferramenta concebida para permitir chegar a um acordo direto entre o advogado de uma parte interessada e o departamento jurídico do banco. Pelo *chat*, há possibilidade de iniciar a negociação.[147]

Ainda quanto ao sistema de justiça estatal, importante destacar o papel das agências reguladoras e a relevância que podem apresentar quanto à resolução de impasses. Essas agências têm natureza jurídica de autarquias especiais, pertencentes à administração indireta federal e vinculadas ao ministério ou órgão respectivo, competente para determinada matéria. Como autarquia especial, dispõem de autonomia administrativa, financeira, patrimonial e de gestão de recursos humanos, das decisões técnicas e mandato (denominado fixo) dos seus dirigentes.[148]

A Agência Nacional de Energia Elétrica (Aneel), por exemplo, é uma autarquia de regime especial vinculada ao Ministério de Minas e Energia, nos termos do art. 1º da Lei 9.427/96. Tem como finalidade regular e fiscalizar produção, transmissão, distribuição e comercialização de energia elétrica, em conformidade com as políticas e diretrizes do governo federal (art. 2º da Lei 9.427/96). A Aneel conta com escritórios regionais para descentralizar algumas atividades, nos termos do art. 3º, IV, da Lei 9.427/96. Dentre as atividades delegadas, destacam-se

---

146. CAPPELLETTI; GARTH, op. cit., p. 122.
147. PEIXOTO, Arnelle Rolim; AQUINO, Maria da Glória Costa Gonçalves de Sousa. O acesso à justiça e o uso das plataformas digitais como mecanismo fraterno de solução de conflitos decorrentes das relações de consumo. In: FRÓZ SOBRINHO, José de Ribamar; VELOSO, Roberto Carvalho; LIMA, Marcelo de Carvalho; TEIXEIRA, Márcio Aleandro Correia; APOLIANO JÚNIOR, Ariston Chagas. *Direitos humanos e fraternidade*: estudos em homenagem ao ministro Reynaldo Soares da Fonseca. São Luís: ESMAM: EDUFMA, 2021. v. 2, p. 390-391.
148. MEDAUAR, Odete. *Direito administrativo moderno*. 21. ed. Belo Horizonte: Fórum, 2018. p. 67.

a fiscalização para verificação econômica e financeira das concessionárias e dos serviços e instalações de energia elétrica, o apoio aos processos regulatórios e de outorgas, quando autorizados pelo poder concedente, e o tratamento de solicitações e reclamações de consumidores, mediante serviços da ouvidoria.[149]

Dentro de suas searas de atuação, as agências reguladoras podem servir à colaboração para resolução de situações concretas, além de exercerem suas funções de regulação e fiscalização. Esse relevante papel contribui para um acesso à justiça mais fácil, pois está próximo ao problema em si, e especializado, visto que ninguém conhece melhor a esfera de atuação de cada agência reguladora, pois estão sujeitas ao princípio da especialidade, o que significa, segundo Maria Sylvia Zanella di Pietro, que cada qual exerce e é especializada na matéria que lhe tenha sido atribuída por lei.[150] Podem, ainda, resolver conflitos como última instância administrativa. Assim, pode-se, primeiramente, intentar a resolução junto à concessionária do serviço. Não sendo possível a solução, pode-se ingressar com ação. Tendo em vista que no Brasil, ao contrário da França – onde existem dois sistemas jurídicos inteiramente diferentes: o Judiciário, que regula as disputas entre entes particulares, os crimes e delitos; e o Administrativo, que se ocupa de todos os conflitos com a administração[151] –, não se adotou, em regra, a dualidade de jurisdição,[152] ou seja, a jurisdição comum e a jurisdição administrativa, com força de coisa julgada,[153] contudo, é possível a procura diretamente por soluções pelo Poder Judiciário.[154]

---

149. Disponível em: https://www.aneel.gov.br/relacionamento-com-agencias-estaduais. Acesso em: 15 dez. 2021.
150. DI PIETRO, Maria Sylvia Zanella. *Direito administrativo*. 32. ed. Rio de Janeiro: Forense, 2019. p. 1057.
151. LATOUR, op. cit., p. 55-56.
152. A atual Constituição Federal de 1988 prevê um único caso em que impõe o prévio esgotamento das instâncias administrativas próprias, no caso de ações relativas à disciplina e às competições desportivas, no art. 217, §1º, que dispõe que: "O Poder Judiciário só admitirá ações relativas à disciplina e às competições desportivas após esgotarem-se as instâncias da justiça desportiva, regulada em lei".
153. No direito brasileiro, a coisa julgada típica é inerente às ações judiciais. Assim, "quando a decisão compete à Administração, no caso de conflito de interesses ou controvérsia entre o particular e a Administração, falta a coisa julgada, ou 'final enforcing power'" (ALVIM NETTO, op. cit., p. 7).
154. DI PIETRO, op. cit., p. 1.062.

4
ACESSO AO SISTEMA
DE JUSTIÇA PRIVADO

A prevalência de sistemas privados não significa necessariamente que incorporem valores ou normas que competem ou se opõem ao sistema oficial. Nossa análise não atribui múltiplos sistemas de justiça às diferenças culturais *per se*. Isso significa que o sistema é considerado quando há uma diferença estrutural e normativa entre os demais.[1]

Kazuo Watanabe acredita que a solução de conflitos pode ficar a cargo de entidades privadas, como sindicatos, comunidades de bairros e associações civis, compreendendo que é essencial que o Estado estimule a criação desses serviços, desde que a partir de um controle.[2]

Nesse sentido, Marcelo Barbi Gonçalves destaca a jurisdição extraestatal como sendo um sistema de administração de justiça que exerce atividades fora do Estado, não contando com o reconhecimento deste.[3] Em geral, essa jurisdição é utilizada por população urbana pobre, comunidades rurais e minorias, tendo algum incentivo ou supervisão por agentes públicos e aportes financeiros; os conflitos costumam ter por objeto quantias pequenas, direitos de família ou vizinhança; e a solução que utiliza a conciliação, em sua maioria, procura seguir o direito posto, não havendo forma de coerção para seu cumprimento.

Thomas Vesting ressalta as instituições semipúblicas, quase privadas e privadas, todas com certa autonomia, como o direito contratual de grandes escritórios de advocacia com regimes de arbitragem próprios, ou o aumento da importância dos códigos de conduta intracorporativos, de modo que a posição central de decisões de tribunais é substituída por mecanismos extrajudiciais.[4]

---

1. GALANTER, Marc. Why the "haves" come out ahead: speculations on the limits of legal change. *Law & Society Review*, v. 9, n. 1, Litigation and Dispute Processing: Part One (Autumn, 1974), p. 132. (Tradução livre).
2. WATANABE, op. cit., 2019, p. 7.
3. GONÇALVES, Marcelo Barbi. *Teoria geral da jurisdição*. Salvador: Editora JusPodivm, 2020, p. 134-135.
4. VESTING, op. cit., p. 12.

Marc Galanter e Jayanth Krishnan estudaram tribunais comunitários indianos, conhecidos como Lok Adalats. Concluíram que estes consomem recursos escassos de dinheiro e pessoal e que a mudança de padrões de decisão fundamentada em princípios jurídicos para princípios de justiça sugere grande ampliação do arbítrio do juiz presidente e fé robusta de que os pobres têm mais a ganhar com o paternalismo benigno do que com a legalidade jurídica.[5]

A arbitragem é a forma mais conhecida no Brasil como representante do sistema de justiça privado. Assim, passemos a seu estudo.

4.1 ARBITRAGEM

A arbitragem, conhecida e praticada desde a Grécia Antiga, e a arbitragem comercial, na Idade Média, têm se mostrado eficazes e céleres nas demandas, recuperando seu espaço no cenário jurídico nacional e internacional.[6]

A arbitragem é uma forma extrajudicial de solução de controvérsias, na qual um terceiro – o árbitro, pessoa independente e imparcial – é indicado pelas partes para solucionar um conflito referente a direitos patrimoniais disponíveis, e decorre do consenso entre as partes, prevalecendo a autonomia da vontade, inclusive na consecução da prova e na oitiva de testemunhas.[7]

No Brasil, com a edição do Código Comercial de 1850, a utilização da arbitragem no Direito Societário era obrigatória, por disposição expressa, que exigia a previsão da forma de nomeação de árbitros no contrato social e decisão pelo juízo arbitral em diversas espécies de conflitos societários. Essa obrigatoriedade foi revogada com a Lei 1.350/1866, estabelecendo-se a facultatividade. A partir de então, a cláusula compromissória foi inserida no ordenamento jurídico brasileiro, sendo que ela resulta em mera promessa dependente de novo e posterior acordo para seu aperfeiçoamento e eficácia. Somente com a Lei 9.307/96, o sistema jurídico brasileiro harmonizou-se ao regramento internacional.[8]

---

5. GALANTER, Marc; KRISHNAN, Jayanth K. "Bread for the Poor": Access to Justice and the Rights of the Needy in India. *Hashtings Law Journal*, v. 5, p. 833, 2004.
6. ANDRIGHI, Nancy. O Árbitro de Emergência e a Tutela de Urgência: Perspectivas à luz do Direito Processual Brasileiro. *In*: YARSHELL, Flávio Luiz; PEREIRA, Guilherme Setoguti J. *Processo Societário II*. Adaptado ao Novo CPC – Lei 13.105/2015. São Paulo: Quartier Latin, 2015.
7. CARVALHOSA, Modesto. O Depoimento do Advogado de uma da Partes na Arbitragem. In: YARSHELL, Flávio Luiz; PEREIRA, Guilherme Setoguti J. *Processo Societário II*. Adaptado ao Novo CPC – Lei 13.105/2015. São Paulo: Quartier Latin, 2015.
8. ANDRIGHI, op. cit., 2015.

4 • ACESSO AO SISTEMA DE JUSTIÇA PRIVADO 93

O árbitro é juiz de fato e de direito, e a sentença que proferir não fica sujeita a recurso ou a homologação pelo Poder Judiciário, conforme o art. 18 da Lei 9.307/96, sendo sua natureza jurisdicional.[9]

Uma das vantagens da arbitragem é a privacidade.[10] Assim, os conflitos altamente especializados ou que devem ser mantidos em segredo também tendem a ser removidos do sistema judicial formal.[11]

Na legislação pátria, não há previsão expressa da possibilidade de a arbitragem ocorrer de forma virtual. *No entanto, o art. 2° do Decreto 1.829/2013, da Colômbia, define a arbitragem virtual como* modalidade de arbitragem em que o procedimento é administrado com apoio em um sistema de informação, aplicativo ou plataforma e os atos processuais e as comunicações das partes se dão da mesma forma.[12]

Conforme o entendimento firmado no STJ, na Jurisprudência em Teses 122, a arbitragem, uma vez contratada, tem caráter obrigatório[13] e enseja o reconhecimento da competência do juízo arbitral para decidir.[14] Somente em situações excepcionais o Poder Judiciário pode declarar a nulidade de cláusula compromissória arbitral.[15] No entanto, a execução forçada do direito reconhecido na sentença arbitral cabe ao Poder Judiciário.[16]

---

9. Jurisprudência em teses 122, STJ: 9) A atividade desenvolvida no âmbito da arbitragem possui natureza jurisdicional, o que torna possível a existência de conflito de competência entre os juízos estatal e arbitral, cabendo ao Superior Tribunal de Justiça – STJ o seu julgamento.

10. GOLDBERG, Stephen B.; GREEN, Eric D.; SANDER, E. A. Frank. Litigation, arbitration or mediation: a dialogue. *ABA Journal*, v. 75, n. 6, p. 70, june 1989.

11. COSTA E SILVA, Paula. O acesso ao Sistema judicial e os meios alternativos de resolução de controvérsias. In: ZANETI JR., Hermes; CABRAL, Trícia Navarro Xavier (Coord.). *Justiça multiportas.* Mediação, conciliação, arbitragem e outros meios adequados de solução de conflitos. 2. ed. rev., ampl. e atual. Salvador: JusPodivm, 2018. p. 801.

12. "*Arbitraje Virtual*: Modalidad de arbitraje, en la que el procedimiento es administrado con apoyo en un sistema de información, aplicativo o plataforma y los actos procesales y las comunicaciones de las partes se surten a través del mismo". Disponível em: http://www.suin-juriscol.gov.co/viewDocument. asp?ruta=Decretos/1357650. Acesso em: 16 jun. 2021.

13. Jurisprudência em teses 122, STJ: 1) A convenção de arbitragem, tanto na modalidade de compromisso arbitral quanto na modalidade de cláusula compromissória, uma vez contratada pelas partes, goza de força vinculante e de caráter obrigatório, definido ao juízo arbitral eleito a competência para dirimir os litígios relativos aos direitos patrimoniais disponíveis, derrogando-se a jurisdição estatal.

14. Jurisprudência em teses 122, STJ: 3) A previsão contratual de convenção de arbitragem enseja o reconhecimento da competência do Juízo arbitral para decidir com primazia sobre Poder Judiciário, de ofício ou por provocação das partes, as questões relativas à existência, à validade e à eficácia da convenção de arbitragem e do contrato que contenha a cláusula compromissória.

15. Jurisprudência em teses 122, STJ: 4) O Poder Judiciário pode, em situações, excepcionais, declarar a nulidade de cláusula compromissória arbitral, independentemente do estado em que se encontre o procedimento arbitral, quando aposta em compromisso claramente ilegal.

16. Jurisprudência em teses 122, STJ: 7) O árbitro não possui poder coercitivo direto, sendo-lhe vedada a prática de atos executivos, cabendo ao Poder Judiciário a execução forçada do direito reconhecido na sentença arbitral.

Também podemos incluir a arbitragem como método de resolução de conflitos que pode ser usado quando os direitos de propriedade disponíveis estão envolvidos e a arbitragem ocorre sob a intervenção de um terceiro independente e imparcial que obtém o poder de decidir por uma convenção em que as partes se comprometem a submeter eventual conflito à arbitragem.[17]

André Ramos Tavares discorda que apenas o Judiciário exerce jurisdição, pois há casos previstos na Constituição nos quais há jurisdição exercida por órgãos fora da estrutura orgânica.[18] O sentido de jurisdição é dizer o direito, atividade que não é desempenhada apenas pelos órgãos do Poder Judiciário.

A própria Constituição Federal, no seu art. 114, § 1º, ao tratar da competência da Justiça do Trabalho, dispõe que, frustrada a negociação coletiva, as partes poderão eleger árbitros.

Assim, a função jurisdicional não é exclusiva dos entes estatais, podendo ser exercida por árbitros e câmaras arbitrais escolhidas pelas pessoas capazes de contratar, desde que os litígios se refiram a direitos patrimoniais disponíveis (art. 1º da Lei 9.307/96).[19] Nesse sentido, é lícita a arbitragem obrigatória quando as partes assim dispuseram. Porém, não se exclui da apreciação da tutela jurisdicional (art. 3º do CPC) lesão ou ameaça a direito, ou seja, nem todo conflito será objeto de tutela judicial. É certo que todo conflito deve ser objeto de julgamento, mas nem sempre pelo Estado.[20]

A sentença arbitral produzirá os mesmos efeitos da sentença proferida em juízo estatal para as partes e seus sucessores. Sendo condenatória, deverá ser executada judicialmente, constituindo título executivo judicial (art. 31 da Lei 9.307/96 c/c o art. 515, VII, do CPC).[21] Aqui, comprova-se novamente a zona de intersecção entre os sistemas de justiça estatal e o sistema de justiça privado.

A arbitragem é um mecanismo que confere privilégios de autonomia privada às partes, podendo as partes formular as normas processuais a serem utilizadas na arbitragem, de forma que o sentido de participação das partes possa contribuir na resolução do litígio. Embora seja dada prioridade ao direito de todos à autodeterminação, a legislação brasileira não ignora a parte mais vulnerável, seja ela econômica, jurídica, técnica ou informativa. Nesse sentido, a Lei 9.307/96 estabeleceu que a arbitragem pode ser utilizada para tratar de controvérsias

---

17. SAMPAIO, Lia Regina Castaldi; BRAGA NETO, Adolfo. *O que é mediação de conflitos*. São Paulo: Brasiliense, 2007. p. 16-17.
18. TAVARES, op. cit.
19. THAMAY, op. cit., p. 112.
20. GONÇALVES, op. cit., p. 139-140.
21. THAMAY, op. cit., p. 118.

envolvendo direitos disponíveis e estabelecidas restrições específicas à cláusula compromissória, em que a liberdade contratual das partes era restringida pela cláusula preestabelecida.[22]

Em alguns estados norte-americanos, a submissão das partes à arbitragem é compulsória, mas a decisão arbitral pode ser impugnada. No entanto, a parte que a impugna pode até mesmo estar submetida a sanções, como a condenação em custas, quando não obtém resultado melhor que o proporcionado pelo árbitro.[23]

O juízo arbitral é uma instituição milenar, caracterizada por procedimentos relativamente informais. Os juízes receberam formação técnica ou jurídica, as decisões são vinculativas e a possibilidade de recurso é muito limitada. Embora a arbitragem possa ser um processo relativamente rápido, frequentemente se torna muito caro para as partes porque elas têm que arcar com o ônus dos honorários do árbitro.[24] Entretanto, a arbitragem pode reduzir o custo do processo. Ademais, o tempo é um fator que precisa ser considerado – para quem está voltado para o mercado e seus prazos, o tempo sempre representa economia.[25]

A arbitragem tem como características o contraditório, ser privada e altamente confidencial. As partes podem escolher e modificar procedimentos e arranjos de prazos, além de escolher árbitros com conhecimento profissional em determinado assunto. Os parâmetros selecionados pelas partes podem ser aplicados pelo árbitro, por exemplo, as leis de outro local, práticas comerciais e costumes, *soft law* ou equidade. A decisão é final e vinculativa.[26]

Mediação e conciliação, que serão analisadas a seguir, não devem ser confundidas com arbitragem. O árbitro, como o juiz, decide sobre o caso proposto perante ele. Na mediação e na conciliação, o terceiro é convocado não a tomar uma decisão, mas a contribuir com as partes para que possam chegar a uma solução por meio da autoconciliação. Na mediação e na conciliação, os terceiros são diferentes dos juízes ou árbitros: não conduzem julgamentos, não colhem provas, não precisam de firmar uma convicção, não discutem a lei.[27]

---

22. FUX, Luiz. Arbitragem e segurança jurídica: a maturação de um meio adequado de solução das controvérsias. *In*: SUPERIOR TRIBUNAL DE JUSTIÇA. Doutrina: edição comemorativa, 30 anos. Brasília: STJ, 2019. p. 342.
23. CAPPELLETTI, op. cit., p. 93.
24. CAPPELLETTI; GARTH, op. cit., p. 82.
25. NALINI, José Renato. É urgente construir alternativas à justiça. In: ZANETI JR., Hermes; CABRAL, Trícia Navarro Xavier (Coord.). *Justiça multiportas*. Mediação, conciliação, arbitragem e outros meios adequados de solução de conflitos. 2. ed. rev., ampl. e atual. Salvador: JusPodivm, 2018. p. 34.
26. Ibidem, p. 34.
27. CABRAL, Antonio do Passo; CUNHA, Leonardo Carneiro da. Negociação direta ou resolução colaborativa de disputas (*Collaborative Law*). In: ZANETI JR., Hermes; CABRAL, Trícia Navarro Xavier (Coord.). *Justiça multiportas*. Mediação, conciliação, arbitragem e outros meios adequados de solução de conflitos. 2. ed. rev., ampl. e atual. Salvador: JusPodivm, 2018. p. 728.

Para determinados negócios empresariais, a arbitragem se faz imprescindível devido à necessidade de velocidade e de eficiência,[28] por isso, diferentemente de um processo judicial, o advogado deverá ser objetivo e sintético, e a produção de provas deve focar em questões realmente importantes.[29] Busca, também, convivência futura aceitável para ambas as partes.[30] A arbitragem internacional evita, ainda, as interferências políticas ou econômicas.[31]

Vários são os argumentos a respeito da natureza jurídica da arbitragem. Autores mais antigos (estrangeiros ou brasileiros) acreditam que a natureza jurídica da arbitragem será contratual, jurisdicional ou mista, tendo em vista que o procedimento teve origem em vontade e acordo e objetivou a resolução do litígio.[32]

Entretanto, predomina o entendimento de que a arbitragem é jurisdição, conforme já mencionado, pois o árbitro decide a controvérsia jurídica quando as partes submetem a solução de seus litígios mediante convenção de arbitragem, ou seja, cláusula compromissória e compromisso arbitral (art. 3º da Lei 9.307/96). Assim, a função do árbitro consiste em dirigir todo o processo a fim de resolver a lide. Por isso o art. 18 da Lei 9.307/96 dispõe que o árbitro é juiz de direito e de fato, não estando sua sentença sujeita a recurso ou homologação do Poder Judiciário. Ademais, a sentença arbitral configura título executivo judicial, nos termos do art. 515, VII, do Código de Processo Civil.

Assim como qualquer método em que as decisões são mantidas em segredo (métodos compostos heterogêneos, como a arbitragem), o objeto de crítica é a falta de abertura das decisões. No direito norte-americano, existe um sistema de precedentes judiciais, ou seja, o julgamento do tribunal é baseado em casos iguais ou semelhantes anteriormente julgados. Essa crítica é uma abordagem sobre as cláusulas de confidencialidade, que se fundamenta na falta de visibilidade e abertura nos acordos assinados e nas decisões tomadas à sombra da lei, segundo a qual poderá minar o conceito de justiça aberta ao público e distorcer a lei.[33]

---

28. WALD, Arnoldo. O espírito da arbitragem. *Revista do Instituto dos Advogados de São Paulo*, n. 23, p. 23, 2009.
29. Ibidem, p. 32.
30. Ibidem, p. 29.
31. Ibidem, p. 29.
32. SANTOS, Francisco Cláudio de Almeida. A jurisdição arbitral e conflitos de competência com a jurisdição estatal. Superior Tribunal de Justiça. *Doutrina*: edição comemorativa, 30 anos. Brasília: STJ, 2019. p. 150.
33. LORENCINI, Marco Antônio Garcia Lopes. Sistema multiportas: opções para tratamento de conflitos de forma adequada. In: SALLES, Carlos Alberto de; LORENCINI, Marco Antônio Garcia Lopes; SILVA, Paulo Eduardo Alves da (Coord.). *Negociação, mediação e arbitragem*. Curso básico para programas de graduação em Direito. Rio de Janeiro: Forense; São Paulo: Método, 2012. p. 67.

Não é incomum que a resolução de disputas envolva mais de um método alternativo, seja autocombinação ou combinação heterogênea. A forma mais famosa de simbolizar esse hibridismo é *med-arb*, método normalmente estipulado nos termos do contrato, no qual, de forma escalonada, há uma primeira tentativa de mediar as partes para que possam encontrar uma solução para o impasse. Se a mediação falhar, o terceiro recorrerá à arbitragem.[34]

4.2 NEGOCIAÇÃO DIRETA OU RESOLUÇÃO COLABORATIVA DE DISPUTAS

Os métodos *Alternative Dispute Resolution* (ADR), ou Resolução Alternativa de Disputas, em português, compreendem mediação, conciliação e arbitragem, mas não só. Estes também são referidos como meios alternativos de solução de litígios (MASC) ou meios extrajudiciais de solução de litígios (MESC). Conforme já mencionados, o termo "alternativo" não é pertinente ao nosso propósito. Isso porque não há uma substituição do sistema de justiça estatal judiciário, mas diferentes sistemas, adequados a cada situação concreta. Para cada tipo de litígio, ou situação relacionada ao direito, é adequada uma solução; a melhor solução pode ser pela mediação, algumas pela conciliação, outras pela arbitragem e, finalmente, por meio de decisão judicial.[35]

As partes podem escolher qualquer terceiro (incluindo advogados) para atuar como mediador ou conciliador em seu caso, independentemente de haver registro ou formalidades em juízo. A autonomia e a flexibilidade da vontade de ambas as partes são inerentes ao mecanismo de resolução de disputas por consenso e prevalecem por completo. A flexibilidade e a informalidade para construir o diálogo devem ser favorecidas. A mediação ou a conciliação não precisam ser conduzidas em ambiente judicial. Se as partes desejarem ou se sentirem mais à vontade, podem ser conduzidas ao escritório do advogado ou a outros ambientes.[36] O propósito de uma solução consensual não é aplicar a lei ao caso concreto, mas combinar interesses e atender as intenções das partes. Daí a importância do sigilo nesse momento.[37]

Além da mediação e da conciliação, métodos mais conhecidos e que podem ser utilizados dentro dos três sistemas de justiça e não apenas pelo Poder Judiciário, há outros, como a negociação. A negociação, sua execução e suas técnicas são aplicáveis – a qualquer método de autodecisão. A negociação na mediação e

---

34. Ibidem, p. 67.
35. CABRAL; CUNHA, op. cit., p. 726.
36. Ibidem, p. 730
37. Ibidem, p. 730.

na conciliação visam a um consenso final por meio do diálogo. A única diferença entre negociação e mediação é que esta última tem uma terceira parte imparcial presente.[38]

Do ponto de vista estrutural, o termo "direito cooperativo" significa mediação sem mediador. O mecanismo também pretende preencher as lacunas nos meios de resolução de conflitos e permitir uma alternativa aos procedimentos pré-processuais para a resolução amigável de conflitos sem a ajuda da presidência ou de figuras centrais. A resolução colaborativa de conflitos ou o direito colaborativo trabalha em conjunto com a tradicional chamada resolução quadripartida, com a presença de advogados e clientes. Se o procedimento falhar, o advogado promete desistir da autorização e não representar o cliente em juízo. Ou seja, o papel do advogado é só atuar na negociação; se não houver consenso, não poderá atuar no processo judicial.[39]

Da mesma forma que um advogado se compromete a não intervir em qualquer processo que venha a ser instaurado, as partes prometem, na cláusula de desqualificação, que, se o processo for instaurado no decurso do procedimento, o mesmo advogado não será contratado. Essa é uma forma de obrigar os advogados a considerar os resultados da perspectiva do cliente, e não da perspectiva de seus próprios interesses; é uma regra que enfatiza a negociação cooperativa e a impede de usar a negociação competitiva, pois foca no resultado e separa as pessoas do problema a ser resolvido.[40]

As duas partes concordam que devem contribuir para a solução de forma totalmente construtiva, fornecer publicamente as informações solicitadas pela outra parte e que não devem ameaçar outras partes com o exercício de eventual ida ao Poder Judiciário.[41]

A negociação direta e a resolução cooperativa de disputas têm vantagens sobre outros métodos de resolução de conflitos. Não pagar uma taxa a um terceiro (mediador) pode economizar dinheiro. Na mediação, além de pagar os honorários dos seus advogados, as partes devem pagar a remuneração do mediador, a menos que o mediador seja voluntário.[42]

Enquanto durar o prazo definido no acordo, ambas as partes estão vinculadas e não podem ingressar no Judiciário. Portanto, a principal função da convenção de procedimento participativo é que o litígio não é admissível, isto é, tempora-

---

38. Ibidem, p. 731.
39. Ibidem, p. 732-733.
40. Ibidem, p. 733
41. Ibidem, p. 734.
42. Ibidem, p. 735.

riamente inadmissível, e deve ser anunciado durante o período de negociação estipulado no acordo. No entanto, permite-se em caso de medidas emergenciais ou de descumprimento do acordo. Fica entendido que, caso uma das partes se recuse a cumprir a cláusula, tal descumprimento permite que a outra parte recorra à autoridade judiciária para buscar a solução da controvérsia, pois o pedido não pode ser entendido como uma violação lógica da convenção.[43]

Nesse caso, não é razoável recusar a negociação ou o acordo cooperativo simplesmente pela falta de disposições legais claras, como se o sistema de meios adequados para resolver litígios fosse *numerus clausus*. Por outro lado, devem ser reconhecidas outras ferramentas e técnicas de resolução de disputas que podem levar a resultados de consenso, especialmente se forem implementadas pelas partes a um custo inferior.[44]

4.3 RESOLUÇÃO DE DISPUTAS ON-LINE

O comércio eletrônico tem aumentado graças às novas tecnologias, em especial a internet, provocando maior número de transações e, em consequência, maior número de conflitos.[45] A mediação estabelece meios necessários para a resolução de conflitos entre as pessoas jurídicas empresariais e seus clientes, bem como entre os provedores de serviços de internet e os consumidores.[46]

Com o aumento acentuado das transações transfronteiriças on-line, houve aumento da necessidade de mecanismos para resolver disputas que surgem das transações, reconhecendo que um dos mecanismos é a resolução de disputas on-line. Trata-se de resolução de maneira simples, rápida, flexível e segura, sem necessidade da presença física em reunião ou audiência.

Nesse contexto, a Comissão das Nações Unidas para o Direito Comercial Internacional (Uncitral) finalizou e adotou as Notas Técnicas sobre Resolução de Disputas On-line, ou ODR, sigla em inglês de *Online Dispute Resolution*, em sua quadragésima nona sessão, em 2016. Além dos representantes dos 60 Estados-membros da Uncitral, representantes de muitos outros Estados e organizações internacionais participaram das deliberações.[47]

---

43. Ibidem, p. 737.
44. Ibidem, p. 738.
45. POYO, Rafael García del. La mediación electrónica. *Revista Jurídica de Castilla y León*, n. 29, p. 1, enero de 2013.
46. Ibidem, p. 4.
47. Disponível em: https://uncitral.un.org/sites/uncitral.un.org/files/media-documents/uncitral/en/v1700382_english_technical_notes_on_odr.pdf. Acesso em: 16 jun. 2021.

As Notas Técnicas sobre Resolução de Disputas On-line não são vinculativas e assumem a forma de um documento descritivo, refletindo os elementos de um processo de resolução de disputas on-line. A resolução de disputas on-line representa oportunidades significativas para compradores e vendedores em transações comerciais transfronteiriças, tanto em países desenvolvidos quanto em desenvolvimento. As notas técnicas destinam-se a ser utilizadas em litígios decorrentes de contratos de venda ou serviços transfronteiriços de baixo valor concluídos por meio de comunicações eletrônicas. Os princípios aplicáveis são: imparcialidade, independência, eficiência, eficácia, devido processo, justiça, responsabilidade e transparência.

Esse mecanismo se dá em três fases: a primeira é a negociação e ocorre quando um requerente envia um aviso pela plataforma ODR ao administrador da ODR, e o administrador da ODR informa o respondente da existência da reivindicação e o reclamante da resposta. Assim, a primeira etapa do processo – negociação com tecnologia habilitada – se inicia com a negociação direta entre reclamante e reclamado, por meio da plataforma ODR.

Após o estabelecimento facilitado, que vai ocorrer se esse processo de negociação falhar (ou seja, não resultar em uma solução da reivindicação), o processo poderá passar para um segundo estágio de solução facilitada. Nessa fase, o administrador da ODR nomeia um "ponto morto", que se comunica com as partes na tentativa de chegarem a um acordo.

A fase final ocorre se a solução facilitada falhar. Nesse caso, o administrador ou neutro da ODR poderá informar as partes sobre a natureza de tal estágio.

Dentre as várias plataformas existentes na internet, a Modria se destaca como a plataforma de resolução de disputas on-line (ODR) mais bem-sucedida do mundo. Segundo consta em seu *site*,[48] a plataforma pode lidar com todos os tipos e volumes de casos, desde simples casos de pagamento de dívidas a casos complexos de custódia de crianças.

Os fundadores da Modria criaram os sistemas ODR no eBay e no PayPal, que processam 60 milhões de casos por ano, 90% resolvidos por meio da automação. A solução Modria já lidou com mais de um milhão de casos em todo o mundo e resolve casos de forma 50% mais rápida do que os métodos tradicionais. Hoje, a Modria faz parte da Tyler, que implementou rapidamente o arquivamento eletrônico e agora chega a 40% da população dos EUA.

---

48. Disponível em: https://www.tylertech.com/Portals/0/OpenContent/Files/4080/Modria-Brochure. pdf. Acesso em: 16 jun. 2021.

O *site* da Modria informa que a plataforma: reduz litígios; diminui custos; integra-se aos fluxos de trabalho existentes e de arquivamento eletrônico; libera recursos judiciais para se concentrar em casos mais complexos; permite ao usuário visualizar o *status* no registro de ações; rastreia a atividade de disputa de forma agregada ou específica a cada caso; e atribui um mediador ou árbitro a um caso. Além disso, o tempo de resolução é mais rápido; é uma alternativa de menor custo ao litígio; e as disputas podem ser resolvidas de qualquer lugar do mundo.[49]

A Word Intelectual Property Organization (WIPO) trata da arbitragem on-line[50] com o intuito de permitir que as partes arquivem solicitações, preenchendo formulários eletrônicos, enviem documentos e troquem correspondência *on-line* através de canais seguros, para fins de comunicação, pois o surgimento de novas tecnologias e aplicativos começou a influenciar significativamente a maneira como as empresas fazem negócios. As partes, os neutros e o centro se comunicarão eletronicamente, com geração de notificações automáticas, bem como há bancos de dados para apoiar o registro e o arquivamento de documentos.

O problema que ainda persiste para as formas de solução de conflitos virtuais é a inexistência de uma legislação internacional sobre a matéria suficientemente desenvolvida para regulamentar a resolução de controvérsias do comércio eletrônico de forma harmônica[51] entre os usuários de diferentes países envolvidos.

---

49. Disponível em: https://www.tylertech.com/Portals/0/OpenContent/Files/4080/Modria-Brochure. pdf. Acesso em: 16 jun. 2021.
50. Disponível em: https://www.wipo.int/amc/en/arbitration/online/index.html. Acesso em: 16 jun. 2021.
51. POYO, op. cit., p. 2.

5
FORMAS DIVERSAS DE SOLUÇÃO DE CONTROVÉRSIAS – UMA RELEITURA DO SISTEMA MULTIPORTAS

A proteção do cidadão contra atos estatais ilícitos é uma das vertentes do Estado de direito e ocorre por meio de juízes e tribunais independentes.[1] Essa independência é justificada para que o Poder Judiciário não seja ameaçado de ser dominado, intimidado ou influenciado por demais poderes,[2] instituições ou seja quem for.[3] Aí reside uma das maiores importâncias de um Poder Judiciário independente, isento e descongestionado, para que possa tratar de relevantes questões jurídicas em prol do Estado democrático de direito.

Uma análise mais detalhada de origens, princípios e implementação das leis nacionais brasileiras marca o primórdio da problemática do congestionamento de processos judiciais. A estrutura periférica e colonial é profundamente afetada por violentas contradições e conflitos descontrolados de natureza social, econômica e política. A ordem jurídica nacional acaba por ser muito ritualizada e dogmática, no entanto exclui os anseios da sociedade.[4]

A partir da passagem de um estado liberal para um estado social, o ente estatal reorganizou a sua atuação e transformou-a de um modelo passivo em uma expressão intervencionista socialmente promovida, comprovando um conjunto de direitos que visam claramente à satisfação das necessidades coletivas. O Estado passou a cumprir seu papel por meio de políticas públicas que salvaguardam a liberdade das pessoas: educação, saúde, moradia, previdência e assistência social, trabalho etc.[5]

---

1. SARLET; MARINONI; MITIDIERO, op. cit., 2018, p. 302.
2. "A tripartição dos poderes é o que auxiliou a burguesia contra o poder do Estado, gerando a construção do Estado-de direito, que inclui o Legislativo, Executivo e Judiciário" (ALVIM NETTO, op. cit., p. 7).
3. MADISON, James; HAMILTON, Alexander; JAY, John. *Os artigos federalistas 1787-1788*. Edição integral. Apresentação: Isaac Kramnick. Trad.: Maria Luiza X. de A. Borges. Rio de Janeiro: Nova Fronteira. p. 479.
4. WOLKMER, Antonio Carlos. *Pluralismo jurídico*. Fundamentos de uma nova cultura do direito. 4. ed. rev. e atual. São Paulo: Saraiva, 2015. p. 96.
5. MARQUES, Hyasmim Alves Ribeiro. Do acesso à justiça, democracia e sistema de justiça. In: PINHEIRO, Weider Silva (Org.). *Estudos de direito notarial e registral*. Goiânia: Kelps, 2020. p. 49.

Com o fortalecimento da cidadania garantido pela Constituição, os cidadãos brasileiros passaram a se considerar titulares de direitos. A maior conscientização da sociedade sobre os direitos recém-adquiridos, aliada à ampliação do acesso à justiça, tem gerado uma explosão de processos no Judiciário brasileiro, e o Poder Judiciário não está preparado para isso.[6]

Nos séculos XVIII e XIX, o Judiciário se concentrou na distribuição da justiça. Com o passar do tempo, a mediação nos Estados Unidos, a justiça comunitária e a justiça do trabalho, especialmente as relações de trabalho industrial em vários outros países, como meio de acesso à justiça, tornaram-se cada vez mais importantes.

Em abril de 1976, a Pound Conference foi realizada, e a mediação recebeu atenção. Na ocasião, Frank Sander, professor da Universidade de Harvard, em seu discurso, incentivou a resolução de conflitos em várias portas. As novas ideias de Sander foram adotadas pela Suprema Corte dos Estados Unidos, seguidas por um novo estudo cujo objetivo era encorajar as organizações a desenvolver padrões para resolução de disputas.

A proposta do tribunal multiportas, de Sander, que no Brasil recebeu a denominação de justiça multiportas, era tornar o tribunal um centro de resolução de disputas, onde as partes interessadas receberiam, primeiro, a assistência de um oficial responsável pela triagem de conflitos e, em seguida, partiriam para o método de resolução de disputas mais adequado para resolver problemas específicos, como mediação, conciliação, arbitragem etc.[7]

Em 1983, surgiu a Escola da Mediação da Faculdade de Direito de Harvard, que incluía Frank Sander, Roger Fisher, William Ury e Lawrence Suskind. O plano de ensino era baseado na negociação criativa e no estímulo à mediação.

É importante perceber que, nessa era de abundância de direitos e falta de responsabilidades e obrigações, o Estado contemporâneo assumiu tantas obrigações que não pôde mais cumprir efetivamente muitas delas. O quadro mais óbvio é que a sobrecarga reside na crença do monopólio do Judiciário.[8] Aqui se mostra a importância do sistema multiportas.

No Brasil, uma população de 202 milhões de habitantes tem mais de 100 milhões de processos judiciais. Na Justiça Comum de São Paulo, tramitam mais de 25 milhões de ações que ocupam mais de 50 mil servidores e 2.501 magistrados, no Tribunal que, sem querer, é considerado o maior do planeta.[9]

---

6. PEIXOTO; AQUINO, op. cit., p. 382.
7. CABRAL, op. cit., p. 129-130.
8. NALINI, op. cit., p. 35.
9. Ibidem, p. 29-30.

5 • FORMAS DIVERSAS DE SOLUÇÃO DE CONTROVÉRSIAS

Na tentativa de amenizar os números, o II Pacto Republicano de Estado por um Sistema de Justiça Mais Acessível, Ágil e Efetivo foi assinado pelos três poderes da Federação em 2009. Nele, se destacou que, a fim de atingir os objetivos estabelecidos, foi assumido, dentre os demais compromissos, fortalecer a mediação e a conciliação e promover meios autogestionados e autodirigidos para resolver conflitos, com maior grau de estabilidade social e menos judicialização.[10]

O direito brasileiro, a partir da Resolução 125/2010 do CNJ, da Lei 13.140/2015 (que dispõe sobre a mediação) e do Código de Processo Civil de 2015, tende a um sistema de justiça multiportas, com cada caso sendo indicado para o método ou a técnica mais adequada para a solução do conflito. O Judiciário não é mais um local apenas de julgamentos, mas de resolução de litígios.[11] Uma atitude mais fraterna, baseada na lealdade e na boa vontade, costuma ser o principal fator que facilita a resolução de conflitos e a eliminação de oposições irreconciliáveis.[12]

Conforme estipulado no preâmbulo da Constituição de 1988, o ideal de sociedade brasileira é pautado na harmonia social; portanto, o poder público e a sociedade civil devem se pautar pela busca da paz social efetiva. É inegável que o monopólio de jurisdição do Estado é uma conquista histórica. No entanto, os métodos adversariais não devem ser vistos como a única forma importante de resolver disputas.[13]

O Ministro do STJ, Luis Felipe Salomão, ressaltou, na II Jornada de Solução e Prevenção de Litígios do Conselho da Justiça Federal, que entre o homem e o animal, há aproximação, unidade e até vínculos afetivos que independem da lei, fazendo-se necessário que analisemos a efetividade dos métodos judiciais, pois não adianta abrir mais portas se não houver formas de saída.[14]

A nomenclatura "meios alternativos de solução de conflitos", conhecida na doutrina,[15] não se mostra adequado. Isso porque, conforme salientamos no capítulo 2, tratamos os sistemas de justiça de igual forma, cada um, porém, com

---

10. Disponível em: http://www.planalto.gov.br/ccivil_03/outros/iipacto.htm. Acesso em: 24 nov. 2021.
11. CABRAL; CUNHA, op. cit., p. 727.
12. DUAILIBE, Ricardo Tadeu; LEAL, Bruno Carvalho Pires. O princípio da fraternidade como instrumento de acesso à ordem jurídica justa no âmbito civil. In: FRÓZ SOBRINHO, José de Ribamar; VELOSO, Roberto Carvalho; LIMA, Marcelo de Carvalho; TEIXEIRA, Márcio Aleandro Correia; APOLIANO JÚNIOR, Ariston Chagas (Org.). *Direitos humanos e fraternidade*: estudos em homenagem ao ministro Reynaldo Soares da Fonseca. São Luís: ESMAM: EDUFMA, 2021. v. 2, p. 271.
13. TOFFOLI, José Antonio Dias; PERES, Lívia Cristina Marques. Desjudicialização conforme a Constituição e tratamento adequado dos conflitos de interesse. In: ÁVILA, Henrique; WATANABE, Kazuo; NOLASCO, Rita Dias; CABRAL, Trícia Navarro Xavier. *Desjudicialização, justiça conciliativa e poder público*. São Paulo: Thomson Reuters Brasil, 2021. p. 41.
14. Disponível em https://www.cjf.jus.br/cjf/corregedoria-da-justica-federal/centro-de-estudos-judiciarios-1/prevencao-e-solucao-extrajudicial-de-litigios. Acesso em: 24 nov. 2021.
15. WATANABE, op. cit., 2019, p. 7.

suas peculiaridades inerentes. Assim, não se mostra condizente com esta proposta dizer que um dos sistemas seria alternativo a outro, ou, ainda, que uma forma de solução de litígio ou conflito seria alternativa a outra, pois seria desprestigiar a importância que cada qual desempenha em cada situação concreta e, indiretamente, na sociedade.

A evolução da legislação que envolve o correto manejo de conflitos formou o chamado sistema multiportas no Brasil, que se caracteriza por oferecer aos cidadãos diferentes opções para a resolução de conflitos. Não há dúvida de que o tribunal multiportas é uma compreensão essencial ao avanço do acesso à justiça. A partir dessa percepção, entretanto, é preciso avançar nos estudos de acesso à justiça.

A justiça destacada na presente obra é a justiça jurídica, conforme já abordado no capítulo 2. Nessa esfera da justiça, o que se elege é o próprio direito, ou seja, as formas disponíveis na legislação, na jurisprudência, em compreensões doutrinárias como sendo acessíveis às pessoas. Nesse aspecto, há que se ressaltar que o acesso ao direito não se impõe apenas pelo conflito. O acesso à justiça deixou de ser o acesso aos tribunais para passar a ser um direito de acesso ao direito, de preferência, sem passagem pelos tribunais.[16] Pode-se afirmar que o acesso à justiça compreende o acesso aos tribunais e ao direito.[17] Portanto, as não controvérsias também são abrangidas por esse conceito de justiça.

Além do tribunal multiportas, há outras portas, presentes no sistema de justiça estatal, no sistema de justiça privado e no sistema de justiça público-privado (extrajudicial). Para cada porta de acesso, há uma sistemática que lhe é própria. Em algumas dessas, há uma resposta correspondente, para que haja a porta de saída. No entanto, para situações não conflituosas, também há um meio adequado de atendimento. Assim, a divisão e a categorização são importantes para que a relação entre o sistema e o conteúdo possa ser determinada.[18]

Percebem-se, exemplificativamente, as necessárias intervenções judiciais em casos de jurisdição voluntária, por opção do legislador. Mas não se deve perder de vista que as atuações do sistema de justiça público-privado, pelas serventias extrajudiciais, são, em sua maioria, intervenções em situações não conflituosas. Em todas elas, pelo conceito de justiça jurídica, há justiça, portanto acesso a ela.

---

16. COSTA E SILVA, op. cit., p. 19.
17. DUARTE, Ronnie Preuss. *Garantia de acesso à justiça*. Os direitos processuais fundamentais. Coimbra: Coimbra Editora, 2007. p. 19.
18. SANTOS, Boaventura de Sousa. Um discurso sobre as ciências na transição para uma ciência pós-moderna. *Estudos Avançados*, v. 2, n. 2, São Paulo, 1988. Disponível em: https://www.scielo.br/j/ea/a/YgSSRgJjZgtbpBLWxr6xPHr/?format=pdf&lang=pt. Acesso em: 22 nov. 2021.

5 • FORMAS DIVERSAS DE SOLUÇÃO DE CONTROVÉRSIAS

Ademais, há forte tendência à extrajudicialização dos conflitos,[19] fenômeno decorrente da interação dos sistemas, conforme descrevemos no capítulo 2.

Este capítulo, entretanto, não se destina às serventias extrajudiciais, pois serão objeto de capítulo próprio, além de, em geral, atuarem especialmente quando não há conflitos. Em outros casos, a competência delegada pode resolver alguns conflitos, porém, em outras situações, a competência é limitada,[20] conforme veremos no capítulo 6.

Pode ser que, em condições ideais, a justiça do Judiciário leve a resultados relativamente justos com certa regularidade, mas, na maioria dos sistemas jurídicos que conhecemos, isso não acontece sempre.[21] Importante recordar que, segundo Sun Tzu, território bom é aquele igualmente vantajoso para ambos os exércitos, e o bom guerreiro escolhe os soldados apropriados para a missão e deixa que a propensão siga seu curso.[22] A metáfora da guerra pode ser assim traduzida: há formas de acesso corretas para cada caso concreto, devendo-se escolhê-las bem. Para tal escolha, é preciso ter profissionais bem preparados, além de legislação adequada. Por isso, salientamos que, a cada um dos sistemas de justiça, deve corresponder igual atenção.

Conforme demonstra Bauman, a modernidade sólida foi suplantada pela modernidade imediata, que é leve, líquida, fluida e mais dinâmica.[23] Essa passagem acarretou mudanças em todos os aspectos da vida humana. Nas relações pessoais, as conexões como relações frágeis predominam, com desconexão e sem grandes perdas ou custos. As relações de trabalho se desgastam facilmente. Dessa forma, os imperativos de consumo consistem em agradar o sujeito líquido, o que reflete nos sistemas de justiça justamente por influenciarem seus entornos.

Em 1974, Galanter já destacava que atores com diferentes riquezas e poderes estão constantemente em uma relação de competição ou cooperação parcial, na qual têm interesses opostos.[24] Por causa das diferenças em seu tamanho e em seus recursos, alguns dos atores da sociedade têm muitas oportunidades de utilizar os tribunais (no sentido amplo) para fazer (ou defender) reivindicações.[25] Por isso,

---

19. CABRAL, op. cit., p. 129.
20. Exemplificando, na impugnação fundamentada em retificação administrativa do Registro de Imóveis, a competência de cunho decisório desse ponto específico pertine à Corregedoria Permanente.
21. JOHNSTON, David. *Breve história da justiça*. Trad.: Fernando Santos. São Paulo: Editora WMF Martins Fontes, 2018. p. 5.
22. TZU, Sun. *A arte da guerra*. Adaptação e trad.: André da Silva Bueno. São Paulo: Jardim dos livros, 2011. p. 111, 62.
23. BAUMAN, op. cit.
24. GALANTER, op. cit., 1974, p. 96.
25. Ibidem, p. 97.

já na década de 1970, ele propunha considerar os diferentes tipos de participantes e o impacto dessas diferenças em como o sistema opera.[26]

Considerando, ainda, que atualmente a instantaneidade provocou mudanças relevantes na forma de nos relacionarmos e a distância de tempo entre o início e o fim está diminuindo ou até mesmo desaparecendo,[27] os métodos de resolução de conflitos devem se adequar. A escolha racional na era imediata significa buscar satisfação evitando consequências, especialmente as responsabilidades que podem advir das consequências.[28] Por isso, a celeridade é necessária na resolução de situações adversas causadas pela era da instantaneidade.

Ademais, um dos sinais de que nos encontramos imersos nessa época é a absoluta falta de consenso. Existem muitos críticos do ADR. Isso sem falar no conservadorismo de quem pensa que não há outra solução senão os procedimentos judiciais – estão mais dispostos a ver a expressão da soberania no Judiciário do que o serviço do Estado responsável pelo apaziguamento e pela resolução de problemas específicos, entre outras críticas. O primeiro argumento favorável é de natureza ideológica: seu uso refletirá o interesse em liberar as instituições judiciais convencionais de *garbage cases, trash cases, waste-cases*, enfim, os casos-lixo. Em outras palavras: os casos de pouco valor econômico, pouca relevância jurídica, hipóteses repetidas e pouca utilidade para o avanço da ciência jurídica.[29]

O direito de ação significa a possiblidade de qualquer pessoa se dirigir ao Judiciário, provocando o exercício da jurisdição. Não se exige que o arguente seja o verdadeiro titular do direito substancial envolvido, bastando sustentar sua exigência.[30] O direito de ação implica o direito de defesa. O réu de qualquer ação proposta em juízo tem a possibilidade de se defender ou não, conforme desejar. Em não apresentando defesa, arcará com sua omissão; assim, a defesa é um direito e também um ônus.[31]

Já o direito de petição tem origem na Inglaterra, durante a Idade Média, por meio do *Bill of Rights*, de 1689, que previu a possibilidade de os súditos dirigirem petições contra a realeza.[32] A Constituição Federal de 1988, em seu art. 5º, XXXIV, a, dispõe que a todos é assegurado, independentemente do pagamento de taxas, o direito de petição aos poderes públicos em defesa de direitos ou contra ilegalidade ou abuso de poder. A natureza jurídica do direito de petição

---

26. Ibidem, p. 97.
27. BAUMAN, op. cit., p. 150.
28. Ibidem, p. 162.
29. NALINI, op. cit., p. 35.
30. TAVARES, op. cit., p. 587.
31. Ibidem, p. 592.
32. Ibidem, p. 589-590.

5 • FORMAS DIVERSAS DE SOLUÇÃO DE CONTROVÉRSIAS

constitucionalmente previsto é de prerrogativa de cunho democrático-participativo, estando legitimado a propor a petição qualquer pessoa, jurídica ou física, nacional ou estrangeira,[33] contra qualquer dos três poderes ou órgãos do Estado brasileiro, com fundamento em eventual prática de fato ilícito ou abusivo pelo poder público, tendo por objeto sua reparação. Com esse objetivo, diversas leis procuraram concretizar o direito de petição, como a Lei 9.784/99, a Lei 9.882/99 e a Lei 9.472/97.[34]

Apesar de todo o acesso formal supramencionado, é preciso não olvidar que a justiça estatal é apenas uma das formas de acesso à justiça, ou melhor, ao direito. Por muito tempo, a justiça foi pensada de forma centralizada em diversos países do mundo. Porém, alguns fatores têm mostrado que a solução de conflitos pode ser feita de forma mais pluralista, como preconizado por Wolkmer. Não pretendemos desmerecer todo o trabalho bem feito pelo Judiciário, um dos três pilares do Estado moderno, ao lado do Poder Executivo e do Legislativo. O que pretendemos é torná-lo mais célere e eficaz, deixando ao Judiciário apenas as lides, ou seja, casos em que haja pretensão resistida e necessidade de provas, casos mais complexos etc.

A filosofia do acesso à justiça tida como judicial, proveniente do Poder Judiciário, é uma tentativa de adicionar uma dimensão social ao Estado de direito.[35] Dessa forma, a importância dos métodos de solução de litígios inclui o direito de representação e informação dos pobres, de grupos, classes e categorias.[36] Busca-se uma medida que possa atender melhor às necessidades urgentes da era de mudança social em uma velocidade sem precedentes.[37]

Os métodos de resolução de conflitos conhecidos no Brasil como MARC se destinam a acordos, em vez de sentença, ato impositivo, evitando-se um processo mais longo com produção de provas e interposição de recursos.[38] Porém, pode-se questionar se a função desses métodos seria garantir maior legitimidade da jurisdição estatal ou satisfazer os objetivos de redução do Estado.[39] Outra função é baseada em ideias comunitárias, em oposição à distante e formal jurisdição estatal.[40] Também podemos cogitar que não é nenhum desses papéis, mas, sim, o de oferecer métodos mais condizentes com a necessidade de cada caso concre-

---

33. Ibidem, p. 590.
34. Ibidem, p. 591.
35. CAPPELLETTI, op. cit., p. 96.
36. Ibidem, p. 96-97.
37. Ibidem, p. 97.
38. MEIRELLES, op. cit., p. 71.
39. Ibidem, p. 72.
40. Ibidem, p. 73.

to. Para cada conflito, há um método que é o mais adequado, por isso o sistema multiportas é tão necessário.

Há, portanto, diversos outros meios "alternativos" à ideia de justiça única, nos quais se aplica o sistema multiportas. Tais meios são conhecidos internacionalmente como ADR, formas alterativas de resolução de conflitos, numa tradução livre. Neles, se inserem a negociação, a conciliação, a mediação e a arbitragem.

O sistema multiportas pode ser definido como o complexo de opções, envolvendo diferentes métodos, que cada pessoa tem à sua disposição para tentar solucionar um conflito, podendo ser articulado ou não pelo Estado.[41] Marco Antonio Garcia Lopes Lorencini relata o surgimento histórico do conceito multiportas:

> Originalmente, a ideia teria sido exposta em 1976, por ocasião de uma Conferência *(Pound Conference)*, copatrocinada pela *American Bar Association (ABA)*, equivalente à Ordem dos Advogados do Brasil, órgãos oficiais e presidentes de tribunais. A conferência tinha como pano de fundo um discurso proferido 70 anos antes (1906) em um evento da ABA, pelo professor de Harvard, Roscoe Pound, denominada *The Causes of Popular Dissatisfaction with the Administration of Justice*. A Conferência de 1976 foi comandada pelo *Chief Justice* Warren Burger, então presidente da Suprema Corte norte-americana, e contou, entre os palestrantes, com um discurso do Professor Frank E. A. Sander, também de Harvard, intitulado *Varieties of Dispute Processing*. A base do Fórum de Multi portas *(Multidoor courtroom)* e vários aspectos envolvendo a relação entre tribunais e *ADR* foram expostos nessa ocasião. Estava presente naquele pronunciamento a ideia de uma maior integração entre comunidade, agentes econômicos e Estado, assim como a busca do método mais adequado, rejeitando o modelo *one-size-fits-at-all*.[42]

Contudo, a tardia importância do uso de tais métodos pode ser justificada, pois os Estados modernos somente puderam construir sua dominação política a partir da apropriação do poder decisório, constituindo o monopólio jurisdicional. E o uso dos MARC implicaria a redução do papel do Estado na resolução de conflitos.[43] Para o liberalismo econômico, o Estado (especialmente em sua função jurisdicional) revela-se como um obstáculo à livre negociação, fenômeno decorrente do princípio da autonomia da vontade. Isso pode ser verificado quando do fechamento de empresas do ramo automobilístico durante a pandemia da Covid-19, pois a Justiça Trabalhista não permitiu a dispensa de funcionários, mesmo diante da crise econômica.

Em nosso país, ganharam destaque entre os MARC a regulamentação da arbitragem, em que é possível a escolha de qualquer pessoa de confiança das partes (art. 13 da Lei 9.307/96); as Comissões de Conciliação Prévia, órgãos paritários

---

41. LORENCINI, op. cit., p. 58.
42. Ibidem, p. 73.
43. MEIRELLES, op. cit., p. 75.

formados por representantes dos empregadores e dos empregados, instituídos nas sedes das empresas e nos sindicatos (art. 625-A, CLT); e o Movimento pela Conciliação, programa desenvolvido pelo CNJ e abraçado pelo Judiciário brasileiro desde 2006.[44]

Em determinadas situações, os meios de autocomposição são mais indicados, tendo em vista que ninguém melhor do que os próprios envolvidos para chegar a um denominador comum. São as próprias partes, por meio de um facilitador, que poderão decidir o que é melhor para suas vidas. Pretende-se, na já conhecida figura da laranja, não apenas dividir a laranja ao meio, mas verificar o que cada um deseja fazer com a laranja, pois um dos envolvidos pode desejar a casca para fazer uma geleia, ao passo que o outro pode desejar o meio da laranja para fazer um suco. A decisão jurisdicional, nesse caso, poderia resolver o caso concreto, colocando fim à lide, sem, contudo, resolver o conflito de forma mais harmônica e com plena satisfação dos envolvidos.

Em outras situações, os meios heterocompositivos podem ser mais eficazes, valendo-se da arbitragem – meio ainda pouco explorado no Brasil –, ou até mesmo da figura do juiz. Em ambos os casos, há um terceiro que decidirá o caso.

Ainda, temos na esfera extrajudicial, o crescimento de opções à solução de conflitos, como os *sites* Reclame Aqui (privado) e Consumidor.gov (estatal), a conciliação feita nas serventias extrajudiciais – diversos institutos estão sendo destinados a tais serventias, como inventário e partilha, divórcio e separação por escrituras públicas (Lei 11.441/2007) –, a usucapião extrajudicial, o procedimento de retificação administrativa e de alienação fiduciária com notificação do devedor para quitação do *quantum* devido (e consolidação da propriedade em nome do credor, em caso de não pagamento), o reconhecimento de filiação, a alteração de nome e sexo administrativamente etc.

Como se denota, o legislador tem se valido de outras portas para acesso à justiça, sem, no entanto, se olvidar do art. 5º, XXXV, da Constituição Federal, que prevê a inafastabilidade de acesso ao Judiciário.

O sistema multiportas tem ganhado força nos últimos anos no sistema brasileiro de justiça. Não é de hoje que juristas têm defendido seu uso, tal como Garth e Cappelletti, no livro *Acesso à justiça*, no qual abordam as três ondas de acesso à justiça, já aqui estudadas. Kazuo Watanabe também defende a justiça multiportas, bem como a Escola de Negociação de Harvard a estuda há anos.

A escolha pelo sistema multiportas advém da importância de diversificar os meios pelos quais as pessoas podem resolver seus problemas jurídicos

---

44. Ibidem, p. 83.

(muitas vezes, questões familiares, psicológicas, sociais etc.). Com esse sistema, pretende-se a satisfação dos envolvidos com a solução dos conflitos e, também, a desjudicialização ou a extrajudicialização, de modo que o Judiciário possa trabalhar de forma mais célere e eficaz, cumprindo, assim, a efetividade do acesso à justiça. Importante salientar que nem sempre o Judiciário será o órgão mais eficiente para a solução de conflitos. Por vezes, o restabelecimento do diálogo entre os envolvidos pode ser mais importante do que a própria decisão em si, especialmente nos casos em que há entre as pessoas um relacionamento preexistente e que se pretende perpetuar.

Outra vantagem do sistema multiportas é a especialização. Assim, uma agência reguladora pode ser o melhor caminho para se resolver um assunto de sua expertise. Um árbitro qualificado em determinada especialidade pode proferir uma sentença melhor do que um juiz naquele caso concreto. Um registrador de imóveis pode dar uma decisão numa conciliação extrajudicial, cujo objeto seja um conflito imobiliário, melhor do que quem não tem essa especialidade em seu dia a dia profissional. Além disso, a diversidade de acessos pode ensejar trabalhos mais céleres em decisões pontuais e opções a uma ideia de Estado centralizador do acesso à justiça.

Há, no entanto, algumas limitações à justiça multiportas, como a falta de estudos acadêmicos. Ainda é tímido o estudo da disciplina Soluções de Conflitos nas faculdades de Direito, visto que tal disciplina não faz parte do currículo regular. Apenas algumas faculdades de Direito formam profissionais com esses conhecimentos, o que redunda, no mercado de trabalho, no desconhecimento dessas possibilidades (e potencialidades).

A falta de cultura jurídica da população brasileira também é um fator limitante ao acesso à justiça multiportas. Isso porque, desde a égide da Constituição Federal de 1988, a população acostumou-se com a ideia de um Estado superprotetor que lhe garante direitos diversos, como moradia, trabalho, justiça etc., sem, contudo, o sê-lo de forma efetiva. Na busca de seus direitos, as pessoas se socorrem no Judiciário.

A gratuidade da justiça também tem sido uma forma de assoberbar o Judiciário com ações. É evidente que, num primeiro momento (primeira onda de acesso à justiça de Garth e Cappelletti), era mesmo necessária. Porém, no atual estágio em que o Judiciário enfrenta inúmeros problemas de excesso de processos, a mediação e a conciliação tornam-se, cada vez mais, necessárias. É preciso, assim, aparelhar técnica e materialmente outros órgãos, como Incra, agências reguladoras, Procon e Defensorias Públicas, para que possam auxiliar na resolução ou na prevenção de conflitos.

5 • FORMAS DIVERSAS DE SOLUÇÃO DE CONTROVÉRSIAS

Paula Costa e Silva destaca que devem ser tomadas as seguintes iniciativas em prol da desjudicialização: (i) reconsiderar a competência funcional dos tribunais e retê-los para exercer a função constitucional: a função de julgar; (ii) estabelecer um mecanismo forte de prevenção de litígios inúteis; e (iii) buscar soluções alternativas de resolução de conflitos.[45]

Os maiores desafios do sistema multiportas são relacionados à Constituição Federal, que apenas limita o acesso ao Judiciário na Justiça Desportiva. Cabe ao constituinte rever o amplo acesso à justiça jurisdicional a fim de conferir a obrigatoriedade de prévia tentativa de solução de conflitos extraprocessual e, em consequência, menor volume de processos judiciais, com decisões mais especializadas e de melhor qualidade técnica. A justiça reservada ao Estado, como monopólio, típica de Estados autoritários, passa, no Estado liberal, à possibilidade do acordo entre as partes.[46]

Atualmente, vivemos, no Brasil, uma crise de justiça. O CNJ divulga o relatório *Justiça em Números* periodicamente, no qual é possível verificar o número exacerbado de processos.[47] O legislador tem procurado se valer de meios processuais para reduzir o número de ações, sem, contudo, ter o êxito necessário. Aristóteles ensina que as pessoas procuram um juiz, pois acreditam firmemente que, se puderem obter um meio-termo, serão tratadas com justiça. Assim, a justiça é o meio-termo, porque o juiz o é,[48] mas não se esgota nele.

Para alcançar a justiça distributiva consistente com a desejada paz social, o Estado precisa intervir e realizar ações que promovam o desenvolvimento econômico, sendo este um meio pelo qual se busca a superação das desigualdades, a justiça e a consolidação da democracia.[49] Assim, certamente, os números de ações judiciais serão reduzidos.

Os meios adequados[50] consistem em opções além do sistema tradicional de justiça,[51] cuja característica principal é o uso da negociação como instrumento

---

45. COSTA E SILVA, op. cit., 2018, p. 788-789.
46. COSTA E SILVA, op. cit., 2009, p. 38-39.
47. CONSELHO NACIONAL DE JUSTIÇA. *Justiça em números 2021*. Brasília: CNJ, 2021. Disponível em: https://www.cnj.jus.br/wp-content/uploads/2021/10/relatorio-justica-em-numeros2021-081021. pdf. Acesso em: 7 nov. 2021.
48. ARISTÓTELES, op. cit.
49. SALES, Lilia Maia de Morais; CARDOSO, Roberta Teles. A mediação como instrumento da função promocional da responsabilidade civil: uma alternativa para conflitos de natureza extrapatrimonial. *Revista Brasileira de Direito Civil – RBDCivil*, Belo Horizonte, v. 17, p. 103-121, jul./set. 2018.
50. "Assim, como acima já ressaltado, mais do que um meio alternativo à solução dos conflitos, a arbitragem parece se revelar, em muitas situações, um meio mais adequado de solução das controvérsias" (FUX, op. cit., p. 351).
51. SAMPAIO; BRAGA NETO, op. cit., p. 10.

primeiro e natural para solucionar conflitos.[52] Em que pese o uso corrente do vocábulo "alternativo", como opção ao convencional, a mediação e a conciliação integram, hoje, no Brasil, o processo civil (arts. 3º, § 3º, 165 a 175, 319, VII, do CPC), de forma que o próprio Código de Processo Civil não utiliza o termo "alternativo", mas "outros métodos de solução consensual de conflitos" (art. 3º, § 3º, do CPC). Ademais, há atualmente meios necessários e inevitáveis[53] em determinadas situações. Por isso, pode-se afirmar que a heterocomposição dos litígios tem lugar quando uma autocomposição não é frutífera.[54]

Platão pregava o consenso como forma de solução de conflitos, dizendo que podemos ser júri e advogado ao mesmo tempo,[55] ou seja, podemos decidir nossos próprios entraves. Dessa forma, há diferentes métodos que podemos usar para resolver conflitos.[56]

Os diversos meios de resolução de conflitos podem ser enquadrados, se judiciais, como forma de tutela jurisdicional diferenciada, em oposição aos procedimentos clássicos do processo tradicional, e, ainda, estímulo dos juízes e/ou auxiliares do juízo à solução negociada pelas partes.[57] Sob um ângulo menos técnico-processual e mais político-social: uma paulatina redução do intervencionismo estatal, a partir de soluções privadas para os conflitos atuais,[58] atendendo-se ao escopo de pacificação social dos litígios.[59]

Historicamente, atribuiu-se a solução dos conflitos a terceiros, que atuavam como árbitros ou como facilitadores, pessoas reconhecidas pela sociedade, como sacerdote, ancião, cacique, o próprio rei (como Salomão), a fim de evitar a justiça pelas próprias mãos. Portanto, surgiram antes da jurisdição estatal.[60] A presença

---

52. Ibidem, p. 11-12.
53. COSTA E SILVA, op. cit., 2009, p. 36.
54. DUARTE, op. cit., p. 16.
55. "Se lhe fizermos oposição com um discurso paralelo indicando as bênçãos da vida justa e ele, então, replicar e replicarmos, por nossa vez, teremos de computar a avaliar as boas coisas mencionadas dos dois lados, e teríamos de contar com um júri para decidir o caso. Mas se, por outro lado, investigarmos a questão, como temos feito, procurando um consenso mútuo, poderemos ser nós mesmos júri e advogados ao mesmo tempo". Gláucon: "Certamente". Sócrates: "Qual dos métodos preferes?" Gláucon: "O segundo". Tradução nossa. (PLATÃO. A justiça. Tradução e notas: Edson Bini. São Paulo: EDIPRO, 2016, p. 75).
56. "Nossas perspectivas sobre a realidade, portanto, podem ser falsas para as potencialidades que existem. [...] Mas, ao mesmo tempo, devemos reconhecer que, por meio de diferentes atualizações de potencialidade, existem muitas estradas diferentes nas quais podemos viajar, diferentes métodos que podemos usar..." Tradução nossa. (RUMMEL, Rudolph Joseph. The conflict helix. Disponível em: https://www. hawaii.edu/powerkills/NOTE11.HTM. Acesso em: 7 mar. 2021.
57. MEIRELLES, op. cit., p. 2.
58. Ibidem, p. 3.
59. Ibidem, p. 5.
60. GRINOVER, Ada Pellegrini. Os métodos consensuais de solução de conflitos no novo CPC. O novo Código de Processo Civil: questões controvertidas. São Paulo: Atlas; 2015. p. 2.

5 • FORMAS DIVERSAS DE SOLUÇÃO DE CONTROVÉRSIAS

do Estado termina por ser necessária a fim de evitar o estado de guerra, nos dizeres de Locke, e essa é uma grande razão para os homens se colocarem na sociedade e abandonarem o estado de natureza, pois, na presença de uma autoridade, a controvérsia pode ser resolvida por esse poder.[61]

Os Estados modernos somente puderam construir sua dominação política a partir da apropriação do poder decisório, o que explica o monopólio jurisdicional, que tem sido questionado a partir da crise do modelo de *wellfare state* e do ressurgimento do liberalismo econômico como ideologia hegemônica do capitalismo globalizado,[62] a partir do final da década de 1970, quando vários países latino-americanos passaram por um processo de redemocratização, após períodos ditatoriais (entre outros, Brasil – 1964/1984; Argentina – 1966/1973 e 1976/1983; e Chile – 1973/1990), com a incorporação de valores democráticos e políticas sociais, porém com a valorização de um modelo econômico neoliberal.[63]

As narrativas liberais consideram a liberdade humana como seu primeiro valor. Afirmam que toda autoridade se origina, em última análise, do livre-arbítrio dos seres humanos individuais, manifestado em seus sentimentos, desejos e escolhas. Em nível pessoal, o liberalismo encoraja as pessoas a ouvir suas próprias vozes, ser leais a si mesmas e seguir seus próprios corações, contanto que não infrinjam a liberdade dos outros. O uso de métodos além de Judiciário reforça esse argumento.[64]

Os processualistas costumam compreender a jurisdição como um poder ou função exercido pelo Estado de aplicação do direito ao caso concreto.[65] Entretanto, o Estado pode ser considerado, em determinados casos, um obstáculo à livre negociação derivada da autonomia da vontade.[66] Assim, o conceito de jurisdição foi deslocado da atuação estatal para a aplicação do direito ao caso concreto, passando a ser mais relevante para a definição do instituto a sua natureza, e não quem o exerce.[67] A partir da égide da Lei 9.307/96, a atividade do árbitro equiparou-se à do juiz, e a sentença arbitral à sentença judicial,[68] reconhecendo-se a atividade jurisdicional à arbitragem, sem que lhe sejam aplicadas, necessariamente,

---

61. LOCKE, John. *Second Treatise of Government*. Disponível em: https://english.hku.hk/staff/kjohnson/PDF/LockeJohnSECONDTREATISE1690.pdf. Acesso em: 22 jun. 2021.
62. MEIRELLES, op. cit., p. 6.
63. Ibidem, p. 9-10.
64. HARARI, op. cit., 2018, p. 69.
65. GUERRERO, Luis Fernando. Conciliação e mediação – novo CPC e leis específicas. *Revista de Arbitragem e Mediação*, v. 41, abr-jun 2014. Disponível em: https://edisciplinas.usp.br/pluginfile.php/4557180/mod_resource/content/0/Concilia%C3%A7%C3%A3o%20e%20media%C3%A7%C3%A3o-%20Luis%20Fernando%20Guerrero.pdf. Acesso em: 24 jun. 2021.
66. MEIRELLES, op. cit., p. 8.
67. GUERRERO, op. cit., p. 2.
68. Ibidem, p. 2.

as normas processuais, pois tais regras são as estabelecidas pelas partes ou em regulamentos de instituições de arbitragem. Em outras palavras, é vontade das partes, que pressupõe um mínimo de confiança entre elas, já que todos têm um objetivo comum, que é a busca da verdade,[69] que escolhe os árbitros e a lei a ser aplicada, mas não interfere no modo de decisão.[70]

No Brasil, a Constituição Federal de 1824 prestigiava outros métodos de resolução de conflitos. Mas, após a Constituição Federal de 1988, com a Lei dos Juizados Especiais (Lei 9.099/95), enfatizou-se a conciliação praticada por terceiros facilitadores, e não mais apenas pelo juiz.[71] O Código de 1973, no seu art. 331, já previa uma audiência única, com tentativa de conciliação e a instrução e julgamento da causa. Porém, a tentativa de conciliação conduzida pelo juiz limitava-se a perguntar se havia possibilidade de acordo. Diante de resposta negativa das partes, dava-se início à instrução.[72] O atual Código prevê uma audiência própria e autônoma, destinada à tentativa de conciliação/mediação, anterior à apresentação da contestação pelo réu (art. 335, I) e ao saneamento do processo (que poderá ser feito em audiência, conforme previsto no art. 357, § 3º).[73]

Com a Resolução 125/2010 do CNJ, idealizada pelo Professor Kazuo Watanabe, focou-se: (i) no acesso à justiça como acesso à ordem jurídica justa; (ii) na mudança de mentalidade dos operadores do direito e da própria comunidade quanto à utilização de métodos consensuais de solução de conflitos; e (iii) na qualidade do serviço prestado pelos terceiros facilitadores, com a adequada capacitação.[74]

Para implementação do quanto pretendido, faz-se necessária uma releitura do art. 5º, XXXV, da Constituição Federal, pois por acesso ao Poder Judiciário deve-se entender acesso à justiça e aos meios adequados de solução de conflitos, conforme abordado na Exposição de Motivos da Resolução 125/2010 do CNJ,[75] sendo o principal fundamento da justiça conciliativa a pacificação. Há, assim, para cada conflito, um meio adequado de solução que, dependendo do caso, pode ser a justiça estatal ou outros métodos.[76]

---

69. WALD, Arnoldo. O espírito da arbitragem. *Revista do Instituto dos Advogados de São Paulo*, n. 23, p. 28, 2009.
70. Ibidem, p. 26.
71. LAGRASTA, Valeria Ferioli. O novo paradigma de solução dos conflitos: juízes e advogados estão preparados? *Processo em jornadas. XI Jornadas brasileiras de direito processual. XXV Jornadas Ibero-americanas de direito processual*. Salvador: Juspodivm, 2016. p. 987-999.
72. GRINOVER, op. cit., p. 16.
73. Ibidem, p. 17.
74. LAGRASTA, op. cit., p. 988.
75. GRINOVER, op. cit., p. 3.
76. Ibidem, p. 3.

5 • FORMAS DIVERSAS DE SOLUÇÃO DE CONTROVÉRSIAS

A decisão pode ser imposta, como no processo judicial e na arbitragem, havendo um que perde e um que ganha.[77] Na autocomposição, as próprias partes, por intermédio de um terceiro facilitador, podem chegar a um acordo.[78] Na conciliação, o terceiro facilitador interfere de forma mais direta na solução do conflito, auxiliando as partes. Para tanto, chega a sugerir opções de solução para o conflito, sendo útil para a solução rápida e objetiva de problemas superficiais que não envolvem relacionamento entre as partes.[79] Somente conflitos transacionáveis podem ser submetidos à justiça conciliativa, pois, para conflitos complexos, que dependam de perícia ou do exame aprofundado da matéria de direito, o processo estatal é indicado.[80]

Na mediação, o mediador apenas facilita o diálogo entre as partes, permitindo que elas encontrem as causas do conflito, removam-nas e, por elas mesmas, cheguem a uma solução.[81] Ainda, pode-se dizer mediação avaliativa, que objetiva acordo, que é sinônimo da conciliação, e mediação facilitadora,[82] que é próxima à mediação como conhecemos no Brasil. A conciliação se relaciona mais com conflitos unidimensionais, ou seja, interesses pontuais das partes, sem carga emocional envolvida, enquanto a mediação se conecta a conflitos multidimensionais, que envolvem interesses e valores inter-relacionados.[83]

A mediação é um processo cooperativo que leva em conta as emoções, as dificuldades de comunicação e a necessidade de equilíbrio e respeito, o que exige que os participantes sejam plenamente capazes de decidir, pautando-se o processo na livre manifestação da vontade dos participantes, na boa-fé e na livre escolha do mediador.[84] O objetivo do mediador não é obter um acordo, mas restabelecer o diálogo entre as partes. Assim, a mediação relaciona-se às disciplinas da psicologia, da assistência social, da assessoria, do direito e a outros serviços do campo das relações humanas, portanto, é interdisciplinar.[85] Pode a mediação se valer também da comediação ou da conciliação conjunta, previstas no art. 15 da Lei de Mediação, indicadas para matérias interdisciplinares, como nos casos de direito de família ou conflitos agrários.[86]

---

77. Ibidem, p. 3.
78. Ibidem, p. 2.
79. Ibidem, p. 4.
80. Ibidem, p. 3.
81. LAGRASTA, op. cit., p. 988.
82. GUERRERO, op. cit., p. 5.
83. Ibidem, p. 5.
84. GRINOVER, op. cit., p. 4.
85. Ibidem, p. 4.
86. Ibidem, p. 12.

Portanto, na mediação avaliativa, questões conflitantes são analisadas, o que geralmente envolve análise prévia de documentos e relatórios apresentados pelas partes, reuniões conjuntas e reuniões privadas. Em seguida, o mediador inicia o diálogo com referência a julgamentos anteriores, condições de mercado e sua experiência pessoal.[87]

Nos Estados Unidos da América, a conciliação, como técnica de solução de conflitos, vem sendo absorvida pela mediação. Na França e na Itália, o termo "conciliação" é utilizado mais amplamente, englobando a mediação.[88]

Importante ressaltar que, em caso de flagrante disparidade de forças, o acordo pode se revelar altamente prejudicial para o hipossuficiente.[89] Portanto, deve o facilitador estar atento a essa questão. E se o conciliador/mediador perceber dificuldades intransponíveis para superar o desequilíbrio, deverá interromper o processo consensual.[90] Nesse sentido, a Lei de Mediação prevê a necessidade da presença do advogado ou do defensor na mediação judicial, salvo os Juizados Especiais (art. 26). Já na mediação extrajudicial, a presença do advogado é facultativa, mas, se uma das partes estiver acompanhada de advogado ou defensor, o procedimento deverá ser interrompido até a parte desacompanhada ser assistida (art. 10 e parágrafo único).[91]

Como se nota, os diferentes métodos de solução de conflitos se fazem necessários, pois para cada tipo de conflito há um procedimento mais adequado a ser seguido. A legislação brasileira já deu o primeiro passo ao dispor sobre a possibilidade e preferência pelo uso de mediação e conciliação em determinados casos, porém é preciso que haja mudança de mentalidade dos profissionais do direito e dos cidadãos, visto que estes podem resolver seus conflitos, inclusive fora do Judiciário, com a utilização dos métodos consensuais de solução de conflitos, que permitem uma solução célere, justa e efetiva, cabendo, ainda, esclarecimento aos juízes de que tais métodos consensuais de solução de conflitos têm por objetivo a pacificação social e o acesso à justiça, e não a diminuição de processos.[92]

Os objetivos da mediação são a retomada da comunicação, a possibilidade de manter relacionamentos em bases satisfatórias (se tal manutenção for necessária e/ou desejada), a prevenção de conflitos, a integração cívica e a paz social. Na

---

87. SALES; CARDOSO, op. cit., p. 116.
88. GRINOVER, op. cit., p. 5.
89. MEIRELLES, op. cit., p. 9.
90. GRINOVER, op. cit., p. 5.
91. Ibidem, p. 21.
92. LAGRASTA, op. cit., p. 999.

mediação transformadora, o objetivo é promover o empoderamento, a prevenção de conflitos, a tolerância cívica e a estabilidade social.[93]

Atualmente, os juízes não exigem prova concreta para provar que as partes estão tentando resolver os conflitos de uma forma diferente da resolução proposta pelo tribunal.[94]

Quando a relação não é equilibrada, de fato, a intervenção de um juiz pode revelar-se a mais óbvia. Mas não se pode negar a autoindulgência daqueles que estão mais dispostos a dar a solução do problema para outra pessoa, ou seja, o Estado. Estereótipos à parte, essa postura está de acordo com o modelo paternalista da relação entre os cidadãos e o Estado, o que significa que os métodos de resolução de disputas que não sejam decisões judiciais não foram desenvolvidos de forma satisfatória.[95]

O movimento ADR enfatiza até coisas intuitivas: a resolução de disputas pode ser obtida fora do contexto do Judiciário e geralmente não depende dele. Além dessa tendência de valorizar a participação da sociedade civil, há quem tenha visto a dedicação dos agentes econômicos ao movimento ADR como uma forma de resolver disputas de maneira mais rápida e barata, boa para o mundo dos negócios.[96]

Como a mediação, a conciliação é um método que foca em restabelecer o diálogo entre os participantes para que eles vejam por si próprios outros aspectos do impasse e cheguem a uma solução.[97]

A arbitragem, por outro lado, encontra-se no outro extremo: consiste em duas ou mais partes que encarregam um terceiro imparcial – uma pessoa ou várias pessoas reunidas em um órgão colegiado (grupo) – para tomar uma decisão sobre a disputa.[98]

Não sem razão, a arbitragem é o mecanismo preferido pela comunidade empresarial. Com ele, as partes podem coordenar a forma de solução de controvérsias de acordo com suas necessidades, incluindo a seleção de árbitros, no caso de controvérsias comerciais, o que significa intermediar e entender o funcionamento do mundo.[99]

---

93. TARTUCE, Fernanda. *Mediação nos conflitos civis.* 2. ed. rev., atual. e ampl. Rio de Janeiro: Forense; São Paulo: Método, 2015. p. 229.
94. LORENCINI, op. cit., p. 59.
95. Ibidem, p. 59-60.
96. Ibidem, p. 60-61.
97. Ibidem, p. 61-62.
98. Ibidem, p. 63.
99. Ibidem, p. 64.

A escolha da arbitragem deve-se à sua confidencialidade, liberdade de escolha dos árbitros e flexibilidade nas regras que envolvem a coleta de provas, além de levar em consideração sua estrutura processual, que tende a ser mais rápida do que as decisões judiciais.[100]

No Brasil, a arbitragem aprovada pela Lei 9.307/96 recebeu um grande impulso. Firmou-se no Brasil, especialmente, para dirimir conflitos comerciais de grande valor, embora sua aplicação em outras áreas não seja proibida.[101]

Na realidade norte-americana, a avaliação de terceiros neutros é um método de solução de controvérsias. Nesse método, após a análise do caso, outras pessoas – que não o juiz – podem não apenas acessar os documentos, mas também entrevistar as partes e seus advogados, coletar e persuadir, e expressar suas opiniões razoáveis. A decisão é oral e geralmente não vincula ambas as partes. Portanto, não é incomum que um terceiro neutro auxilie na mediação ou na conciliação em tribunal, razão pela qual não é considerada uma técnica isolada, pois as opiniões por ela expressas são o ponto de partida para as partes decidirem por conta própria.[102]

Em alguns tribunais estaduais nos Estados Unidos, as partes podem nomear uma pessoa como tomador de decisões, árbitro ou mediador do caso por meio de acordo mútuo. Quando convocado na qualidade de juiz, aplica as leis materiais e processuais do caso concreto. Exceto pelo uso da força, seus poderes para dirigir os procedimentos são semelhantes aos poderes dos juízes estaduais. Sua decisão geralmente é vinculativa.[103] No direito norte-americano, existe um sistema de precedentes judiciais, ou seja, o julgamento do tribunal é baseado em casos iguais ou semelhantes anteriormente julgados. Esse sistema reflete uma crítica quanto ao sigilo das decisões, pois contraria a divulgação de precedentes do sistema da *commom law*.[104]

No processo de mediação, as partes revelam fatos que nem sempre revelarão às pessoas que vão julgar seus processos, de modo que o acúmulo de funções de terceiros pode afetar seu trabalho como mediadores. Portanto, nomear pessoas diferentes para conduzir a arbitragem é uma tendência, especialmente considerando que é difícil recrutar pessoas com excelentes qualidades de mediador e árbitro. Tentar coordenar a flexibilidade da mediação com o propósito da arbitragem é um desafio.[105]

---

100. Ibidem, p. 64.
101. Ibidem, p. 64.
102. Ibidem, p. 65.
103. Ibidem, p. 66-67.
104. Ibidem, p. 67.
105. Ibidem, p. 68.

5 • FORMAS DIVERSAS DE SOLUÇÃO DE CONTROVÉRSIAS

Ainda, quanto a formas diversas, para evitar o inconveniente da pré-mediação, existe o arb-med, excelente processo contratual a partir da arbitragem. Uma vez tomada a decisão, seu conteúdo não será tornado público até o final da mediação. Se a conclusão for bem-sucedida, o resultado da arbitragem não será divulgado. Se a negociação falhar, uma decisão arbitral será anunciada. Por meio dessa inversão, o objetivo é eliminar a inconveniência de árbitros atuando perante mediadores.[106]

Além disso, no caso de maior complexidade técnica, a arbitragem pode revelar-se o foro mais adequado para a solução de controvérsias, tendo em vista a falta de capacidade técnica institucional do Poder Judiciário em determinadas questões.[107]

Pode-se considerar que, quando uma pessoa enfrenta um conflito, existem muitas opções para tentar resolvê-lo. Pode-se ir diretamente procurar a outra parte e tentar negociar um impasse sem nenhuma intervenção, mas também se pode procurar um terceiro que propõe diferentes soluções existentes (mediação, arbitragem etc.). Pode-se, ainda, procurar um ente estatal.[108]

Os procedimentos judiciais levam tempo, têm custos econômicos e consomem as emoções de todas as partes. O processo judicial é público, o que facilita a obtenção e a revisão de precedentes. Por sua vez, os demais métodos são geralmente confidenciais. Assim, escolher o meio adequado pode estar relacionado ao valor de confidencialidade e à capacidade de um método de criar um precedente, enquanto o outro não. Portanto, a escolha do método mais adequado decorre da comparação entre eles, pois cada método tem características próprias.[109]

Por fim, conflitos envolvendo políticas públicas, tais como conflitos envolvendo política urbana, meio ambiente, desigualdade e até mesmo desvios de conduta na administração pública, podem utilizar métodos diversos ainda no curso de sua implementação, mesmo com a instauração de processos judiciais.[110]

O modelo multiportas é democrático e participativo por natureza. Começa com a ideia de que o empoderamento e a cidadania devem ser os principais atores na resolução do conflito. No contencioso cível tradicional, a parte é um sujeito passivo. De modo geral, se comunica em petições por meio de seu advogado. No modo multiportas, tem a oportunidade de falar diretamente, expondo preocupações, objetivos e interesses para que possa construir soluções diretamente. A

---

106. Ibidem, p. 68.
107. FUX, op. cit., p. 349.
108. LORENCINI, op. cit., p. 72.
109. Ibidem, p. 77.
110. Ibidem, p. 72.

adoção desse modelo é uma mudança na lógica tradicional,[111] mas persistem os seguintes desafios no modelo multiportas: ordem estrutural, educação e cultura.[112]

Assim, várias são as formas de resolução de conflitos enunciados como portas nos Estados Unidos. Seu uso no Brasil pode significar grande avanço na justiça brasileira,[113] e a cada um de seus sistemas.

Das formas de resolução de conflitos, passaremos à análise mais pormenorizada da medição e da conciliação.

5.1 MEDIAÇÃO

Os conflitos são inerentes às relações humanas. Portanto, cabe a percepção do conflito de forma positiva, resultando em desenvolvimento das relações e, em consequência, da sociedade.

Segundo Fernanda Tartuce, conflito é sinônimo de embate, oposição, pendência, pleito.[114] O conflito percorre um ciclo e não ocorre da noite para o dia.[115] Esse ciclo tem início no conflito latente, passando à iniciação; após, à busca de equilíbrio do poder; por fim, à ruptura do equilíbrio.[116] Na primeira fase, o conflito já está presente, porém ainda não houve manifestação por mudanças. A segunda fase ocorre com a contraposição de uma vontade à outra. Em seguida, há a busca de equilíbrio do poder, na qual as partes começam a tomar atitudes. Havendo ruptura do equilíbrio, haverá mudança em favor de uma das partes e em detrimento da outra.

A mediação é um método de solução de conflitos baseado mais em interesses dos envolvidos do que direitos em si. Sua característica fundamental é o controle do procedimento pelas próprias pessoas envolvidas no conflito. Por isso, considera-se que têm o poder da decisão, sendo comum utilizar a palavra *empowerment*, em inglês, para se referir a esse empoderamento dos envolvidos. A busca da solução é feita pelos próprios conflitantes, porém há o auxílio de um terceiro imparcial, chamado de facilitador. A ideia é a possibilidade de o ser humano resolver os conflitos pacificamente. A legitimidade da autoridade é conferida, portanto, pelo interesse próprio das partes.[117]

---

111. LESSA NETO, João Luiz. O Novo CPC adotou o modelo multiportas!!! E agora?! *Revista de Processo*, v. 244, p. 427-441, Jun. 2015.

112. Ibidem.

113. SALES; SOUSA, op. cit., p. 205.

114. TARTUCE, op. cit., p. 3.

115. SAMPAIO; BRAGA NETO, op. cit., p. 34-35.

116. Ibidem, p. 34-35.

117. Segundo Max Weber, a legitimidade da autoridade pode ser garantida das seguintes formas: "I. Em uma base puramente subjetiva, ou seja, que se deve a: 1) aceitação meramente afetiva ou emocional; 2) provir

5 • FORMAS DIVERSAS DE SOLUÇÃO DE CONTROVÉRSIAS

O mediador deve ter conhecimento e treinamento, além das seguintes habilidades: cognição, que se refere à forma como as pessoas estão cientes do conflito; *insight*, que ajudará a perceber os verdadeiros interesses das partes ou do próprio mediador; emocional, que envolve um conjunto de estímulos emocionais necessários ao diálogo; comunicação, que se refere ao método de transmissão de um conjunto de mensagens esperadas; criatividade, ou capacidade de formular resoluções de conflito; transação, uso de métodos de transação; e pensamento crítico, para ajudar as partes a escolher uma solução para o problema. Tudo deve ser feito em ambiente informal e descontraído, usando linguagem simples e de fácil compreensão.[118]

No Brasil, a mediação foi regulamentada em todo o país na Carta Constitucional Imperial de 1824, reconhecendo os juízes da paz em face do desenvolvimento do processo. Mais recentemente, a Resolução 125/2010 do CNJ foi um marco na mediação do país, estabelecendo uma política nacional de mediação e de conciliação de modo a permitir ao Judiciário incorporar esses métodos e disponibilizá-los diretamente à população como forma de solucionar problemas. Essa resolução estipula que cada tribunal deve ter duas instituições: (i) núcleo permanente do método consensual de resolução de conflitos, responsável por promover o método consensual no tribunal, formular políticas internas, revisar a qualificação da equipe técnica e ampliar a proposta; (ii) e os centros de resolução de conflitos do Judiciário, que devem servir como salas de reunião para a gestão adequada de conflitos.

A partir da promulgação da Lei 13.105/2015 (Novo Código de Processo Civil), os mediadores ou conciliadores devem cumprir os requisitos mínimos de formação em cursos oferecidos por entidade credenciada, de acordo com os parâmetros de curso definidos pelo CNJ. Depois disso, o mediador ou conciliador pode requerer o cadastro no cadastro nacional dos tribunais de justiça ou tribunais regionais federais (art. 167 do CPC).

Atualmente, não é possível a oposição de juízes aos métodos autocompositivos por questões culturais, pois tais argumentos são *contra legem*.[119] A visão errada de que a função de mediação não é tão nobre quanto a função de sentença

---

de uma crença racional na validade absoluta da autoridade como uma expressão de valores últimos obrigatórios, sejam éticos, estéticos ou de qualquer outro tipo; 3) originar-se em atitudes religiosas, isto é, guiada pela crença de que a salvação depende da obediência à autoridade. II. A legitimidade da autoridade pode ser garantida também pelo interesse próprio, na expectativa de consequências específicas de uma espécie de particular". (WEBER, Max. *Conceitos básicos de sociologia*. Trad.: Rubens Eduardo Ferreira Frias e Gerard Georges Delaunay. São Paulo: Centauro, 2002, p. 57).

118. CABRAL; CUNHA, op. cit., p. 729.

119. TOFFOLI; PERES, op. cit., p. 45.

do juiz – a chamada cultura da sentença, segundo Kazuo Watanabe,[120] não tem mais vez.

Com a promulgação da Lei 13.140/2015, a mediação ganhou o devido estatuto legal no Brasil. A lei introduziu a mediação entre particulares como meio de resolução de conflitos e autorresolução de conflitos no âmbito da administração pública e prevê a possibilidade de mediação judicial (arts. 11 a 13) e extrajudicial (arts. 9 e 10).

O mediador judicial, de acordo com o art. 11 da Lei da Mediação, pode ser quem tenha se formado em instituição reconhecida pelo Ministério da Educação há pelo menos dois anos e tenha recebido formação em escola ou instituição. Os requisitos mínimos são estabelecidos em conjunto pelo Ministério da Justiça.

No âmbito dos serviços extrajudiciais, alguns estados regulamentaram a possibilidade de mediação e conciliação em serviços extrajudiciais, como a Portaria do Estado do Acre 18/2016. O Tribunal de São Paulo tentou resolver a questão no Provimento 13/2014.

A Lei 13.140/2015 dispõe claramente que se aplica à mediação em serviços extrajudiciais, desde que no seu âmbito de competência (art. 42). Na Consulta 0003416-44.2016.2.00.0000, o CNJ recomendou a constituição de um grupo de trabalho para a elaboração de um estudo nacional para fiscalizar a forma de resolução de conflitos nos serviços extrajudiciais. Posteriormente, o CNJ emitiu o Provimento 67/2018, que estipula procedimentos de mediação e conciliação em serviços notariais e de registro no Brasil, visando organizar e regulamentar as regras e os procedimentos relativos aos serviços extrajudiciais.

De acordo com o art. 2º da Lei 13.140/2015, a mediação tem os seguintes princípios: imparcialidade do mediador, igualdade entre as partes, oralidade, informalidade, autonomia da vontade das partes, busca de consenso, confidencialidade e boa-fé. Quanto aos princípios regentes da mediação judicial, o art. 166 do Código de Processo Civil estipula os seguintes: independência, imparcialidade, autonomia de vontade, confidencialidade, oralidade, informalidade e decisão informada. Do ponto de vista da informalidade, os procedimentos ou métodos que o mediador deve seguir não são rígidos. No entanto, este deve promover a comunicação entre todas as partes para buscar o consenso e respeitar sua vontade de autonomia.

Portanto, os princípios norteadores da mediação são: (i) autonomia da vontade das partes, que significa garantir que as partes tenham o direito de escolher os procedimentos e, sabendo dessa possibilidade, administrar o conflito da

---

120. WATANABE, op. cit., 2005, p. 686-687.

5 • FORMAS DIVERSAS DE SOLUÇÃO DE CONTROVÉRSIAS   125

maneira que quiserem, estabelecendo procedimentos diferenciados no processo e tomando suas próprias decisões durante ou no final; e (ii) imparcialidade, de modo que o mediador é obrigado a tentar entender a situação real do mediador sem interferência de qualquer preconceito ou mesmo de valores pessoais.

Outros princípios importantes de mediação incluem: (i) princípio de confidencialidade, em que a informação contida na comunicação durante a reunião é confidencial e não pode ser divulgada fora do processo, nem pode ser usada como prova para o julgamento final do caso ou em outro processo legal ou em procedimentos; (ii) princípio da neutralidade, em que o mediador não tem laços sociais com nenhuma das partes; (iii) princípio da voluntariedade, que estipula que a mediação só deve ser realizada se as partes concordarem voluntariamente com o processo; (iv) princípio de conscientização do processo e tomada de decisão informada, que tem relação com a autonomia das partes, porque estas devem compreender claramente os fatos em que se encontram, seus direitos e as consequências de sua participação no processo de auto-organização; e (v) princípio da simplicidade, que implica redução da burocracia formal e uso de comportamentos que não prejudiquem o objetivo almejado. O objetivo é tornar o procedimento mais simples e abrangente.

A manutenção do equilíbrio de poder entre as partes depende do mediador. Deve-se mencionar também que o objetivo da mediação não é induzir ninguém a chegar a um acordo insatisfatório, mas satisfazer os interesses das partes, e não fornecer provas ou documentos legais. É importante dizer a ambas as partes que o mediador não é um juiz, portanto não fará um julgamento a favor de nenhuma das partes. Quando duas pessoas se reúnem para se comunicar, cada uma tem um motivo para fazê-lo, e o mediador deve saber o motivo e encontrar uma forma de conectar os dois. A base para encontrar um terreno comum é saber como tornar a interação benéfica para ambas as partes.[121]

Mesmo que um advogado esteja presente, as partes devem permanecer envolvidas na resolução. Os advogados devem apenas auxiliar seus clientes e garantir que seus direitos sejam respeitados. O papel dos advogados na sociedade moderna deve ser consistente com o desenvolvimento da ciência e da tecnologia e com o rápido desenvolvimento de métodos e tecnologias de comunicação para atender os interesses dos clientes. Como especialistas jurídicos em mediação, o papel dos advogados na mediação é orientar as partes quanto aos procedimentos e vantagens da mediação para a solução de controvérsias. Portanto, um advogado com essa nova visão deve reexaminar a postura combativa e esclarecer seu cliente

---

121. MAXWELL, John C. *Todos se comunicam. Poucos se conectam.* Rio de Janeiro: Thomas Nelson Brasil, 2010. p. 139.

sobre questões jurídicas. Assim, na mediação, os advogados são responsáveis por esclarecer dúvidas sobre os direitos e obrigações do mediador, especialmente questões técnicas, como os aspectos jurídicos dos contratos, e prestar os esclarecimentos necessários e eventuais pareceres jurídicos sobre essas questões.

O trabalho do advogado pode até começar antes da escolha do método, pois as pessoas ainda se pautam pelo contencioso, mas vivemos uma era de mudança cultural na resolução de conflitos, cabendo aos advogados esclarecer como funcionam a mediação e os benefícios da mediação. Sendo o advogado o primeiro a contatar o cliente, deve avaliar previamente se a mediação é uma via viável para determinado caso. Por um lado, a mediação não parece eliminar o trabalho dos advogados; por outro, as opções de mediação podem representar a estratégia de escolha da solução mais vantajosa, seja pela rapidez, custo etc.

Escolhida a mediação, permanece a importância do advogado durante a reunião ou audiência. No processo civil, o Código de Processo Civil prevê que, na audiência de mediação, as partes sejam acompanhadas pelos seus advogados ou defensores. Portanto, a atuação do advogado na mediação deve ser incentivada pelos próprios mediadores, principalmente na fase final do procedimento, ou seja, na construção de consenso, que pode ser abreviar um processo judicial, a partir de um acordo homologado.

A única possibilidade de resolver o problema é os envolvidos entenderem que suas opiniões são corretas e deverão ter alguma vantagem.[122] Por isso, a mediação bem-sucedida geralmente termina com um acordo que satisfaça ambas as partes. No final da mediação, o mediador redigirá os termos finais, que podem ser os termos do acordo. A Lei 13.140/2015 também estipula que a mediação tem a natureza de força executiva extrajudicial e, após homologação do juiz, constitui instrumento de execução judicial.

5.2 CONCILIAÇÃO

O art. 161 da Constituição Imperial de 1824 afirmava que, se não fosse demonstrado que o método de reconciliação foi tentado, nenhum processo seria iniciado. Por sua vez, o art. 162 afirmava que haveria um juiz de paz para tal fim.[123]

---

122. SALES, Lilia Maia de Morais. Técnicas de mediação de conflitos e técnicas da reformulação – Novo paradigma e nova formação para os profissionais do direito. *Novos Estudos Jurídicos*, v. 21, n. 3, p. 948, 2016.

123. Art. 161. Sem se fazer constar, que se tem intentado o meio da reconciliação, não se começará Processo algum.

Art. 162. Para este fim haverá juizes de Paz, os quaes serão electivos pelo mesmo tempo, e maneira, por que se elegem os Vereadores das Camaras. Suas attribuições, e Districtos serão regulados por Lei.

O art. 98, II, da atual Constituição Federal prevê o poder de mediação dos juízes de paz, sem caráter de jurisdição. No entanto, ainda não há a organização desses serviços pelas unidades da Federação.[124]

A conciliação é outro método de resolução de conflitos. Difere da mediação porque tem por finalidade resolver conflitos em que não há relação significativa entre as duas partes no passado ou no futuro; há uma relação pontual, e o conflito tem início nessa relação. Portanto, as partes estão mais dispostas a buscar um acordo imediato para encerrar a disputa ou o processo legal.[125] A ajuda de um terceiro imparcial ou neutro e independente deverá encorajar o diálogo entre os conciliandos. O conciliador é apenas o facilitador do diálogo e deve agir de forma neutra, pois a solução final é fornecida pelas próprias partes. No entanto, o conciliador pode estruturar uma proposta que nenhuma das partes seria capaz de apresentar por conta própria.[126]

Como vimos, é extremamente importante lidar adequadamente com os conflitos antes de judicializá-los. A correta escolha do método pode fazer nascer uma cultura da paz, reduzindo os conflitos judiciais e efetivamente a cultura da sentença.[127]

5.3 FORMAS DIVERSAS DE SOLUÇÃO DE CONTROVÉRSIAS E AS NOVAS TECNOLOGIAS

A mediação, a conciliação e a arbitragem são formas de resolução de conflitos ao lado à do Poder Judiciário, que é protagonista da cena jurídica[128] brasileira.

Tais formas adequadas têm vantagens sobre os processos judiciais, dentre as quais: as empresas tecnológicas utilizam termos complexos e extremamente técnicos – os juízes têm dificuldade para interpretar esses contratos, ao passo que um *expert* compreenderá tais termos; saber qual é a lei aplicável e a jurisdição competente nem sempre é fácil; os custos dos processos judiciais, em geral, são elevados, e os processos, mais demorados;[129] por fim, tem sido grande e crescente a exigência de justiça conciliativa nas sociedades de economia avançada.[130]

---

124. WATANABE, op. cit., 2005, p. 686.
125. SAMPAIO; BRAGA NETO, op. cit., p. 20-21.
126. GOLDBERG; GREEN; SANDER, op. cit., p. 70.
127. WATANABE, op. cit., 2018, p. 837.
128. "[...] por conta dessa (equivocada) percepção, a justiça oficial tem protagonizado a cena jurídica como primeira oferta, ficando os outros meios, órgãos e agentes, não estatais, como coadjuvantes" (MANCUSO, op. cit., p. 155).
129. POYO, op. cit., p. 5.
130. CAPPELLETTI, op. cit., p. 784.

A mediação e a conciliação têm como característica principal o diálogo. Assim, enxergando no outro um ser humano, a negociação é facilitada e pode gerar uma solução consensual que contribui para a paz social.[131]

Ressalta-se, conforme já analisado, que a mediação não se confunde com a conciliação por estarem as partes envolvidas, na primeira, em uma relação anterior, ao passo que, na segunda, não há essa relação prévia, como em uma questão indenizatória. A mediação gira em torno da intervenção de um profissional neutro, que facilita a resolução do conflito pelas próprias partes, de forma equitativa, permitindo a manutenção das relações.[132]

A mediação já era usada em nosso país, mas, após a vigência da Lei 13.140/2015 e do Código de Processo Civil (Lei 13.105/2015), que também privilegiou os métodos de solução de conflitos no § 3º do seu art. 3º,[133] foi estimulada. O CNJ tratou da questão na Resolução 125/2010, que dispõe sobre a Política Judiciária Nacional de tratamento adequado dos conflitos de interesses no âmbito do Poder Judiciário.[134]

Além da arbitragem, da mediação e da conciliação presenciais, pode-se buscar, de forma criativa, extrair da experiência estrangeira novas tecnologias que sejam úteis ao processo brasileiro.[135] O uso das novas tecnologias na solução de conflitos tem por fim facilitar o contato entre as partes e o mediador, assim como a realização de um procedimento ágil em que não seja necessária a presença física das partes.

Atento a isso, o legislador da Lei 13.140/2015 dispôs que a mediação poderá ser feita pela internet ou por outro meio de comunicação que permita a transação à distância, desde que as partes estejam de acordo (art. 46). E, ainda, no parágrafo único do art. 46, faculta à parte domiciliada no exterior submeter-se à mediação segundo as regras estabelecidas nessa lei.

A legislação brasileira seguiu a tendência de outros países, ao se adaptar ao uso de novas tecnologias na solução consensual de conflitos, como a da Espanha, que, na Exposição de Motivos da Ley 5/2012, menciona que uma das funções essenciais do Estado de direito é a garantia da tutela judicial dos direitos dos

---

131. LÓPEZ, Adriana Patricia Arboleda. Conciliación interdisciplinaria virtual. *Revista Lasallista de Investigación*, v. 12, n. 2. p. 90, 2015.

132. Disponível em: https://www.boe.es/buscar/pdf/2012/BOE-A-2012-9112-consolidado.pdf. Acesso em: 16 jun. 2021.

133. § 3º A conciliação, a mediação e outros métodos de solução consensual de conflitos deverão ser estimulados por juízes, advogados, defensores públicos e membros do Ministério Público, inclusive no curso do processo judicial.

134. Disponível em: https://www.cnj.jus.br/wp-content/uploads/2011/02/Resolucao_n_125-GP.pdf. Acesso em: 16 jun. 2021.

135. CABRAL; CUNHA, op. cit., p. 740.

5 • FORMAS DIVERSAS DE SOLUÇÃO DE CONTROVÉRSIAS | **129**

cidadãos e essa função implica a implantação de uma justiça de qualidade capaz de resolver os conflitos da sociedade moderna e complexa. E, no art. 24,[136] prevê sessões de mediação por meios eletrônicos, videoconferência ou outros meios análogos de transmissão de voz e imagem, dando-se preferência à mediação por meios eletrônicos a reclamações de menos de 600 euros.

Além da possibilidade de as sessões ocorrerem de forma remota, os documentos podem ser assinados eletronicamente e tornarem-se eletrônicos, nos termos da Lei 59/2003, da Espanha.[137] Porém, há limitações que não podem ser descuidadas, como a validade jurídica dos atos, as consequências das notificações realizadas entre as partes e os mediadores, a admissão de diferentes meios probatórios, a determinação da sede de celebração, as línguas utilizadas no processo e o reconhecimento, em sede de execução, dos acordos realizados.[138]

A ética na conciliação virtual é um resultado dos avanços sociais que permite o uso das tecnologias como meio para se chegar a mais pessoas, solucionando conflitos por meio da cultura do diálogo,[139] visando chegar a um consenso, em que ambas as partes podem sair vencedoras. Assim, a mediação e a conciliação não são apenas uma forma de desafogar o Judiciário, mas também de resolver conflitos, com acordos frutos de diálogo entre as partes envolvidas.[140] Tais métodos podem ser utilizados em qualquer dos três sistemas de justiça: público, privado e público-privado (extrajudicial), o que será estudado no próximo capítulo.

---

136. Artículo 24, Ley 5/2012. *Actuaciones desarrolladas por medios electrónicos.*

   1. Las partes podrán acordar que todas o alguna de las actuaciones de mediación, incluida la sesión constitutiva y las sucesivas que estimen conveniente, se lleven a cabo por medios electrónicos, por videoconferencia u otro medio análogo de transmisión de la voz o la imagen, siempre que quede garantizada la identidad de los intervinientes y el respeto a los principios de la mediación previstos en esta Ley.

   2. La mediación que consista en una reclamación de cantidad que no exceda de 600 euros se desarrollará preferentemente por medios electrónicos, salvo que el empleo de éstos no sea posible para alguna de las partes.

137. Artículo 3, Ley 59/2003. Firma electrónica, y documentos firmados electrónicamente.

   1. La firma electrónica es el conjunto de datos en forma electrónica, consignados junto a otros o asociados con ellos, que pueden ser utilizados como medio de identificación del firmante.

   5. Se considera documento electrónico la información de cualquier naturaleza en forma electrónica, archivada en un soporte electrónico

138. POYO, op. cit., p. 18.

139. LÓPEZ; GIRALDO, op. cit., p. 23.

140. Ibidem, p. 28.

6
SISTEMA EXTRAJUDICIAL

Se não adequarmos o exercício da jurisdição aos tempos atuais, veremos cada vez mais o Judiciário se afogando em novas tarefas e novas demandas.[1] Nesse sentido, notários e registradores em todo o país são essencialmente os implementadores eficazes de suas funções típicas e novas funções que lhes têm sido atribuídas, garantido que as serventias extrajudiciais continuem a proteger direitos. Por atuarem com imparcialidade, os serviços de notas e de registros também evitarão possíveis litígios nas relações jurídicas em que estão envolvidos.[2]

A Constituição Federal dispõe, no seu art. 236, § 3º, sobre a forma de provimento das serventias extrajudiciais por concurso público de provas e títulos. Conforme esclarece Paulo Rêgo, a titularidade da delegação de um tabelionato ou ofício de registro é outorgada, caso da titularidade de um juízo de direito, uma vara, que não pertence ao seu momentâneo titular, mas ao Estado.[3] Não há personalidade jurídica nas serventias extrajudiciais. O titular é pessoa física, de forma que não há que se falar em sucessão ou solidariedade por dívidas anteriores à sua entrada em exercício, tal qual ocorre com pessoas jurídicas.[4]

Ricardo Dip, também a título de comparação das serventias extrajudiciais com o Poder Judiciário, esclarece que

---

1. VALENTE, Evelyn Aída Tonioli; PINHEIRO, Weider Silva. Desjudicialização: a importância do extrajudicial para o cumprimento do princípio constitucional da celeridade e acesso à justiça. In: VIEIRA, Bruno Quintiliano Silva; PINHEIRO, Weider Silva (Org.). *II Estudos de Direito Notarial e Registral*. Goiânia: Kelps, 2021. p. 271.
2. RODRIGUES NETO, Assuero. *Responsabilidade civil dos delegatários dos serviços extrajudiciais*. Belo Horizonte: Editora Dialética, 2021. p. 40.
3. RÊGO, Paulo Roberto de Carvalho. *Registros públicos e notas*. Natureza jurídica do vínculo laboral de prepostos e responsabilidade de notários e registradores. Porto Alegre: Sérgio Antonio Fabris Editor, 2004. p. 101.
4. "Com efeito, além de inexistir a "empresa" "cartório" ou personalidade jurídica ao seu Oficial "titular", falece legitimidade passiva ad causam ao novo serventuário que assume a serventia pelos débitos deixados pelo que lhe antecedeu, porque, tendo se dado seu ingresso na função pública, de forma originária, por concurso público, não há que se cogitar de "solidariedade" ou "sucessão" entre ele e quaisquer anteriores ocupantes da função exercida. E mais: em se tratando de ação de cobrança, somente possui legitimidade passiva ad causam a pessoa do devedor reclamado" (Ibidem, p. 109).

Tanto quanto o Judiciário não é um representante da comunidade, mas um Poder ordenado a serviços da comunidade, também as Notas e os Registros públicos não representam a comunidade, mas são órgãos e serviços para a comunidade, sujeitando-se, pois, diretamente, às leis, que constituem, elas também, função da comunidade.[5]

A fé pública de notários e registradores (art. 3º da Lei 8.935/94) decorre da delegação do serviço público pelo Estado. Em que pese a gestão privada decorrente do exercício privado (art. 236 da CF/88), tais profissionais do direito são funcionários públicos por equiparação para fins penais (art. 327 do CP), sendo submetidos à fiscalização do Poder Judiciário (art. 236, § 1º, CF/88). Essa fiscalização é uma forma de intersecção entre os sistemas de justiça pública com o sistema de justiça público-privado. Esses delegatários seguem os princípios da administração pública por exercerem serviço público e princípios específicos registrais e notariais, além da disciplina específica atinente a diversas searas do direito, como Direito Civil, Tributário, Constitucional etc. Cumprem, assim, a obrigação legal de prevenir litígios, dar segurança jurídica, traduzir para a linguagem jurídica fatos etc. Com isso, consegue-se agilidade e redução de custos nos trâmites, na segurança jurídica e na economia de recursos públicos. Por isso, são agentes imparciais para a promoção da segurança jurídica e da paz social.[6]

Apesar de atuarem em situações que servem de intermediários em busca de consenso, como nos casos de impugnação apresentada por confrontante em procedimento administrativo de retificação, atuam em casos em que não há conflito de interesses, mas o direito é por eles protegido.[7] Assim, operam na gestão de prevenção de conflitos, mas também em resolução de questões jurídicas, podendo ou não envolver conflitos.

Quando se fala em prevenção de litígios, supõe-se que estes poderiam ocorrer, mas não ocorrem por uma atuação preventiva. Quando se fala em não conflito, não há essa prevenção nem a eventual possibilidade de um conflito ocorrer, pois a efetividade de direitos elimina conflitos. Logo, a atuação preventiva pode ser compreendida como forma de acesso à justiça.

---

5. DIP, Ricardo. *A natureza e os limites das normas judiciárias do serviço extrajudicial*. São Paulo: Quartier Latin, 2013. p. 37.

6. ALVES NETO, Jocy de Vasconcelos Frota; MEDEIROS, Pablo Diego Veras; PAULA FILHO, Alexandre Moura Alves. Novas facetas do acesso à justiça: podem os cartórios ser um ambiente de solução de conflitos? In: LEITE, Glauco Salomão et al. (Org.). *A democracia constitucional e seus inimigos*: desafios do século XXI. Porto Alegre, RS: Editora Fi, 2020. p. 150.

7. GONÇALVES, Ana Clara Moreira; MARQUES, Paulo Augusto Roriz de Amorim. A atividade notarial e de registro e o compartilhamento de jurisdição. In: VIEIRA, Bruno Quintiliano Silva; PINHEIRO, Weider Silva (Org.). *II Estudos de Direito Notarial e Registral*. Goiânia: Kelps, 2021. p. 109-110.

6 • SISTEMA EXTRAJUDICIAL

Conforme já mencionado, os serviços prestados por tabeliães e registradores são basicamente públicos. Não se trata apenas de um serviço público material, porém, de acordo com as disposições da Constituição, em seu art. 236, é atribuído a um particular. Trata-se, pois, de atividade exercida fora da jurisdição do Judiciário,[8] daí a denominação de público-privada.

Assim, o poder público retém a titularidade do serviço e apenas transfere sua execução a particulares, de forma pessoal.[9] É precisamente pela existência do interesse público que as atividades se separam da dimensão puramente privada. A gestão é privada, mas o serviço se mantém público. Não cabe ao titular determinar sistematicamente quais documentos, atos ou fatos são dignos de registro, por exemplo.[10] O Estado delega ao particular não propriamente as funções, mas seu exercício, especificando as matérias e os poderes transferidos, os limites de atuação do delegado, a duração e os objetivos da delegação.[11]

A gestão privada e a atuação específica profissional de cada titular de serventia extrajudicial são exercidas com independência, de forma similar à dos juízes,[12] porém com fiscalização pelo Poder Judiciário (art. 236, § 1º, da CF/88). Tal independência implica responsabilidade pelos atos praticados, por si ou por seus prepostos (art. 22 da Lei 8.935/94). A independência de notários e registradores provém do sistema latino, em que o exercício da função dá-se em nome próprio e não em nome do Estado.[13]

É importante reconhecer as serventias extrajudiciais como pertencentes à justiça. E, a partir de suas especificidades, como um sistema de justiça autônomo, que denominamos público-privado ou *sui generis*, exatamente pela composição de serviços públicos com gestão privada. Esse reconhecimento pode atenuar a ineficiência sistêmica do equipamento judicial nacional.[14] Trata-se de reconhecimento, ou seja, não de criação de um novo sistema. O sistema já existe, mas reconhecê-lo é urgente, visto que demandará o cuidado em respeitá-lo como tal, seja por profissionais do direito, seja na via administrativa (por provimentos específicos), seja na via legislativa, tratando de leis específicas.

---

8. WATANABE, Carla; CAIRES, Érica Trinca; NALINI, José Renato; CAIRES, Robson Passos. *Direito Constitucional*. São Paulo: Thomson Reuters Brasil, 2021. p. 102-103.
9. RODRIGUES NETO, op. cit., p. 38.
10. WATANABE; CAIRES; CAIRES, op. cit., p. 103.
11. LOUREIRO, Luiz Guilherme. *Registros públicos*. Teoria e prática. Salvador: JusPodivm, 2018. p. 58-59.
12. DIP, op. cit., p. 37-38.
13. PATAH, Priscila Alves. Poder-dever do Registrador de Imóveis na qualificação de títulos judiciais. In: CASTILHO, Ricardo (Coord.); STRASSER, Francislaine de Almeida Coimbra; RIBEIRO, Graziele Lopes; RAVAGNANI, Milton Roberto da Silva Sá (Org.). *As faces do poder*. Rio de Janeiro: Lumen Juris, 2019. p. 220.
14. NALINI, op. cit., p. 36.

6.1 CAPILARIDADE

São mais de 13 mil serventias extrajudiciais em todo o país[15] que auxiliam na resolução e prevenção de conflitos e no esclarecimento de outras questões relacionadas ao direito. É notável que a qualidade técnica de oficiais e tabeliães melhorou a partir dos concursos de provas e títulos previstos no art. 236 da Constituição Federal e regulamentados nas Resoluções 80 e 81 de 2009 do CNJ, que buscaram uniformizar os concursos para provimento e remoção das vagas das serventias extrajudiciais. Há, atualmente, uma democratização dos concursos públicos, que incluem vagas reservadas a negros, nos termos da Resolução 382, de 16 de março de 2021, do CNJ. São também louváveis as diversas possibilidades de cursos preparatórios para tais concursos e cursos de especialização, além de obras jurídicas que tratam do tema, garantindo melhor preparo a esses profissionais do direito dotados de fé pública (art. 3º da Lei 8.935/94) e que estão próximos à população devido à capilaridade.

Há, assim, registradores civis em cada sede municipal (art. 44, § 2º, da Lei 8.935/94), sendo que nos municípios de significativa extensão territorial, a juízo do respectivo Estado, cada sede distrital deverá dispor, no mínimo, de um registrador civil das pessoas naturais (art. 44, § 3º, da Lei 8.935/94). Nas sedes de comarca, deverá haver todas as especialidades das serventias extrajudiciais, contribuindo, conforme veremos, para a extrajudicialização.

A capilaridade dos Registros Civis das Pessoas Naturais, por exemplo, permitiu que, nos tempos de maior gravidade da pandemia da Covid-19, fosse possível o envio de títulos aos registradores de imóveis via registradores civis das pessoas naturais, conforme provimento do TJSP. É devido a essa capilaridade que há representantes jurídicos em todo o país, mesmo nas localidades onde não há esferas do Poder Judiciário.

6.2 EXTRAJUDICIALIZAÇÃO

A desjudicialização,[16] quando a solução de conflitos deve ocorrer necessariamente por forma outra que não a via jurisdicional, como no caso da arbitragem, e a extrajudicialização, quando a opção pelo Judiciário é mantida, preconizadas

---

15. Disponível em: https://cnj.jusbrasil.com.br/noticias/42234/justica-aberta-disponibiliza-acesso-a-cadastro-dos-cartorios. Segundo o relatório "Cartórios em números, 3. ed., 2021", são 13.440 distribuídos pelos 5.570 municípios. (ANOREG/BR. *Cartório em números*. 3. ed. 2021, p. 6. Disponível em: https://www.anoregsp.org.br/__Documentos/Uploads/cartorios%20em%20numeros%202021.pdf. Acesso em: 12 abr. 2022.

16. Ricardo Dip menciona também o termo "dejudiciarização" para denominar o uso de meios não judiciais para a solução de questões antes submetidas exclusivamente à competência do Poder Judiciário

pelas legislações nacionais, visam impedir o estabelecimento de procedimentos judiciais mediante a resolução de conflitos básicos fora dos limites dos procedimentos judiciais, o que pressupõe a maturidade das instituições públicas e privadas. Cabe o seguinte questionamento: para todas as questões, é necessária a intervenção do Judiciário? Ao legislador, tem parecido que não. Quando tudo flui para o Judiciário, isso mostra que determinada instituição não conseguiu resolver o conflito.[17] A obtenção de uma autorização do Estado para tratar previamente e/ou preventivamente um conflito ou uma questão jurídica é entendida como função extrajudicial.[18]

Vale destacar que a Estratégia Nacional Integral para a Desjudicialização da Previdência Social foi elaborada por meio de convênio firmado em 20 de agosto de 2019, pelo Conselho Nacional de Justiça (CNJ), pela Comissão Judiciária Federal (CJF), pelo Ministério da Economia, pela Advocacia-Geral da União (AGU), pela Defensoria Pública e pelo Instituto Nacional do Serviço Social (INSS), visando: (i) promover o diálogo interinstitucional para determinar os potenciais conflitos e motivos de litígio em matéria de segurança social; e (ii) tomar medidas para prevenir litígios, encorajar ambas as partes a negociar litígios e otimizar o tratamento das reclamações de segurança social.[19]

Ademais, a Agenda 2030 de Direitos Humanos foi recepcionada pelo Poder Judiciário brasileiro, por meio do CNJ, tendo como marco inicial a criação do Comitê Interinstitucional da Agenda 2030. A Agenda 2030 é um compromisso assumido por líderes de 193 países, inclusive o Brasil, e coordenado pela Organização das Nações Unidas (ONU), por meio do Programa das Nações Unidas para o Desenvolvimento (Pnud), nos termos da Resolução A/RES/72/279.OP32, de 2018, da Assembleia Geral da ONU. São 17 Objetivos de Desenvolvimento Sustentável (ODS) e 169 metas a serem atingidas no período de 2016 a 2030, relacionadas a efetivação dos direitos humanos e promoção do desenvolvimento, que incorporam e dão continuidade aos 8 Objetivos de Desenvolvimento do Milênio, a partir de subsídios construídos na Rio + 20.

O objetivo de número 16 tem por tema: Paz, Justiça e Instituições Eficazes: Promover sociedades pacíficas e inclusivas para o desenvolvimento sustentável, proporcionar o acesso à justiça para todos e constituir instituições eficazes, responsáveis e inclusivas a todos os níveis.[20]

(DIP, Ricardo. Três notas sobre a usucapião extrajudicial. In: DIP, Ricardo et al. *Direito registral e o Novo Código de Processo Civil*. Rio de Janeiro: Forense, 2016, p. 157).

17. TOFFOLI; PERES, op. cit., p. 36.
18. MARQUES, op. cit., p. 57.
19. TOFFOLI; PERES, op. cit., p. 40.
20. Disponível em: https://brasil.un.org/pt-br/sdgs. Acesso em: 22 nov. 2021.

Dentre as Metas Nacionais do Poder Judiciário, a de número 9 representa o compromisso dos tribunais brasileiros com o aperfeiçoamento da prestação jurisdicional, buscando proporcionar à sociedade um serviço mais célere, com maior eficiência e qualidade. De acordo com o glossário da referida meta, entende-se por desjudicialização a ação voltada à resolução de conflitos, em sua gênese, promovendo pacificação social apta a cumprir os Objetivos de Desenvolvimento Sustentável. Desjudicializar significa reverter a judicialização excessiva a partir da prevenção, localizando a origem do problema e encontrando soluções pacíficas por meio de técnicas de conciliação ou mediação com atores do sistema de justiça, sem que cause impacto no acesso à justiça.[21] Observa-se que o acesso à justiça aqui é entendido como acesso ao Judiciário, o que denota uma via estreita de acesso à justiça, e não ampla, conforme propomos.

6.3 ANÁLISE POR ESPECIALIDADE

Há um interesse global pela busca da paz social, o que pode ser enfrentado com medidas extrajudiciais. As serventias extrajudiciais brasileiras se mostram como esferas de atuação jurídica em prol da população. Nos termos da Lei 8.935/94, são as seguintes as especialidades de serventias extrajudiciais: tabeliães de notas; tabeliães e oficiais de registro de contratos marítimos; tabeliães de protesto de títulos; oficiais de registro de imóveis; oficiais de registro de títulos e documentos e civis das pessoas jurídicas; oficiais de registro civis das pessoas naturais e de interdições e tutelas; oficiais de registro de distribuição (art. 5º). Ressalta-se que não há dinheiro público repassado pela administração pública em decorrência de tais atribuições, já que as serventias se mantêm por meio do pagamento de emolumentos pelo usuário do serviço (Lei 10.169/2000). Ao contrário, as serventias extrajudiciais repassam ao Estado e a diversas outras instituições, que variam conforme a unidade da Federação, parte do valor arrecadado. Além disso, diversas obrigações de fornecimento de informações, relatórios, fiscalização de tributos, controle de transações suspeitas lhes são impostas.

Tais serviços públicos com gestão privada, delegados ao particular por concurso público, serão prestados, de modo eficiente e adequado, em dias e horários estabelecidos pelo juízo competente, atendidas as peculiaridades locais, em local de fácil acesso ao público e que ofereça segurança para o arquivamento de livros e documentos (art. 4º da Lei 8.935/94).

---

21. Disponível em https://www.cnj.jus.br/programas-e-acoes/agenda-2030/meta-9-do-poder-judiciario/. Acesso em: 22 nov. 2021.

6.3.1 Registro Civil das Pessoas Naturais

Sem adentrar em detalhes das atribuições de cada especialidade, pois seria objeto de um trabalho específico, analisaremos como as serventias extrajudiciais têm contribuído para o acesso à justiça na atualidade a fim de consubstanciar a tese de que o sistema de justiça público-privado tem sua autonomia e independência em relação aos demais.

6.3.1 Registro Civil das Pessoas Naturais

A redação do Exame Nacional do Ensino Médio (Enem) 2021 teve como tema "Invisibilidade e registro civil: garantia de acesso à cidadania no Brasil".[22] Como se observa, os Registros Civis das Pessoas Naturais têm tamanha relevância que ganharam notoriedade no tema do exame nacional para seleção das universidades.

O Registro Civil das Pessoas Naturais é responsável pelos registros de nascimentos e óbitos. Por isso, o registro civil de pessoas naturais está presente na vida de todos os brasileiros. Para outros, ainda, no momento do casamento e demais alterações de estado civil (art. 29 da Lei 6.015/73). Por serem normalmente as únicas instituições em pequenas cidades e regiões, servem como balcões para esclarecer as leis e dúvidas jurídicas dos cidadãos e, portanto, merecem o título de ofícios da cidadania, concedido pela Lei 13.484/2017.

Recentemente, foi declarada a constitucionalidade da Lei 13.484/2017, pela Ação Direta de Inconstitucionalidade (ADI) 5855, julgada pelo STF, e que passou a considerar os registros civis das pessoas naturais como ofícios da cidadania, autorizados a prestar outros serviços remunerados, na forma prevista em convênio, em credenciamento ou em matrícula com órgãos públicos e entidades interessadas (art. 29, § 3º, da Lei 8.935/94). Esse convênio "independe de homologação e será firmado pela entidade de classe dos registradores civis de pessoas naturais de mesma abrangência territorial do órgão ou da entidade interessada" (art. 29, § 4º, da Lei 8.935/94).

Exemplo eficaz de convênio é a emissão de mais de 13 milhões de cadastros de pessoa física (CPF) gratuitos junto às certidões de nascimento pelas serventias extrajudiciais.[23] Como forma de exercício da cidadania, não são cobrados emolumentos pelo registro civil de nascimento e pelo assento de óbito, bem como pela primeira certidão respectiva (art. 30 da Lei 8.935/94), previsão que amplia a todos o quanto já estabelecido no art. 5º, LXXVI, da Constituição Federal, que reconhece

---

22. Disponível em: https://www.gov.br/inep/pt-br/assuntos/noticias/enem/redacao-do-enem-2021-aborda-registro-civil-e-cidadania. Acesso em: 22 nov. 2021.
23. ANOREG/BR. *Cartório em números*. 3. ed. 2021, p. 30. Disponível em: https://www.anoregsp.org.br/__Documentos/Uploads/cartorios%20em%20numeros%202021.pdf. Acesso em: 12 abr. 2022.

a gratuidade de tais atos aos reconhecidamente pobres. Referida lei reconhece aos pobres a isenção de emolumentos para as demais certidões emitidas pelo Registro Civil (art. 30, § 1º, Lei 8.935/94, com a redação dada pela Lei 9.534/97).

Recorde-se que o regitrador civil é uma pessoa capaz, apto a cumprir as condutas inerentes às suas funções e conferir-lhes credibilidade para o desempenho das funções nobres que vinculam os direitos civis.[24]

Importa salientar que diversas têm sido as iniciativas conferidas ao registrador civil das pessoas naturais para que atue em prol do exercício dos direitos civis. A Resolução 175/2013 do CNJ disciplinou o casamento de pessoas do mesmo sexo, após os julgamentos pelo STF do Resp 1.183.378/RS, da ADPF 132/RJ e da ADI 4277/DF. O que antes demandava ações judiciais para permitir a celebração e consultas a juízes corregedores ganhou relevância nacional, sendo uniformizado.

Ivar Hartmann aponta que o nível e a qualidade de instrução da população são proporcionais à intolerância ao casamento de pessoas do mesmo sexo.[25] Indica, também, a democratização do acesso às mídias digitais como papel essencial para a descentralização do debate público.[26] Acreditamos no poder da instrução e da comunicação, porém a mudança cultural muitas vezes não encontra amparo apenas na instrução. É preciso implementar políticas públicas para fomento da tolerância e do interesse midiático no tema. Ademais, a força vinculativa de decisões judiciais e provimentos e, claro, as alterações legislativas são imprescindíveis para o reconhecimento de direitos, o que termina, enfim, por eliminar demandas do Poder Judiciário, visto que a emancipação do indivíduo é fator de não conflitos.

Posteriormente, a ADI 4275/DF, julgada pelo STF, permitiu que a alteração de nome e sexo possa ser feita diretamente na via administrativa, pelos Registros Civis das Pessoas Naturais. Em seguida, o Provimento 73/2018 discipliou a alteração. O que antes demandava ingresso com ação na via jurisdicional e, em determinadas situações, comprovação de laudos médicos e até de cirurgia de

---

24. PINHEIRO, Weider Silva. O ofício da cidadania. A importância do Registro Civil das Pessoas Naturais no Brasil. In: PINHEIRO, Weider Silva. *Estudos de direito notarial e registral.* Goiânia: Kelps, 2020. p. 19.

25. "Em longo prazo, à medida que aumenta o nível e a qualidade de instrução da população, a intolerância diminui. É o que mostram pesquisas no Brasil, onde em 6 anos o apoio ao casamento entre pessoas do mesmo sexo aumentou 17 pontos percentuais. Uma ideia menos compatível com valores universalizados e aceitos de igualdade e dignidade não consegue competir e sobreviver, desde que o desequilíbrio no poder de comunicação não seja extremo e não exista discriminação legal de ponto de vista. Em condições de equilíbrio de comunicação, o discurso de ódio possivelmente sequer seria um problema decisivo como é na sociedade real" (HARTMANN, Ivar A. Liberdade de expressão e capacidade comunicativa: um novo critério para resolver conflitos entre direitos fundamentais informacionais. *Direitos Fundamentais & Justiça,* Ano 12, n. 39, p. 145-183, jul./dez. 2018, p. 150).

26. Ibidem, p. 151.

transgenitalização[27] passou a ser feito sem delonga e burocracia. Assegura-se a desconstituição da alteração na via judicial e nas hipóteses de vício de vontade, fraude e simulação.[28]

O reconhecimento de filhos socioafetivos pode ser feito diretamente nas serventias extrajudiciais, conforme dispõe o Provimento 63/2017, alterado pelo Provimento 83/2019, podendo, inclusive, ser feito em serventia distinta do local de nascimento do reconhecido. Por força de decisão proferida no Pedido de Providências 1028858-83.2021.8.26.0100 da 2ª Vara de Registros Públicos de São Paulo/SP, foi determinado que os casos envolvendo reconhecimento de filiação socioafetiva na qual os interessados são maiores de idade não deveriam mais ser remetidos ao Ministério Público pelos Registradores Civis da Capital de São Paulo, que somente se manifestaria, se fosse o caso, quando questionado a ofertar parecer, por aquela Corregedoria Permanente, nas situações excepcionais. Percebe-se o intuito de tornar mais céleres as questões relacionadas à cidadania e ao exercício de direitos fundamentais, sem, contudo, perder-se de vista a segurança jurídica.

Importante passo também foi o reconhecimento da igualdade da sucessão dos companheiros aos cônjuges nos julgamentos dos Recursos Extraordinários 646.721 e 878.694, do STF, evitando-se demandas a esse respeito.

Esses exemplos reforçam a busca pelo reconhecimento de Axel Honneth, analisada no item 1.5.4, ou seja, a justiça é acessada pela via do reconhecimento de direitos. Essa forma de atuação das serventias extrajudiciais torna seguro e ágil o exercício da justiça. Com esse fundamento, é adequado dizer que o número de demandas judiciais é atenuado.

Ainda não há possibilidade de reconhecimento extrajudicial de ações poliafetivas. O CNJ, no Processo 0001459-08.2016.2.00.0000, reconheceu a impossibilidade de lavratura de escrituras públicas de união poliafetiva como entidade familiar sob o fundamento de que "a sociedade brasileira não incorporou a 'união poliafetiva' como forma de constituição de família, o que dificulta a concessão de *status* tão importante a essa modalidade de relacionamento, que ainda carece de maturação". Ora, tais situações fáticas não deixarão de existir, e as questões jurídicas decorrentes serão objeto de ações judiciais. Trata-se, sem

---

27. PATAH, Priscila Alves; RODRIGUES, Rodrigo. Transexualidade e direitos humanos. A possibilidade de retificação do nome no registro civil das pessoas naturais. In: VELLOZO, Júlio César de Oliveira; ISHIKAWA, Lauro; FLORÊNCIO FILHO, Marco Aurélio; MEDINA, Javier García; REPRESA, Marcos Sacristán; MATSUSHITA, Thiago Lopes (Org.). *Direitos humanos.* Diálogos ibero-americanos. Belo Horizonte: D´Plácido, 2019, p. 845-857.

28. MARCONI, Eliana Lorenzato. Os transgêneros, a alteração de sexo e nome e repercussão no registro civil. In: PEDROSO, Alberto Gentil de Almeida (Org.). *Direito Civil I.* São Paulo: Thomson Reuters Brasil, 2021. p. 359.

dúvida, de questão que poderia ser objeto de resolução por via administrativa, ao menos para as questões patrimoniais decorrentes dessas uniões, evitando novas demandas jurisdicionais.

Em resumo, quando os registradores usam suas atribuições, eles parecem integrar a justiça regulatória, com base na estabilidade social, para proteger os direitos individuais, o que é necessário para relacionamentos estáveis. Portanto, os serviços prestados pelos registradores não visam apenas fornecer proteção legal para pessoas diretamente relacionadas, mas também fornecer proteção legal para terceiros de boa-fé e para a sociedade como um todo.[29]

A sociedade e seus conceitos mudam a cada dia, e procedimentos e pensamentos precisam ser ajustados e relidos para o exercício da cidadania. Entre o cidadão e o exercício da cidadania, o Registro Civil das Pessoas Naturais tem papel básico e inter-relacionado, ou seja, é uma ponte.[30]

6.3.2   Registro de Imóveis

O registo imobiliário se apresenta como o guardião da segurança jurídica que assegurará a estabilidade social.[31] Nesse sentido, a intervenção de registradores não só contribui para a segurança jurídica das pessoas diretamente envolvidas em atos jurídicos,[32] como também para terceiros de boa-fé e, portanto, para toda a sociedade.[33] Trata-se da segurança estática – entre as partes – e da segurança dinâmica, ou do tráfico – entre todos – por meio da publicidade. A segurança do tráfico garante que, se o proprietário quiser transmitir seu direito a outro, será mais fácil encontrar um interessado, pois este terá certeza de que fará uma aquisição segura.[34] Por isso, Juliana Engelberg afirma que, no Brasil, as atividades de notarização e registro possibilitam dispensa de contratos com securitizadoras.[35]

No que se refere ao registro de imóveis, como parte do amplo ramo dos registros públicos e os objetos de uma coleção de leis imobiliárias, são responsáveis por registrar todas as ações relacionadas com imóveis no país, o que se traduz em um grande número de situações jurídicas diferentes. Em todas essas insti-

---

29. PINHEIRO, op. cit., p. 33.
30. Ibidem, p. 39.
31. PATAH, op. cit., 2019, p. 221.
32. Os efeitos das inscrições somente devem beneficiar o titular e não produzir prejuízos a ninguém (EHRENBERG, Victor. Seguridad jurídica y seguridad del tráfico. *Cuadernos de derecho registral*, Madrid: Fundacion Benficentia et peritia iuris. Colegio de Registradores de la Propiedad, Mercantiles y Bienes Muebles de Espanã, 2013. p. 31).
33. RODRIGUES NETO, op. cit., p. 39.
34. EHRENBERG, op. cit., p. 34-35.
35. ENGELBERG, op. cit., p. 88.

tuições, trabalham os cartórios de registro de imóveis e, para isso, seus titulares estudaram direito da família e das sucessões, empresarial, bens imóveis, civil geral, constitucional, direito tributário, administrativo, agrário e um pouco de direito penal – e todo o campo de registros públicos. Além disso, é responsável pela gestão dos serviços extrajudiciais. Assim, após ser aprovado no concurso público de provas e títulos (art. 236 da CF/88), fica autorizado a dar certeza e segurança aos atos praticados.

Temos vivido uma era de democratização. É fenômeno recente o compartilhamento de produtos e serviços, visando a uma hegemonia no acesso a tais bens. Assim, têm se mostrado condizente com esses novos tempos os espaços privados de *coworking*; no direito urbanístico, faixas para caminhada, bicicleta, aparelhos de ginástica públicos, parcão – parque público destinado aos cães; e nos serviços destinados ao acesso à cultura, os serviços de Spotify, Netflix etc.

Esse fenômeno também se reflete em novos institutos no direito imobiliário, como a multipropriedade. A multipropriedade, conforme dito, é decorrente do crescimento da cultura do compartilhamento. Nesse condomínio, o usuário, em geral de locais turísticos, torna-se proprietário, e não locatário do imóvel. Em determinado período do ano, será titular de uma fração de tempo, à qual corresponde a faculdade de uso e gozo, com exclusividade, da totalidade do imóvel (art. 1358-C do CC). As vantagens são maior segurança e nova forma de investimento patrimonial. A regulamentação recente no Brasil, pela Lei 13.777/2018, tende a ensejar crescimento nessa espécie de condomínio, e, com a pandemia, o turismo interno também. Nesse aspecto, a contribuição dos Registros de Imóveis para o fomento do instituto é ainda mais relevante, pois a qualificação do registrador de imóveis, como atividade preventiva de conflitos jurídicos, ganha mais notoriedade com a complexidade das relações jurídicas decorrentes do compartilhamento do imóvel no tempo.[36]

O acesso compartilhado implica o acesso ao direito material e, por que não dizer, no acesso ao direito em si e, em consequência, na justiça, no conceito material ou distributivo/preventivo da justiça.

Ainda no que concerne ao direito imobiliário, as pessoas estão tendo mais acesso às informações, e um maior número de pessoas tem seus imóveis regularizados a partir de procedimentos de regularização, como regularização fundiária, usucapião judicial e extrajudicial etc. Com mais informação, há uma mudança de cultura, pois começa-se a entender a importância do registro e seu reflexo na valorização do imóvel, na possibilidade de oferecê-lo em garantia para financia-

---

36. MELO, Marcelo Augusto Santana de. Breves considerações sobre a multipropriedade imobiliária. *Revista Pensamento jurídico*, São Paulo, v. 15, n. 1, p. 151-152, jan.-abr. 2021.

mentos, na própria autoestima do proprietário da casa própria e, para o Executivo em geral, no aumento da arrecadação de impostos com as transações regulares.

Novos instrumentos legislativos procuraram identificar a realidade fática. A Lei 13.465/2017 estabeleceu regramento a um direito mais condizente com a realidade que já existia no mundo dos fatos, mas não no mundo jurídico. Foram dissecados o direito de laje, o condomínio urbano simples, a regularização fundiária urbana e rural etc. A regularização fundiária, além de cumprir a função social da propriedade, é instrumento para o desenvolvimento econômico do país,[37] fonte de renda e de financiamentos, com a multiplicação dos ativos.[38] Da mesma forma, o registro da laje converte o antes excluído em membro da cidade formal, converte a posse em ativo circulável.[39]

O conhecimento jurídico do registrador imobiliário permite que, a partir de sua análise jurídica criteriosa dos títulos que lhe são apresentados (art. 221 da Lei 6.015/73), sejam evitados, por meio da qualificação negativa, registros de negócios jurídicos inválidos (às vezes, inexistentes), que demandariam o uso do Poder Judiciário para resolução de impasses.

A qualificação registrária é o ato no qual o registrador realiza a análise jurídica do documento, concluindo pelo registro (no caso de qualificação positiva) ou não (quando a qualificação é negativa) e emitindo a nota de exigência ou de devolução. Ao requerente é garantido o direito de concordar com a negativa e cumpri-la, apresentando o documento faltante ou corrigindo o equívoco lançado no título ou no documento, ou não concordar e requerer a suscitação de dúvida. O procedimento de suscitação de dúvida está previsto no art. 198 da Lei 6.015/73 e se dá pelo encaminhamento pelo registrador de imóveis do título juntamente com demais documentos para análise e decisão do juiz corregedor permanente, ou seja, o juiz (do Poder Judiciário) que atua na esfera administrativa (cumprindo a fiscalização prevista no art. 236, § 1º, da CF/88). A decisão judicial transitada em julgada, se julgada procedente, "os documentos serão restituídos à parte, independentemente de translado, dando-se ciência da decisão ao oficial, para que a consigne no Protocolo e cancele a prenotação" (art. 203, I, da Lei 6.015/73); se julgada improcedente, "o interessado apresentará, de novo, os seus documentos, com o respectivo mandado, ou certidão da sentença, que ficarão arquivados, para que, desde logo, se proceda ao registro, declarando o oficial o fato na coluna de anotações do Protocolo" (art. 203, II, da Lei 6.015/73). Essa decisão tem natureza

---

37. MACEDO, Paola de Castro Ribeiro. *Regularização fundiária urbana e seus mecanismos de titulação dos ocupantes*. Lei 13.465/2017 e Decreto 9.310/2018. São Paulo: Thomson Reuters Brasil, 2020. p. 61.

38. Ibidem, p. 61.

39. ROSENVALD, Nelson. *O direito civil em movimento*. Desafios contemporâneos. 2. ed. rev. e atual. Salvador: JusPodivm, 2018. p. 257

administrativa (art. 204 da Lei 6.015/73). Fica clara, nessa situação, a interface entre os dois sistemas de justiça – a zona de intersecção já aqui mencionada. O sistema de justiça público-privado se relaciona no procedimento de suscitação de dúvida com o sistema de justiça público, na via administrativa.

O legislador ainda concedeu-lhe a competência para as retificações administrativas, de acordo com o que dispõe o art. 213 da Lei 6.015/73, incluído pela Lei 10.931/2004, a fim de corrigir divergências e omissões no registro de imóveis. A função corretiva de retificação é atribuída àqueles que conhecem os detalhes jurídicos do imóvel na circunscrição em que atua, ou seja, a área onde o cartório exerce sua competência. O procedimento não faz coisa julgada tal qual conhecemos no Direito Processual, ou seja, aquele ato com força vinculativa irrevogável para todos os juízes no futuro,[40] visando atender a paz social.[41] Entretanto, a retificação administrativa bem conduzida redunda na estabilidade das relações entre proprietários e confrontantes, de forma que minimiza situações conflituosas.

A partir do procedimento de georreferenciamento, disposto no art. 176, § 3º, da Lei 6.015/73, incluído pela Lei 10.267/2001, a descrição imobiliária torna-se mais precisa, cumprindo o princípio da especialidade objetiva, ao garantir a segurança jurídica e evitar eventuais conflitos.

Ademais, cumpre notar que a usucapião extrajudicial, prevista no art. 216-A da Lei 6.015/73, permitiu que as declarações de propriedade decorrentes da prescrição aquisitiva pudessem ser feitas diretamente nos registros de imóveis.

Ainda, os procedimentos de execução da garantia imobiliária de alienação fiduciária (Lei 9.514/97) têm sido procedidos com êxito perante os registradores de imóveis, dispensando-se a execução judicial, de forma similar aos procedimentos de execução extrajudicial do Decreto-Lei 70/66.

Nesse sentido, a repercussão geral da execução extrajudicial do Decreto-Lei 70/66, proveniente dos Recursos Extraordinários 627.106 e 556.550, referendou a legalidade do procedimento:

> Não bastasse o impacto no Judiciário brasileiro, uma negativa aos procedimentos extrajudiciais significaria diminuição na garantia dos financiamentos. Atualmente, o procedimento, que dura de 4 a 6 meses entre a notificação ao devedor e a efetiva recuperação do imóvel, se arrastaria por, no mínimo, em previsão otimista, dois anos – isso sem considerar que a qualidade de demandas judiciais aumentaria significativamente.[42]

---

40. CHIOVENDA, Giuseppe. *Saggi di diritto processuale civile*. Volume Secondo. Milano: Dott. A. Giuffrè Editore, 1993. p. 406.

41. Ibidem, p. 401.

42. IBRADIM. Constitucionalidade do procedimento de execução extrajudicial. *Revista Debate Imobiliário*. Edição n. 9, julho/2021, p. 27.

Por todos esses exemplos e todo o trabalho sério que tem sido prestado pelos registradores de imóveis de todo o país, que seguem os princípios registrários da continuidade, especialidade subjetiva e objetiva, rogatório, disponibilidade, publicidade, legalidade entre outros, é nítida a função social que exercem as serventias imobiliárias. O desconhecimento da atividade de qualificação jurídica feita por esses profissionais do direito pode levar o leigo a acreditar que a *blockchain* é capaz de substituir tais serviços públicos. No entanto, o motivo de conhecedores interessados em alimentar essa inverdade pode estar relacionado ao local de nascimento dessa tecnologia e do campo mais amplamente implantado, o das criptomoedas, já que a alta volatilidade das moedas virtuais e o anonimato tornam o ambiente um ideal refúgio para negócios fraudulentos e lavagem de dinheiro.[43]

Ressaltamos, porém, que a *blockchain* é apenas uma tecnologia, como o foram o papel e o carimbo há tempos. Por isso, pode ser aliada aos registros públicos, mas pensá-la como substitutiva é reafirmar o desconhecimento ou a má-fé. Para tanto, é necessário deixar claro que os registros de imóveis não são apenas bancos de dados;[44] os registros de imóveis contribuem para o bom funcionamento do mercado, tornando os direitos de propriedade seguros e fáceis de transferir, quando for o caso.[45]

Não se cogita, assim, de a *blockchain* substituir o registro de imóveis, pois a qualificação do registro é a principal característica distintiva dos serviços de registro, que é diferente de quaisquer outros serviços que podem ser apenas remetentes de arquivos, e o suporte para a prática, propriedade e arquivamento de documentos pode ser qualquer serviço que forneça segurança e esteja em conformidade com o sistema jurídico. E deve ser melhorado com o tempo. Portanto, nada impede o uso da tecnologia *blockchain* para arquivar os registros de propriedade.[46]

As principais instituições que constituem a base da economia de mercado são a propriedade e os contratos, o que permite afirmar que o desenvolvimento econômico de um país está intimamente relacionado com a definição e aplicação dos direitos de propriedade. Sem direitos de propriedade privada estabelecidos e garantidos, não pode existir uma economia de mercado.[47]

---

43. GONZÁLEZ, Fernando P. Méndez; FERNÁNDEZ, Luis A. Gallego. Contratos automatizados, cadenas de bloques y registros de la propiedad. *Revista de Direito Imobiliário RDI*, ano 43, v. 89, jul.-dez., 2020. p. 319.
44. Ibidem, p. 327.
45. Ibidem, p. 328.
46. PATAH, Priscila Alves. *Retificações no registro de imóveis*. São Paulo: Thomson Reuters Brasil, 2020.
47. BRANDELLI, Leonardo. Desenvolvimento nacional: o papel do Registro de Imóveis. In: GALHARDO, Flaviano (Coord.). *Direito registral e novas tecnologias*. Rio de Janeiro: Forense, 2021. p. 300.

A divulgação de informações ambientais promovida pelos registros de imóveis também visa chamar a atenção de todos os interessados no imóvel para informações sobre o imóvel, de forma a evitar a omissão de informações ambientais durante a transmissão contínua do imóvel, e combater evasão de dados relacionados às responsabilidades ambientais.[48] Ao divulgar informações ambientais, o registro imobiliário desempenha nobre função socioambiental.[49]

Como se percebe, os serviços prestados pelos registradores de imóveis do Brasil garantem segurança jurídica, prevenindo conflitos como o que ocorreu na crise dos Estados Unidos decorrente do desastre imobiliário por meio da securitização,[50] pois as hipotecas haviam sido rearranjadas e passadas adiante a todo tipo de banco e fundos de investimento por todo o país.[51] Naqueles casos, muitas das pessoas que fizeram empréstimos eram analfabetas do ponto de vista financeiro e não sabiam o que estavam fazendo.[52] Os vendedores dispunham de estruturas de incentivo que lhes permitiam assinar todas as hipotecas que conseguissem.[53] O processo de securitização proporcionava taxas infindáveis, e estas proporcionavam bônus inéditos, e tudo isso ofuscou o julgamento dos banqueiros,[54] o que ficou conhecido como bolha imobiliária, pois financiamentos foram concedidos sem que houvesse certeza da existência ou realidade da garantia oferecida.

No complexo mundo de hoje, os bancos tentam ter maior precisão a respeito dos riscos que correm e não querem confiar em julgamentos intuitivos ou empíricos. Desejam saber a probabilidade do mau desempenho de um lote de hipotecas.[55] A conferência de documentos, a fé pública, o ingresso e remoção por concursos públicos, os princípios, normas e leis específicas tornam o sistema registral brasileiro seguro, o que auxilia a evitar o desastre ao exemplo do americano.

Mais recentemente, ainda na seara pragmática dos registros imobiliários, cumpre citar a proteção de dados pessoais, que tem ganhado destaque desde a vigência da Lei 13.709/2018. Desde então, tem-se questionado o conflito de

---

48. WATANABE; CAIRES; NALINI; CAIRES, op. cit., p. 161.
49. Ibidem, p. 160.
50. Com a securitização um grupo de hipotecas era enfeixado e vendido a investidores de qualquer lugar. Os investidores possivelmente jamais terão visitado as comunidades em que as casas se localizam. A securitização oferecia uma grande vantagem, pois diversificava e dividia os riscos. O processo de securitização envolvia uma longa cadeia, onde os originadores da hipoteca as criavam e elas eram agrupadas em conjunto pelos bancos de investimento, que, em seguida, as convertiam em novos títulos (STIGLITZ, Joseph E. *O mundo em queda livre*. Os Estados Unidos. O mercado livre e o naufrágio da economia mundial. Trad.: José Viegas Filho. São Paulo: Companhia das Letras, 2010. p. 152-153).
51. Ibidem, p. 134.
52. Ibidem, p. 135.
53. Ibidem, p. 136.
54. Ibidem, p. 137.
55. Ibidem, p. 142.

direitos como a publicidade e a proteção de dados pessoais, nos casos em que ela decorra da lei, como o é para as serventias extrajudiciais, que é tida, inclusive, como um princípio diretamente relacionado à segurança jurídica.

Especificamente quanto ao Registro de Imóveis, decisão administrativa de uma Corregedoria Permanente do Estado de São Paulo entendeu não cabível o deferimento de requerimento para que determinadas matrículas imobiliárias de imóveis do requerente não fossem objeto de publicidade a eventuais interessados:

> Como se verifica diante de toda essa realidade a ser subsumida pela LGPD, muito menos compete a esta Corregedoria Permanente dos Oficiais de Registro de Imóveis, ditar normas locais e casuísticas, ainda de natureza abstrata e administrativas aos seus Delegados, a respeito de sua interpretação, sob pena até mesmo de conflito com possíveis decisões de outras eventuais regulações a respeito, pelas diversas outras Corregedorias Permanentes do Estado. A propósito da necessidade de uma regulação nacional, o CNJ editou provimento da Portaria 63/2019 que instituiu um grupo de trabalho para tanto, diante dos diversos conflitos e dúvidas surgidos com essa nova legislação. Por esses motivos, até a eventual regulação da LGPD, ao menos pelo CNJ e pelas Normas de Serviço da Corregedoria Geral da Justiça de São Paulo, nos limites de suas competências, apenas cabem aos Delegados Oficiais, perante os pedidos de fornecimento de dados públicos sob as suas guardas, qualificá-los e, como operadores do Direito que também são, interpretá-los quanto a sua oportunidade perante a referida lei, conforme lhes assegura o item 7, Seção I, Capítulo XX, das Normas de Serviço da CGJ, ressalvando, ao eventuais prejudicados, o seu direito de petição.
>
> (Processo 0018170-43.2020.8.26.0576; Pedido de Providências – Registro de Imóveis – 5ª Vara Cível da Comarca de São José do Rio Preto-SP)

Ainda não há uma definição sobre o sopesamento de direitos contrapostos, porém já é possível visualisar que a aplicação adequada da lei geral de proteção de dados poderá auxiliar na prevenção de litígios. A questão é saber como se dará a restrição ao acesso de dados e qual será o seu limite.

6.3.3 Tabelionato de Notas

Os serviços de notas são essenciais para a organização da sociedade brasileira atual. Tais serviços são os de organização técnica e administrativa, destinados a garantir a publicidade, autenticidade, segurança e eficácia dos atos jurídicos (art. 1º da Lei 8.935/94).

De acordo com o art. 3º da Lei 8.935/94, trata-se de serviços extrajudiciais prestados por profissionais jurídicos dotados de fé pública. Os tabeliães das notas são os verdadeiros assessores jurídicos, orientando as partes e fornecendo soluções jurídicas na elaboração de procuração e escrituras públicas, atos tão relevantes, que, muitas vezes, são o negócio jurídico mais importante que os participantes realizarão em suas vidas, levando-os a investir todas as suas economias em tais negócios jurídicos. Além desses atos, a ata notarial é uma espécie de prova reconhecida pelo Código de Processo Civil (art. 384 da Lei 13.105/2015). Por fim, os testamentos conferem a possibilidade de, ainda em vida, programar as disposições patrimoniais para após a morte e se mostraram especialmente importantes no período pandêmico.[56] Ademais, os atos secundários, lavrados fora dos livros de notas,[57] que são o reconhecimento de firma e a extração de cópias autenticadas de documentos, nos quais, embora haja uma atuação notarial mais restrita, conferem segurança jurídica nas situações mais usuais do dia a dia e evitam que cidadãos se tornem alvos de falsificações criminais.

A ata notarial tem sido cada vez mais utilizada, ganhando relevância a partir da disposição como meio de prova do Código Processual Civil, não havendo mais que se alegar que estas não contêm juízo valorativo,[58] em que pese já estivessem previstas no art. 7º, III, da Lei 8.935/94. E, ainda, consta que a primeira ata notarial lavrada no Brasil seria a Carta de Pero Vaz Caminha, escrivão da armada portuguesa, ao Rei de Portugal, narrando a descoberta e a posse das novas terras.[59] A ata notarial pode ser considerada um misto de documento público e testemunho oficial do tabelião.[60] Em tempos de avanços tecnológicos, pode ser utilizada como fonte probatória em questões relacionada ao meio digital,[61] gozando de fé pública e presunção de veracidade relativa.[62] Escritura pública e ata notarial não se confundem: "O principal modo de o tabelião registrar um fato é a ata notarial. E o principal modo de inermediar formalmente um negócio jurídio é a escritura pública".[63]

Todos esses atos minimizam quaisquer possibilidades de conflitos e conferem juridicidade a questões cotidianas e a negócios jurídicos. Além desses atos, o legislador tem se valido de outros para contribuir para a extrajudicialização. A carta de sentença, as escrituras públicas de separação, divórcio e inventários

---

56. São atribuições dos tabeliães de notas, conforme a Lei 8.935/94: I – formalizar juridicamente a vontade das partes; II – intervir nos atos e negócios jurídicos a que as partes devam ou queiram dar forma legal ou autenticidade, autorizando a redação ou redigindo os instrumentos adequados, conservando os originais e expedindo cópias fidedignas de seu conteúdo; III – autenticar fatos (art. 6º). E, com exclusividade, lhes compete: I – lavrar escrituras e procurações, públicas; II – lavrar testamentos públicos e aprovar os cerrados; III – lavrar atas notariais; IV – reconhecer firmas; V – autenticar cópias (art. 7º).
57. BRANDELLI, Leonardo. *Direito notarial*. 4. ed. São Paulo: Saraiva, 2011. p. 333.
58. BLASCO, Fernando Domingos Carvalho. Ata notarial. In: PEDROSO, Alberto Gentil de Almeida Pedroso (Coord.). *Processo Civil*. Ata notarial e outros instrumentos processuais. São Paulo: Thomson Reuters Brasil, 2021. p. 67.
59. BRANDELLI, op. cit., p. 346-347.
60. ALVIM, op. cit., p. 256.
61. THAMAY, Rennan; TAMER, Maurício. *Provas no direito digital*. Conceito da prova digital, procedimentos e provas digitais em espécie. São Paulo: Thomson Reuters, 2020. p. 133.
62. Ibidem, p. 135.
63. BLASCO, op. cit., p. 66.

judiciais e o penhor legal têm se mostrado excelentes escolhas normativas e legislativas.

A carta de sentença notarial é o título formado pelo notário, de forma similar ao título judicial (formal de partilha, carta de adjudicação, carta de arrematação, mandado de registro, de averbação e de retificação). Pode ser utilizada para ingresso no Registro de Imóveis e em outras entidades competentes, como Detran, bancos etc.[64] A expedição da carta de sentença num tabelionato de notas de preferência do requerente necessita da aprestação dos autos do processo físico ou digital (com senha de acesso), indicação das páginas que pretenda inserir na carta, além das obrigatórias, e o pagamento dos emolumentos.[65]

O divórcio e a separação extrajudiciais foram previstos, inicialmente, na Lei 11.441/2007, que alterou o Código de Processo Civil de 1973. Com a entrada em vigor do Código de Processo Civil de 2015, o art. 733 manteve a possibilidade da lavratura de escrituras públicas de divórcio e separação, além de dispor sobre a extinção de união estável perante o tabelião de notas, desde que consensuais e não haja nascituro ou filhos incapazes e as partes estejam assistidas por advogado ou defensor público.

A Lei 11.441/2007 também dispôs sobre o inventário e a partilha extrajudiciais. E, atualmente, o Código de Processo Civil permite o inventário e a partilha na via administrativa, se todos forem capazes e concordes (art. 610, § 1°, do CPC) e estiverem assistidos por advogado ou defensor público (art. 610, § 2°, do CPC). Porém, havendo testamento ou interessado incapaz, o inventário será judicial (art. 610, *caput*). Seguindo o princípio da legalidade, caberá ao tabelião verificar o respeito à observância das legítimas, analisando os bens e valores que devem compor os quinhões hereditários.[66] Assim, a via administrativa é solene, feita por escritura pública dotada de fé pública, que faz prova plena (art. 215, do Código Civil).[67]

Além da celeridade proporcionada na via administrativa, destacam-se a desburocratização e a extrajudicialização: foram mais de 4,5 milhões de atos de inventários, partilhas, separações e divórcios realizados em Tabelionatos de

---

64. ALVARES, Luís Ramon. *O que você precisa saber sobre o cartório de notas*. São José dos Campos: Editora Crono, 2016. p. 65.
65. Ibidem, p. 65.
66. LOUREIRO, op. cit., p. 1221.
67. MARCASSA FILHO, André Luiz. Atos de dissolução e sucessão familiar extrajudiciais – separação, divórcio, dissolução de união estável e inventário. In: PEDROSO, Alberto Gentil de Almeida (Coord.). *Processo civil*. Ata notarial e outros instrumentos processuais. São Paulo: Thomson Reuters Brasil, 2021. p. 191.

Notas desde 2007, refletindo uma economia de 10,6 bilhões de reais ao erário brasileiro.[68]

Quanto aos atos atribuídos ao tabelião de notas, também se destaca a homologação do penhor legal, conforme o art. 703 do Código de Processo Civil. O penhor legal é uma forma de constituição de uma garantia que tem por finalidade ratificar a posse do credor em relação aos bens constitutivos da garantia do crédito até que em regular processo principal seja ele acolhido ou satisfeito.[69] Assim, é o pagamento da dívida, mediante a posse direta de bem móvel do devedor.[70] Para a homologação do penhor legal na via administrativa, o credor pignoratício deverá apresentar requerimento ao tabelião de notas de sua preferência, com contrato de locação ou a conta pormenorizada das despesas, a tabela dos preços e a relação dos objetos retidos, e pedido de citação do devedor para pagar ou contestar (arts. 703, §§ 1º e 2º, do CPC). Após o recebimento do requerimento, o tabelião promoverá a notificação extrajudicial do devedor para, no prazo de cinco dias, pagar o débito ou impugnar sua cobrança. Se houver impugnação, o procedimento será encaminhado ao Poder Judiciário para decisão (art. 703, § 3º, do CPC). Se não houver, o notário formalizará a homologação do penhor legal por escritura pública (art. 703, § 4º, do CPC).[71]

Acreditamos que, assim como a homologação do penhor legal foi destinada às atividades dos tabeliães, outras figuras de jurisdição voluntária possam ser. Como exemplo, cita-se a alteração de regime de bens vigente no casamento, atualmente de competência judicial (art. 734 do CPC). Se o tabelião é competente para lavrar as escrituras públicas de pacto antenupcial, não há por que não o ser para a alteração do regime antes escolhido.

6.3.4 Tabelionato de Protesto

A função exercida pelos tabeliães de protesto tem promovido o desenvolvimento da economia do país, garantindo que credores recebam dívidas e reduzindo o índice de inadimplência sem a necessidade de recorrer a instituições judiciais. Um sistema jurídico que ofereça aos credores maior segurança e certeza afetará significativamente a concessão de crédito em melhores condições.[72]

---

68. ANOREG/BR. *Cartório em números*. 3. ed. 2021, p. 44. Disponível em: https://www.anoregsp.org.br/__Documentos/Uploads/cartorios%20em%20numeros%202021.pdf. Acesso em: 12 abr. 2022.

69. GRECO, Leonardo. *Jurisdição voluntária moderna*. São Paulo: Dialética, 2003. p. 132.

70. ALVARES, op. cit., p. 87.

71. Ibidem, p. 88.

72. SANTOS, Reinaldo Velloso. *Protesto notarial e sua função no mercado de crédito*. Belo Horizonte: Dialética, 2021. p. 441.

Os protestos também contribuem para a redução das assimetrias de informações de mercado e fornecem dados confiáveis sobre o histórico de crédito de pessoas físicas e jurídicas.[73]

As serventias de protesto têm atuado na recuperação da dívida ativa. Sobre esse tema, no julgamento da ADI 5135, o Relator Ministro Luís Roberto Barroso compreendeu pela constitucionalidade do parágrafo único do art. 1º da Lei 9.492/97, inserido pela Lei 12.767/2012, que inclui as Certidões de Dívida Ativa (CDA) no rol dos títulos sujeitos a protesto, tanto do ponto de vista formal quanto material. Ainda, ressaltou que a prática confere "maior publicidade ao descumprimento das obrigações tributárias e serve como importante mecanismo extrajudicial de cobrança, que estimula a adimplência, incrementa a arrecadação e promove a justiça fiscal".[74]

O questionamento da ação se referia à cobrança da dívida tributária prevista na Lei 6.830/80, ou seja, a execução fiscal é um instrumento típico de cobrança de dívidas ativas. Portanto, questionou-se a utilização dos protestos extrajudiciais de Certidão da Dívida Ativa da União (CDA), pois o fisco já dispõe de meios judiciais especiais e adequados para a cobrança dos créditos tributários.[75] No entanto, além de os protestos não retirarem a validade das execuções fiscais legalmente dispostas, os protestos de certidões de dívida (CDA) são menos onerosos para os contribuintes, pois não há apreensões, confiscos de bens, pagamento de taxas processuais etc.[76]

6.3.5 Registro de Títulos e Documentos e Civil das Pessoas Jurídicas

A existência de registros públicos proporciona segurança jurídica nos atos praticados pelos registros de títulos e documentos e pelos registros civis de pessoas jurídicas, que, muitas vezes, aparecem de forma cumulativa em serventias extrajudiciais de comarcas menores, por isso, tratados em conjunto neste tópico.

O registo civil de pessoas jurídicas assegura a existência jurídica de associações, fundações, organizações religiosas e outras pessoas jurídicas (art. 120 e seguintes da Lei 6.015/73), sendo também responsável por registros de jornais, oficinas impressoras, empresas de radiodifusão e agências de notícias (art. 122 e seguintes da Lei 6.015/73). A qualificação registrária se faz presente antes da

---

73. Ibidem, p. 449.
74. ADI 5135; órgão julgador: Tribunal Pleno do STF; Relator: Min. Roberto Barroso; julgamento: 09.11.2016; publicação: 07.02.2018.
75. GAMA, Thyago Rodrigues. O protesto de certidão de dívida ativa e o planejamento estratégico do Tribunal de Justiça do Estado de Goiás. In: VIEIRA, Bruno Quintiliano Silva; PINHEIRO, Weider Silva. *II Estudos de Direito Notarial e Registral*. Goiânia: Kelps, 2021. p. 188.
76. Ibidem, p. 189.

prática desses atos, de modo que são analisados os requisitos legais e normativos, prevenindo eventuais litígios e conferindo personalidade jurídica e legitimidade a tais instituições.

O registro de títulos e documentos é responsável pelo registo de uma extensa lista de documentos, após a qualificação. É também responsável pelo registro facultativo de quaisquer documentos para fins de conservação (art. 127, VII, da Lei 6.015/73) e de todos os documentos não atribuídos a outros ofícios de forma expressa (art. 127, parágrafo único, da Lei 6.015/73). Dessa forma, os registros de títulos e documentos demonstram versatilidade para garantir segurança jurídica aos mais diversos atos praticados pelas pessoas físicas e/ou pelas pessoas jurdícas.[77]

No que tange aos bens móveis, cuja transferência ocorre com a tradição – que pode se dar de maneira efetiva ou material, simbólica ou ficta, ou consensual –,[78] conferem segurança às garantias em que servem de objeto e comprovam a propriedade, já que a posse não é meio absoluto de comprovação da proprieda-de das coisas móveis,[79] como nos casos de penhor, reserva de domínio e outros institutos assemelhados.[80]

José Maria Siviero relata que já foram registrados mais de 150 tipos de docu-mentos nos Registros de Títulos e Documentos de todo o país, como contrato de constituição de condomínio para cavalo quarto de milha; contrato de barriga de aluguel; contrato de compra de passe de atleta profissional; contrato de patrocí-nio de clube esportivo; programa de campanha política etc.[81] O registro, em tais casos, confere autenticação da data, da existência e do conteúdo do documento, salvaguardando-o de eventual perda ou deterioração.

6.4 SERVIÇOS FACULTATIVOS COMUNS A TODAS AS ESPECIALIDADES

Recentemente, o legislador pátrio conferiu outras atribuições não típicas às serventias extrajudiciais, cuja prática do serviço é opcional. Assim, o aposti-lamento de documentos, a mediação e a conciliação e a emissão de certificados digitais são serviços que podem ser oferecidos por todas as especialidades, a

---

77. SIVIERO, José Maria. A vanguarda do Registro de Títulos e Documentos no Brasil. In: SANTOS, Queila Rocha Carmona dos. *Direito Notarial e Registral*. Homenagem às Varas de Registros Públicos da Comarca de São Paulo. São Paulo: Quartier Latin, 2016. p. 815.
78. MIRANDA, Caleb Matheus Ribeiro de; CIMINO, Rafael Gil. Sistemas brasileiros de identificação de direitos sobre bens móveis materiais. In: PEDROSO, Alberto Gentil de Almeida (Coord.). *Direito administrativo*. São Paulo: Thomson Reuters Brasil, 2021. p. 169.
79. Ibidem, p. 169.
80. Ibidem, p. 171.
81. SIVIERO, op. cit., p. 819.

critério de seu titular, com exceção das comarcas das capitais dos Estados quanto ao apostilamento (art. 19 da Resolução 228/2016).

Quanto ao apostilamento de documentos, a Resolução 228/2016 do CNJ regulamenta a aplicação da Convenção sobre a Eliminação da Exigência de Legalização de Documentos Públicos Estrangeiros, celebrada em Haia, em 5 de outubro de 1961, ou Convenção da Apostila. O apostilamento é a legalização ou chancela consular consistente na formalidade pela qual se atesta a autenticidade da assinatura, da função ou do cargo exercido pelo signatário do documento e, quando possível, a autenticidade do selo ou do carimbo nele aposto (art. 1º, parágrafo único, da Resolução 228/2016 do CNJ). Aplica-se aos documentos produzidos em território nacional e destinados a produzir efeitos em países que façam parte da Convenção (art. 1º da Resolução 228/2016 do CNJ). Essa resolução tornou possível a prática eficaz nas serventias extrajudiciais, espalhadas por todo o território nacional, tornando o procedimento célere e seguro, já que seus delegatários são especialistas em conferência de documentos.

O Provimento 119/2021 do CNJ introduziu o Apostil ao fundamento de que, tendo em vista que a Convenção da Apostila foi escrita na década de 1960, estaria defasada em relação ao avanço tecnológico que o mundo alcançou desde aquele tempo até os dias atuais.[82] Assim, em 2003, a Comissão Especial reuniu-se para ajustar o texto da Convenção e criar o Programa Piloto da Apostila Eletrônica (e-APP), lançado em 2006 (hoje somente Programa da Apostila Eletrônica), que promove a emissão da apostila eletrônica (e-Apostila) e a operacionalidade dela por meio de um registro eletrônico (e-Registro).[83] O antigo SEI Apostila, instituído pela Resolução CNJ 228/2016, foi substituído pelo Sistema Eletrônico de Apostilamento (Apostil), que, em 3.8.2020 (Provimento CNJ 106/2020), iniciou as operações.[84] Utilizando a capilaridade das serventias extrajudiciais, o apostilamento de documentos pode ser feito em qualquer uma, de livre escolha do interessado, conforme a Resolução 392/2021, independentemente da atribuição típica da especialidade.

A mediação e a conciliação foram tratadas no capítulo 5. Compete, agora, ressaltar a via das serventias extrajudiciais a fim de servir de espaço para a prática de tais atos conduzidos sob a responsabilidade do titular da delegação. Ressalta-se que, devido à experiência nos negócios jurídicos, do dever de imparcialidade e de seus conhecimentos jurídicos de direito privado, os notários e registradores

---

82. MONTANARI, Fernando Alves. *O direito internacional privado, a legalização, a consularização e o apostilamento de documentos públicos*. Direito Internacional. São Paulo: Thomson Reuters Brasil, 2021.

83. Ibidem, p. 118-119.

84. Ibidem, p. 119.

estão particularmente aptos para agir como facilitadores do diálogo, visando à resolução de conflitos.[85]

No que tange à regularização fundiária, os registradores podem auxiliar na busca da solução da impugnação oferecida após a notificação dos proprietários, titulares de direitos reais e dos confrontantes, tendo em vista sua expertise em procedimentos semelhantes como retificação de área e usucapião extrajudicial.[86]

Nesse aspecto, a mediação prevista no curso de tais procedimentos não é remunerada, tampouco regulamentada. Sendo assim, surgem dois tipos de mediação e de conciliação nas serventias extrajudiciais: a que demanda formação específica em curso de formação para o desempenho das funções, conforme Resolução 125/2010 do CNJ, e é praticada de forma atípica e facultativa (art. 2º do Provimento 67/2018 do CNJ), e a que não necessita de formação e é praticada no curso de procedimentos típicos. O curso de formação mencionado é direcionado à mediação e à conciliação judiciais. Ao tratar da parte prática da formação, o Anexo I, que trata das Diretrizes Curriculares, da Resolução 125/2010, com a redação dada pela Emenda 2, de 8.3.2016, dispõe, no item 2, que a etapa habilita o mediador ou conciliador a atuar perante o Poder Judiciário. Ora, um mediador ou conciliador formado para a atuação judicial certamente não será competente para a atuação nas serventias extrajudiciais, que tem toda uma sistemática própria. É dessa forma que se faz necessário o reconhecimento do sistema de acesso à justiça público-privada. Pensar que toda a forma de acesso à justiça se atém ao Poder Judiciária resulta em questões como essa, que desvirtuam a principiologia e consome anos de serviços de profissionais do direito registral e notarial. O reconhecimento desse sistema de forma autônoma é imprescindível e urgente. A formação específica do mediador e do conciliador atuante nas serventias extrajudiciais é necessária a fim de prestar um serviço de excelência; assim, a formação teórica e prática há de ser específica.

Ainda, a Lei 13.140/2015 dispõe, no seu art. 42, que se aplica a outras formas consensuais de resolução de conflitos, como mediações comunitárias e escolares, e àquelas levadas a efeito nas serventias extrajudiciais, desde que no âmbito de suas competências. Estabelece, portanto, uma restrição na atuação dos mediadores e conciliadores das serventias extrajudiciais, o que não faz sentido, já que se trata de atividade atípica e, a exemplo dos apostilamentos, não deveria haver restrição relacionada à competência típica de seus titulares.

---

85. LOUREIRO, Luiz Guilherme. *Manual de direito notarial*: da atividade e dos documentos notariais. Salvador: JusPodivm, 2016. p. 275.

86. CUNHA, Michely Freire Fonseca. *Manual de regularização fundiária urbana* – REURB. 2. ed. rev. e ampl. São Paulo: JusPodivm, 2021. p. 248-249.

Por fim, há a possibilidade de emissão de certificados digitais pelas serventias extrajudiciais. O certificado digital poderá ser emitido por órgãos relacionados à ICP-Brasil – Infraestrutura de Chaves Públicas Brasileira. O Instituto nacional de Tecnologia da Informação (ITI), autarquia federal, é o responsável por comandar essa estrutura.

A ICP-Brasil visa garantir a autenticidade, a integridade e a validade jurídica de documentos em forma eletrônica, das aplicações de suporte e das aplicações habilitadas que utilizem certificados digitais, além da realização de transações eletrônicas seguras (art. 1º da Medida Provisória 2.200-2/2001). A ICP-Brasil é composta por uma autoridade gestora de políticas e pela cadeia de autoridades certificadoras composta pela Autoridade Certificadora Raiz (AC Raiz), pelas Autoridades Certificadoras (AC) e pelas Autoridades de Registro (AR) (art. 2º da Medida Provisória 2.200-2/2001). As serventias extrajudiciais funcionam como instalações técnicas da autoridade de registro, fazendo o reconhecimento da pessoa física ou jurídica que requer o certificado digital, que, após emitido, possibilitará sua assinatura digital. Nos termos do Provimento 100/2020 do CNJ, assinatura digital é um "resumo matemático computacionalmente calculado a partir do uso de chave privada e que pode ser verificado com o uso de chave pública, cujo certificado seja conforme a Medida Provisória 2.200-2/2001 ou qualquer outra tecnologia autorizada pela lei" (art. 2º, III).

Atualmente, as atribuições facultativas a notários e registradores são transformadoras da realidade daqueles que não necessitam se deslocar em grandes distâncias para pleitear tais serviços. Num futuro próximo, outros serviços serão atribuídos às serventias extrajudiciais, contribuindo para o acesso à justiça público-privada.

6.5 O PAPEL COLABORATIVO DAS SERVENTIAS EXTRAJUDICIAIS NA PREVENÇÃO À LAVAGEM DE DINHEIRO E AO FINANCIAMENTO DO TERRORISMO

As serventias extrajudiciais prestam diversas informações aos mais diferentes órgãos brasileiros para elaboração de políticas públicas e controle. São eles, a Polícia Federal, a Secretaria de Segurança, o IBGE, o INSS, a Receita Federal, o Ministério das Relações Exteriores, o Ministério da Justiça, o Exército, a Funai, o Tribunal Superior Eleitoral, o Ministério da Defesa, Prefeituras Municipais, Incra etc.

Os serviços extrajudiciais estão cada vez mais propensos a ajudar o Judiciário brasileiro e agora servem como uma medida preventiva para combater a corrupção e práticas corruptas, como lavagem de dinheiro, por meio, por exemplo, da compra e venda de bens imóveis.[87]

Em que pese a redação original da Lei 9.613/98 não conter obrigações quanto à lavagem de dinheiro para notários ou registradores,[88] os registros públicos foram incluídos como pessoas sujeitas ao mecanismo de controle de atos relacionados a lavagem de dinheiro pela Lei 12.683/2012 (art. 9º, parágrafo único, XIII).

As funções de comunicação envolvem o envio de informações a entidades de inteligência financeira que operam em condições de comunicação regulamentadas.[89] Nesse sentido, o Provimento 88/2019, com as alterações do Provimento 90/2020, ambos do CNJ, dispôs sobre política, procedimentos e controles a serem adotados por notários e registradores, visando à prevenção dos crimes de lavagem de dinheiro (Lei 9.613/98) e financiamento do terrorismo (Lei 13.260/2016).

Clara está a importância das atividades desempenhadas por notários e registradores, a função social de suas atividades, inclusive no combate à criminalidade.

As serventias extrajudiciais exercem diversas atividades em prol do acesso à justiça, seja na forma preventiva, seja na solução extrajudicial de conflitos, seja, ainda, quando praticam seus serviços públicos de forma escorreita, de acordo com a legalidade, trabalhando pelo não conflito. Por tudo o que foi exposto, urge o reconhecimento de tais serviços como sistema autônomo de acesso à justiça. Ademais, a criação de novas atribuições aos serviços extrajudiciais impede que o sistema de justiça pública colapse por entupimento nas vias (ou veias) de acesso.

---

87. GONÇALVES; MARQUES, op. cit., p. 110.
88. MIRON, Rafael Brum. *Notários e registradores no combate à lavagem de dinheiro*. Rio de Janeiro: Lumen Juris, 2018. p. 75.
89. Ibidem, p. 147.

7
UM NOVO PARADIGMA DE JUSTIÇA NO BRASIL

Em que pese as transformações identificadas nas ondas de acesso à justiça por Cappelletti e Garth e, posteriormente, por Economides, as mudanças ocorridas no decorrer dos anos no Brasil foram tamanhas, que cabe, neste capítulo, um estudo condizente com um novo paradigma de acesso à justiça no Brasil. Nota-se que as mudanças são sentidas no campo processual e também na esfera do direito material.

A fim de conferir autenticidade à afirmação de que há um novo paradigma de acesso à justiça no Brasil, tal qual se propõe, justificando a pesquisa, já que o reconhecimento da convivência dos três sistemas de acesso à justiça é parte relevante para se cogitar um novo paradigma, precisamos compreender o que é um paradigma.

Thomas Kuhn, na obra *A estrutura das revoluções científicas*, define o termo "paradigma" como "aquilo que os membros de uma comunidade partilham" e, inversamente, "uma comunidade científica consiste em homens que partilham um paradigma".[1] Assim, é aquilo que seja uniforme aos membros de determinada comunidade. Os paradigmas servem para fixar uma interpretação capaz de incluir ou explicar quaisquer exemplos concretos.[2] É evidente que, apesar de fixar uma interpretação, nenhum "paradigma está a salvo de contestação por uma nova interpretação que considere melhor outro paradigma e deixe aquele de lado, por considerá-lo um equívoco".[3]

O que temos proposto não está a salvo de novas considerações ou ajustes, mas reconhecemos que há um novo modelo – sistêmico – de acesso à justiça que tem sido seguido e, diante dessa constatação, procuramos aprimorá-lo.[4]

---

1. KUHN, Thomas S. *A estrutura das revoluções científicas*. 5. ed. São Paulo: Editora Perspectiva, 1998. p. 219.
2. DWORKIN, op. cit., p. 88.
3. Ibidem, p. 89.
4. A presente tese não é um ponto final, mas um início: "Quando um novo candidato a paradigma é proposto pela primeira vez, muito dificilmente resolve mais do que alguns dos problemas com os quais se defronta e a maioria dessas soluções está longe de ser perfeita" (KUHN, op. cit., p. 196).

Para a comprovação de que se está diante de um novo paradigma de acesso à justiça no Brasil, trataremos, na sequência, de algumas inovações relacionadas à justiça jurídica, já que, conforme Kuhn, "o processo de aprendizado de uma teoria depende do estudo das aplicações, incluindo-se aí a prática na resolução de problemas, seja com lápis e papel, seja com instrumentos num laboratório".[5]

Importante salientar que as três ondas ainda coexistem e é essencial que assim seja. Isso porque não há que se argumentar sobre a superação de uma onda por outra, mas sobre a convivência de todas essas ondas com as novas que vão surgindo, assim como as ondas do mar. Uma onda reverbera em outra, que reflete sua energia em atividade na próxima, cada qual tratando de sua zona de atuação, sem, no entanto, deixar de atingir a próxima. E, assim, seguem harmonicamente convivendo, pois não há oposição entre elas, que avançam sempre na mesma direção, qual o avanço do acesso à justiça. Contudo, as ondas precisam avançar. O que foi pensado há quarenta anos deve ser recontextualizado, considerando que surgiram novas peças para contribuir com o avanço das ondas e dos sistemas de justiça.

A seguir, passaremos a identificar os elementos que apontam haver uma mudança de paradigma do acesso à justiça no Brasil. Foram selecionados alguns indicadores de mudança que refletem no acesso à justiça, sem, contudo, esgotar as possibilidades no presente estudo.

7.1 UM NOVO CONCEITO DE JUSTIÇA

O acesso à justiça teve início no epicentro do Poder Judiciário, mas aos poucos foi suplantando-o. A mudança no conceito de justiça, quando tomamos por base o acesso à justiça, se verifica por diversos panoramas. É marcada pelo acesso digital, pela inteligência artificial, pela jurimetria, sendo possível já verificar questões relacionadas ao metaverso;[6] pela desjudicialização e extrajudicialização, da qual fazem parte as serventias extrajudiciais; pela relevância dos direitos dos animais, da fraternidade, da busca do legislador por outros meios de solução de

---

5. Ibidem, p. 71.
6. "Metaverso é expressão que traz consigo algo não imaginado pelo mais comum dos seres humanos. É palavra que indica conteúdo além da internet conhecida e das suas cotidianas possibilidades. Propõe-se uma grande revolução tecnológica, pela qual estaremos dentro do conteúdo consumido, algo como estar dentro da estória do livro, interagindo com os personagens, como avatares ali posicionados, presenciando o amor de Romeu e Julieta, o desenrolar de *Vinte Mil Léguas Submarinas* e as angústias narradas por Victor Hugo em *Os Miseráveis*" (DEVISATE, Rogério Reis. Metaverso nega o verso: poder sem igual. 2021. Disponível em: https://agazetadoamapa.com.br/coluna/1673/metaverso-nega-o-verso-poder-sem-igual. Acesso em: 23 nov. 2021.

conflitos – em continuidade e aprimoramento à terceira onda; e pelo acesso das pessoas em situação de rua e animais.

Em termos dos modelos inerentes ao tradicional de legitimidade estatal das instituições judiciárias, surgiram outros, conforme vimos no decorrer desta obra, que possibilitam autenticidade, flexibilidade e descentralização.[7] A justiça não é mais (se é que alguma vez o foi) estável e certa, mas fluida, móvel e instável.[8]

Não se trata de compreender a justiça como um senso de justiça, tal qual abordamos no capítulo 1, mas de enxergar a justiça como em constante mutação e evolução. A justiça aqui conceituada compreende novos direitos e procedimentos, condizentes com a sociedade atual, especialmente na era pós-Covid-19. Essa justiça alcança estruturas estatais decisórias, além do Poder Judiciário e organizações privadas, enxerga novos sujeitos de direito e salienta a justiça como para além de resolução de conflitos, como prevenção aos conflitos e como presença na ausência de conflitos, esclarecendo direitos e se fazendo vista quando necessária, ainda que não haja oposição de interesses.

A justiça, nesse novo paradigma, é percebida como direito, por isso cabível falar em acesso ao direito para que não se confunda com o acesso à justiça exclusivo do Poder Judiciário e de ações e procedimentos que ali se vivificam. Contudo, não se exclui da apreciação do Poder Judiciário qualquer tipo de ação. Torna-se mais reconhecida a sua função primordial de resolver certos tipos de conflitos, embora necessário o questionamento dos atos de jurisdição voluntária. Já se indaga há algum tempo o que seria a jurisdição voluntária e qual seria a necessária atuação judicial em tais questões. Dessa forma, a jurisdição, antes exclusiva do Judiciário, pode ser exercida pelo serviço extrajudicial ou câmaras de comércio comunitárias, centros e até mesmo mediadores e conciliadores extrajudiciais.[9]

Tendo em vista o conceito moderno de acesso à justiça, o princípio da não revogação da jurisdição deve ser reinterpretado, já que se estende também à possibilidade de resolução de conflitos na esfera privada[10] ou público-privada. É impensável hoje falar apenas em acesso ao Judiciário.[11] Logo, o acesso à justiça não se confunde com o acesso à justiça judicial; pelo contrário, a mentalidade ideal

---

7. WOLKMER, op. cit., 2015, p. 357.
8. GALANTER, op. cit.
9. PINHO, Humberto Dalla Bernardina de. A releitura do princípio do acesso à justiça e o necessário redimensionamento da intervenção judicial na resolução dos conflitos na contemporaneidade. *RJLB*, ano 5, n. 3, p. 791/830, 2019. Disponível em: https://www.cidp.pt/revistas/rjlb/2019/3/2019_03_0791_0830. pdf. Acesso em: 24 nov. 2021. p. 799.
10. Ibidem, p. 802.
11. Ibidem, p. 822.

parece ser, primeiro, usar meios extrajudiciais para resolver disputas e, somente em último caso, os métodos de decisão do litigante (arbitragem e jurisdição).[12]

Por outro lado, é preciso cuidado em importações de métodos estrangeiros.[13] Isso porque a historicidade inerente à criação do direito muitas vezes não é considerada.[14] Para Luhmann, a justiça é relacionada a um código binário, resultado de um paradoxo de legalidade e ilegalidade.[15] Assim, o conceito de justiça requer claramente uma qualidade normativa tipicamente brasileira: o ser e o não ser, o ter e o não ter, o acessar e o não acessar o sistema de justiça. Certamente, três sistemas distintos de acessos à justiça permitem mais acessos e de forma mais democrática, conforme explanaremos.

7.2 DEMOCRATIZAÇÃO DO ACESSO À JUSTIÇA

Ao lado da descentralização do acesso à justiça, ou ao direito, há o fenômeno da democratização do acesso ao direito (ou à justiça). Esse fenômeno vem ao encontro de outros fenômenos da sociedade atual. Não se confunde com a justiça multiportas, pois não se trata de haver outras portas de acesso, questão já abordada no capítulo 6, mas de facilitar o acesso.

O Brasil é um Estado democrático, estando isso expresso no Preâmbulo da Constituição Federal, o que significa que todo poder desse Estado emana do povo, que o exerce de forma direta ou indireta, por meio de representantes (parágrafo único do art. 1º da CF/88). Em que pese Rousseau desacreditar da democracia verdadeira,[16] acreditamos que ela é, sim, possível, inclusive ao tratarmos da democracia quanto ao acesso à justiça.

Nesse sentido, democratização da justiça seria o ato de tornar acessível a todas as pessoas o acesso à justiça. É bem de ver que a Constituição Federal, no seu art. 5º, XXXV, não permite que o Poder Judiciário recuse as demandas que envolvam lesão ou ameaça a direito que vai enfrentar. Contudo, faz-se necessário esclarecer que o processo judicial é um meio formal de acesso à justiça que nem todos têm condições de compreender ou se sentem à vontade para comparecer no ambiente formal e respeitoso, porém às vezes frio, de um fórum. Ademais,

---

12. Ibidem, p. 818-819.
13. ARONNE, Ricardo; CATALAN, Marcos. Quando se imagina que antílopes possam devorar leões: oito ligeiras notas acerca de uma tese passageira. *Civilistica.com*, Rio de Janeiro, v. 7, n. 1, p. 1-13, 2018. p. 2-3.
14. LUHMANN, op. cit., 2016, p. 173.
15. Ibidem, p. 289-290.
16. "Se tomarmos o termo sob o rigor da acepção, jamais existiu democracia verdadeira e não existirá jamais. É contra a ordem natural a maioria governar e a minoria ser governada" (ROUSSEAU, op. cit., p. 62).

para algumas questões conflituosas, não será o Poder Judiciário a melhor porta de acesso à justiça. Ainda, tal qual enunciado no inciso XXXV do art. 5º da Constituição Federal, apenas lesão ou ameaça a direito não serão excluídos da apreciação do Poder Judiciário. Diante desse panorama, a garantia do acesso à justiça do Poder Judiciário pode ser vista sob duas perspectivas: (i) como proteção judicial e (ii) como atuação por meio de processos justos.[17] No entanto, nem todo conflito ou questão jurídica está aqui abrangido.

Não se tratando de lesão ou ameaça a direito, *a contrario sensu*, seriam as situações relacionadas ao direito excluídas da apreciação judicial? Seria essa conclusão plausível? Acreditamos que não, porém é plausível de interpretação que, além do Poder Judiciário, há outros entes que exercem a justiça no Brasil. O próprio constituinte salientou a relevância dos advogados na administração da "justiça" (art. 133 da CF/88), a qual aparece em letra inicial minúscula, distinguindo-se de várias outras vezes em que a Constituição Federal prefere constar a "Justiça" com letra inicial maiúscula, significando em todas elas a presença do Poder Judiciário. Portanto, o advogado seria relevante para atuar na administração da justiça dentro e fora da "Justiça", ou melhor, do Poder Judiciário.

A Constituição Federal trata, ainda, da justiça desportiva no seu art. 217, § 2º; da justiça social nos seus arts. 170 e 193; e da justiça como valor supremo da sociedade fraterna brasileira no Preâmbulo – todas elas com letras iniciais minúsculas. Logo, não restam dúvidas de que há outras justiças além da oferecida pelo Poder Judiciário.

Atualmente, observamos os sistemas de compartilhamento como fenômeno presente em diversos setores: novos modelos de espaços de trabalho compartilhados (*coworking*), que podem incluir ou não funcionários compartilhados, como secretárias, serviços de segurança etc.; compartilhamento de serviços de transporte privado por meio de plataformas digitais, como Uber, 99, Easy taxi, Buser etc.; entretenimento, como as plataformas de *streaming* com assinatura por valores baixos, com acesso a música e filmes 24/7, ou seja 24 horas nos 7 dias da semana, sem intervalos comerciais e opção de compartilhamento em família. No Direito Imobiliário, ganha relevo a multipropriedade, com a vigência da Lei 13.777/2018, que dispõe, no seu art. 1.358-C, que se trata de regime de condomínio, em que cada um dos proprietários (condôminos) de um mesmo imóvel é titular de uma fração de tempo, e não fração no solo, o que já era previsto pelo direito brasileiro, tanto no condomínio comum quanto no condomínio edilício (art. 1.331 e seguintes do CC).

---

17. SILVA, op. cit., p. 76.

A democratização de áreas públicas tem sido fenômeno em crescimento, notando-se nas cidades uma maior preocupação estatal com espaços públicos de lazer compartilhado, seja em pistas para caminhada, praças revitalizadas, aparelhos de ginástica em praças e canteiros, novos parques etc.

No setor imobiliário, a preocupação com a regularização de imóveis levou o legislador a eleger leis de democratização do acesso ao registro de imóveis, como a regularização fundiária (Leis 11.977/2009 e 13.465/2017) e de usucapião extrajudicial (Lei 6.015/73, com as alterações da Lei 13.465/2017). Com mais informação, há também uma mudança de cultura, pois se começa a entender a importância do registro para, a partir da segurança jurídica, redundar na valorização do imóvel e na possibilidade de oferecê-lo em garantia para cumprimento de dívidas oriundas, em sua maioria, de financiamentos; e, para o Poder Executivo em geral, culminar no aumento da arrecadação de impostos com as transações regulares.

O fenômeno da democratização atinge o acesso à justiça. Nesse novo panorama, podemos observar tentativas de tornar mais fácil a compreensão do vocabulário jurídico para aqueles que não conhecem o glossário legal, como as iniciativas do Tribunal de Justiça do Estado de São Paulo com os *podcasts* Juridiquês Não Tem Vez, Histórias da Justiça Restaurativa[18] e Cartilha do Extrajudicial,[19] que buscam esclarecer questões técnicas a partir de linguagem fácil.

A democratização do acesso à justiça é percebida pelos mutirões de conciliação promovidos pelo CNJ[20] e pela mediação nas serventias extrajudiciais (Lei 13.140/2015 e Provimento 67/2018 do CNJ); pelo apostilamento de documentos (Resolução 228/2016 do CNJ), inclusive de forma digital (Resolução 392/2021 do CNJ); pelos serviços de ofícios da cidadania promovidos pelos Registros Civis das Pessoas Naturais, que, por sua capilaridade, são os entes no exercício da justiça mais próximos à população, o que aumenta o número de postos de atendimento para obtenção de documentos públicos,[21] conforme dispõe a Lei 13.484/2017. Além disso, é sentida pela facilitação do acesso à plataforma de resolução de conflitos consumidor.gov, criado pela Senacon,[22] junto com os Procons (Fundação de Proteção e Defesa do Consumidor), que oferece de forma gratuita e virtual a resolução de conflitos, por enquanto, disponível apenas às empresas que quiserem se inscrever.[23] A plataforma conta com o mutirão para renegociação de dívidas

---

18. Disponível em: https://www.tjsp.jus.br/Podcasttjsp. Acesso em: 17 nov. 2021.
19. Disponível em: https://extrajudicial.tjsp.jus.br/pex-services/publico/arquivos/cartilha-do-extrajudicial.pdf. Acesso em: 17 fev. 2021.
20. Disponível em: https://www.cnj.jus.br/programas-e-acoes/conciliacao-e-mediacao/semana-nacional-de-conciliacao/. Acesso em: 17 fev. 2021.
21. Disponível em: https://arpenbrasil.org.br/arpen-br/oficio-da-cidadania/. Acesso em: 17 nov. 2021.
22. Criada pelo Decreto 7.738, de 28 de maio de 2012, integrando o Ministério da Justiça.
23. Disponível em: https://consumidor.gov.br/pages/principal/?1637173931117. Acesso em: 17 nov. 2021.

bancárias,[24] que poderão ser negociadas com mais de 160 instituições financeiras cadastradas, pelo *site* consumidor.gov.

Como veremos a seguir, também merecem atenção, como forma de democratização do acesso à justiça, os Centros Judiciários de Solução de Conflitos e Cidadania (Cejusc) e outros centros de solução, inclusive virtuais. Ganha relevo, ainda, o acesso à justiça por outros seres antes excluídos dos olhos da justiça: os animais e as pessoas em situação de rua.

A democratização implica mais órgãos julgadores, podendo significar, inclusive, que as próprias partes sejam as instâncias decisoras de suas questões, como ocorre na mediação.

Apesar de o Brasil ser um país democrático, importante destacar que a democratização do acesso à justiça é mais perceptível nos tempos atuais, seja por novas possibilidades de acesso, seja por novos entes competentes para resolução de conflitos. É hora de democratizar a justiça brasileira.[25]

7.3 NOVOS EPICENTROS DE JUSTIÇA

Exceto em circunstâncias especiais, os países modernos exigem a resolução de todos os conflitos por meio dos canais legais existentes.[26]

Observa-se, ainda, a importância do fenômeno da descentralização do acesso à justiça como resultado dos sistemas de justiça elencados. Ao entrar no panorama da crise do sistema contencioso cível brasileiro, é preciso recordar o sistema estabelecido pela centralidade dessa crise e o heterogêneo método composto de solução de controvérsias.[27] Em suma, a falta de cuidado com o acesso à justiça trará enormes consequências para a vida das pessoas que precisam de proteção jurídica.[28] Por isso, a importância de considerar os três sistemas de justiça – estatal, privado e público-privado – e suas reproduções e interações respectivas.

Para demonstrar os novos epicentros de justiça, criados a partir de reprodução de seus próprios sistemas de justiça, conforme a autopoiese mencionada

---

24. Disponível em: https://mutirao.febraban.org.br/. Acesso em: 17 nov. 2021.
25. ANDRIGHI, Fátima Nancy. *Formas alternativas de solução de conflitos*. 2009. Disponível em: https://bibliotecadigital.fgv.br/ojs/index.php/rda/article/view/7539/6033. Acesso em 21 nov. 2021.
26. BONICIO, Marcelo José Magalhães. *Proporcionalidade e processo*. A garantia constitucional da proporcionalidade, a legitimação do processo civil e o controle das decisões judiciais. São Paulo: Atlas, 2006. p. 67.
27. RODRIGUES, Rafaela Camilo; PINHEIRO, Weider Silva. Mediação e conciliação no extrajudicial: resoluções alternativas de conflitos. In: PINHEIRO, Weider Silva (Org.). *Estudos de direito notarial e registral*. Goiânia: Kelps, 2020. p. 113.
28. BONICIO, op. cit., p. 69.

no capítulo 2, passaremos ao estudo dos Cejusc, de novos centros de mediação e, rapidamente, das serventias extrajudiciais, tendo em vista a atenção a elas atribuída no capítulo anterior.

7.3.1 Cejusc

Os Centros Judiciários de Solução de Conflitos e Cidadania são unidades do Poder Judiciário responsáveis pela realização ou gestão de sessões e audiências de conciliação e mediação, sem prejuízo de outros métodos consensuais, bem como pelo atendimento e orientação dos cidadãos.

A Resolução 125, de 29 de novembro de 2010, é o resultado dessa iniciativa do CNJ, que institucionalizou a Política Judiciária Nacional de Tratamento Adequado dos Conflitos de Interesses no Âmbito do Poder Judiciário. Um dos pontos mais importantes dessa resolução é a atualização do conceito de acesso à justiça, não como mero acesso aos órgãos judiciários e aos processos contenciosos, mas como acesso à ordem jurídica justa,[29] o que corrobora nossa compreensão de que o acesso à justiça deve ser repensado.

A Política Judiciária Nacional prevista na Resolução 125/2010 do CNJ está estruturada na forma de um tripé: no ápice está o CNJ, com atribuições de caráter geral e nacional; abaixo dele, os Núcleos Permanentes de Métodos Consensuais de Solução de Conflitos (Nupemecs) de cada tribunal, responsáveis pelo desenvolvimento da política pública nos Estados e pela instalação e fiscalização dos Cejusc; e os Cejusc são as células de funcionamento da política pública, nas quais atuam os grandes responsáveis pelo seu sucesso, suas peças-chave, que são os conciliadores, mediadores e demais facilitadores de solução de conflitos, bem como os servidores do Judiciário, aos quais cabe a triagem dos casos e a prestação de informação e orientação aos jurisdicionados para garantia do legítimo direito ao acesso à ordem jurídica justa.

A Política Judiciária Nacional de Tratamento Adequado de Conflitos se sustenta sobre três pilares, conforme dispõe o art. 2º da Resolução 125/2010 do CNJ: (i) centralização das estruturas judiciárias por meio dos Cejuscs; (ii) adequada formação e treinamento de servidores, conciliadores e mediadores; (iii) acompanhamento estatístico específico.

Quanto à estrutura, os Cejusc devem abranger o setor de solução de conflitos pré-processual, recepcionando casos que versem sobre direitos transacionáveis

---

29. WATANABE, Kazuo. *Política Pública do Poder Judiciário nacional para tratamento adequado dos conflitos de interesses*. s.d. Disponível em: https://www.tjsp.jus.br/Download/Conciliacao/Nucleo/ParecerDesKazuoWatanabe.pdf. Acesso em: 21 nov. 2021.

em matéria cível, de família, previdenciária e da competência dos Juizados Especiais, o setor de solução de conflitos processual e o setor de cidadania, além de contar com estrutura funcional mínima, sendo compostos por um juiz coordenador e eventualmente um adjunto, devidamente capacitados, aos quais cabe sua administração e a fiscalização do serviço de conciliadores e mediadores capacitados.[30] Apesar de a Resolução 125/2010 do CNJ mencionar Centro Judiciário de Solução de Conflitos e Cidadania, o Novo Código de Processo Civil e a Lei 13.140/2015 mencionam Centro Judiciário de Solução de Conflito (art. 165, *caput*, do NCPC e art. 24 da Lei 13.140/2015).[31]

Assim, pode-se entender que o setor de cidadania seria facultativo,[32] embora de extrema relevância que seja dado seguimento à orientação jurídica, social e psicológica dos cidadãos, podendo, inclusive, o juiz coordenador firmar convênios com o Poder Executivo, o Tribunal Regional Eleitoral, a Polícia Federal, as Serventias Extrajudiciais ou instituições de ensino.[33]

Na Justiça Federal, cuja competência está prevista nos arts. 108 e 109 da Constituição Federal, é constante a presença de entes públicos nas causas que tramitam na Justiça Federal, o que reflete diretamente no método consensual de solução de conflitos utilizado, qual seja, a conciliação, podendo ser utilizada em ações envolvendo contratos com a Caixa Econômica Federal (CEF), benefícios do Instituto Nacional de Seguro Social (INSS), anuidades de conselhos de fiscalização profissional, desapropriações da União Federal ou medicamentos devidos pelo poder público federal.[34]

A partir de reproduções dos sistemas, surgem novos centros especializados. Exemplo disso é a Recomendação 71/2000 do CNJ, que dispõe sobre a criação de Cejusc Empresarial e fomenta o uso de métodos adequados de tratamento de conflitos de natureza empresarial.

A mediação e a conciliação já haviam sido exploradas na terceira onda de acesso à justiça de Cappelletti e Garth. Atualmente, o direito brasileiro explora a mediação e a conciliação como essenciais no processo civil (art. 3º, § 3º, do CPC). Ainda, em 2015, surgiu a Lei 13.140/2015 com base na qual foi elaborado o Provimento 67/2018 do CNJ, que trata da mediação e da conciliação extrajudiciais.

Não se pode negar que as audiências de tentativa de mediação e conciliação pré-processuais e processuais têm sido extremamente relevantes para a resolução

---

30. LAGRASTA, op. cit., p. 989.
31. Ibidem, p. 990.
32. Ibidem, p. 992.
33. Ibidem, p. 992.
34. Ibidem, p. 996.

de conflitos, diminuindo o número de ações a serem julgadas pelos tribunais e fomentando o diálogo e a solução de conflitos pelos próprios interessados envolvidos no conflito. Os números do sistema Justiça em Números, do CNJ, trazem dados importantes para se avaliar a utilidade da utilização de tais técnicas de resolução de conflitos. No ano de 2020, em média, a cada grupo de 100.000 habitantes, 10.675 ingressaram com uma ação judicial.[35]

Apesar de o Novo Código de Processo Civil tornar obrigatória a realização de audiência prévia de conciliação e mediação, em quatro anos, o número de sentenças homologatórias de acordo diminuiu 18,8%, passando de 2.987.623 sentenças homologatórias de acordo no ano de 2015 para 2.426.027 em 2020. No ano anterior, houve diminuição de 1.431.065 sentenças homologatórias de acordo (-37,1%), podendo essa queda estar relacionada à pandemia da Covid-19, que pode ter dificultado a realização de procedimento de conciliação e mediação presenciais ou das técnicas usuais utilizadas em audiências presenciais que ficaram prejudicadas pela via virtual.[36]

7.3.2 Novos centros de mediação

A reprodução do sistema é capaz de gerar novos centros de mediação e de conciliação. Assim, o Centro de Resolução de Conflitos (CRC) na Escola Politécnica (Poli) é um laboratório que oferece soluções extrajudiciais de conflitos – como mediação, arbitragem e *dispute boards* – tanto para a prevenção quanto para a resolução de controvérsias já existentes, observando os padrões das mais respeitadas câmaras arbitrais do mundo.

Além de proporcionar um espaço imparcial para discussão, com especialistas de diversas áreas do conhecimento, o CRC administra arbitragens e *dispute boards*, auxilia na elaboração de políticas públicas que beneficiem a sociedade e promove cursos, *workshops* e *webinars* sobre o assunto. Os eixos de trabalho incluem: resolução extrajudicial de conflitos, segurança cibernética e equilíbrio de gênero.

Outro exemplo é a plataforma interinstitucional desenvolvida pelo Tribunal Regional Federal da 3ª Região (TRF3) para buscar soluções consensuais para conflitos decorrentes da Covid-19, que, em menos de dois meses de funcionamento, superou a marca de 800 demandas recebidas, sendo que mais de 500 casos

---

35. CONSELHO NACIONAL DE JUSTIÇA. *Justiça em números 2021*. Brasília: CNJ, 2021. Disponível em: https://www.cnj.jus.br/wp-content/uploads/2021/10/relatorio-justica-em-numeros2021-081021.pdf. Acesso em: 7 nov. 2021.
36. Ibidem, p. 192.

envolvem particulares que tiveram negado o pedido de auxílio emergencial. A plataforma recebe demandas por e-mail.[37]

Dias Toffoli relata que o Acordo de Cooperação Técnica 028, de 20.8.2019, entre CNJ, INSS e Secretaria Especial de Previdência e Trabalho do Ministério da Economia (SEPT-ME), para intercâmbio das bases de dados constantes em sistemas corporativos dos signatários, trouxe medidas de automação do processo judicial eletrônico como a automatização, pelo processo judicial, de informações do processo administrativo concessório de benefício, por exemplo, laudos da perícia administrativa, e o envio aos sistemas do INSS de dados estruturados das decisões judiciais prolatadas.[38]

A Proposta de Emenda à Constituição 207/2019 trata de acrescentar o art. 200-A à Constituição Federal para determinar que sejam instituídos Comitês Estaduais Interinstitucionais de Desjudicialização da Saúde a fim de assegurar respostas mais céleres às demandas relativas à saúde.[39]

As serventias extrajudiciais também são consideradas novos centros de mediação e de conciliação. Desde a edição da Lei 13.140/2015, os responsáveis pelas serventias extrajudiciais estão aptos a atuar como mediadores ou conciliadores.

Como se nota, há possibilidade de criação de diversos outros entes aptos à solução de conflitos, especificamente em suas áreas de atuação, o que certamente proporcionará melhor resposta, tendo em vista suas respectivas expertises.

7.3.3 Serventias extrajudiciais

As serventias extrajudiciais, que mereceram capítulo próprio (capítulo 6), são pequenas reproduções do sistema de justiça público-privado que se destinam ao acesso à justiça. Nesse novo paradigma de acesso à justiça, diversas atribuições lhe têm sido ofertadas pelo legislador, o que resulta em ganho de relevância.

Além de novas competências, as serventias extrajudiciais têm sido parceiras constantes de agentes fiscalizadores, como os órgãos tributários, atuando na fiscalização de tributos, no envio de dados estatísticos ao Instituto Brasileiro de Geografia e Estatística (IBGE), à Receita Federal, ao Conselho de Controle de Atividades Financeiras (Coaf), contribuindo para a elaboração de políticas públicas e o combate à lavagem de dinheiro.

---

37. Disponível em: https://agenciabrasil.ebc.com.br/justica/noticia/2020-05/trf3-cria-plataforma-de--conciliacao-para-casos-envolvendo-covid-19. Acesso em: 15 dez. 2021.
38. TOFFOLI; PERES, op. cit., p. 50.
39. Disponível em: https://www.camara.leg.br/proposicoesWeb/fichadetramitacao?idProposicao=2231670. Acesso em: 24 nov. 2021.

São essas esferas de justiça que estão, em geral, mais próximas da população, justamente por sua capilaridade. Mesmo em distritos ou municípios que não são sede de comarcas, muitas vezes, a serventia extrajudicial é o único local de fornecimento de informações jurídicas e esclarecimentos. O seu reconhecimento como forma de acesso à justiça é essencial.

Desta forma se posicionou o CNJ no Provimento 95/2020, ao estabelecer a necessária continuidade dos serviços durante a pandemia da Covid-19, enquanto diversos municípios estiveram em *lockdown*:

> Considerando que os serviços notariais e de registro são essenciais para o exercício da cidadania, para a circulação da propriedade, para a obtenção de crédito com garantia real, para a prova do inadimplemento de títulos e outros documentos de dívida com a chancela da fé pública, entre outros direitos.

Sendo os serviços de notas e de registros vistos como essenciais, deve-se considerar uma Proposta de Emenda à Constituição que lhes garanta espaço no Capítulo IV da Constituição Federal, que dispõe sobre as funções essenciais à justiça.

7.4 ABORDAGEM DE ACESSO À JUSTIÇA POR SERES ANTES EXCLUÍDOS

A ampliação da justiça é sentida pelo acesso a ela por seres até então excluídos de seu campo de atuação. Essa abordagem inédita marca um novo paradigma de acesso à justiça. O reconhecimento dos animais como incluídos nas formas de acesso à justiça, bem como o cuidado e o respeito no tratamento de pessoas em situação de rua nos seus acessos à justiça judiciária, é um marco na compreensão contemporânea de acesso à justiça.

7.4.1 Acesso à justiça pelos animais

A consideração dos animais como seres sencientes é um avanço em nossa cultura antropocêntira. A senciência é a capacidade de sentir dor e experimentar o prazer com a consciência de experiências positivas e negativas que se vivenciam.[40] Os aninais, sejam humanos ou não humanos, têm um sistema nervoso central capaz de sentir dor e prazer.[41] O *Homo sapiens* tem como característica

---

40. PINHO, Carmen Dolores Ribeiro da Silva. Reflexão jurídico-filosófica do direito animal no nosso ordenamento jurídico. *Revista Jurídica Luso-Brasileira*, Ano 8, n. 2, p. 223-255, 2022. Disponível em: https://www.cidp.pt/revistas/rjlb/2022/2/2022_02_0223_0255.pdf. Acesso em: 4 abr. 2022.
41. Ibidem, p. 225.

a cooperação de forma eficaz por meio da obediência às mesmas leis.[42] Essa capacidade de cooperação também pode ser considerada em sua relação com os animais não humanos.

Os animais de companhia têm sido cuidados de tal forma por certas famílias, que acabam se tornando parte delas. Atualmente, diversas famílias são consideradas multiespécies justamente pela relação de afeto entre espécies diferentes. Essa relação tão próxima tem estreitado laços e gerado conflitos nos casos de separação e divórcio e dissolução de união estável. O conflito pela guarda do animal de estimação já chegou aos tribunais superiores, que têm tratado a questão como se trata a questão de filhos. Nesse sentido:

> Os animais de companhia são seres que, inevitavelmente, possuem natureza especial e, como ser senciente – dotados de sensibilidade, sentindo as mesmas dores e necessidades biopsicológicas dos animais racionais –, também devem ter o seu bem-estar considerado. Assim, na dissolução da entidade familiar em que haja algum conflito em relação ao animal de estimação, independentemente da qualificação jurídica a ser adotada, a resolução deverá buscar atender, sempre a depender do caso em concreto, aos fins sociais, atentando para a própria evolução da sociedade, com a proteção do ser humano e do seu vínculo afetivo com o animal. Na hipótese, o Tribunal de origem reconheceu que a cadela fora adquirida na constância da união estável e que estaria demonstrada a relação de afeto entre o recorrente e o animal de estimação, reconhecendo o seu direito de visitas ao animal, o que deve ser mantido. (REsp 1713167 / SP, STJ, 4ª Turma; data do julgamento 19/06/2018; DJe 09.10.2018)

Mesmo com a indefinição da natureza jurídica dos animais de estimação, o Recurso Especial 1.713.167 dispôs, em sua ementa, que a ordem jurídica não pode desprezar o relevo da relação do homem com seu animal de estimação, sobretudo nos tempos atuais. Deve-se ter como norte o fato, cultural e da pós-modernidade, de que há uma disputa dentro da entidade familiar em que prepondera o afeto de ambos os cônjuges pelo animal. Portanto, a solução deve perpassar pela preservação e garantia dos direitos à pessoa humana, mais precisamente, o âmago de sua dignidade. Na dissolução da entidade familiar, que atualmente tem sido considerada família multiespécie, em que haja algum conflito que envolva o animal de estimação, independentemente da qualificação jurídica a ser adotada, a resolução deverá buscar atender, sempre a depender do caso em concreto, os fins sociais, atentando para a própria evolução da sociedade, com a proteção do ser humano e do seu vínculo afetivo com o animal.

No mesmo diapasão, o Projeto de Lei do Senado 542/2018[43] dispõe sobre a custódia compartilhada dos animais de estimação nos casos de dissolução do

---

42. HARARI, op. cit., 2018, p. 290.
43. Situação Atual: em tramitação. Último local: 26.03.2019 – Comissão de Constituição, Justiça e Cidadania (Secretaria de Apoio à Comissão de Constituição, Justiça e Cidadania).

casamento ou da união estável. O projeto ressalta que o objetivo é estabelecer o compartilhamento da custódia de animal de estimação de propriedade em comum, quando não houver acordo na dissolução do casamento ou da união estável. Por isso, visa alterar o Código de Processo Civil para determinar a aplicação das normas das ações de família aos processos contenciosos de custódia de animais de estimação.

A proteção dos animais foi objeto de litígio na ADI 4983,[44] que tratou da vaquejada, pois havia conflito entre manifestação cultural e direito dos animais devido à crueldade manifesta e à preservação da fauna e da flora. O Tribunal Pleno do STF decidiu que a obrigação de o Estado garantir a todos o pleno exercício de direitos culturais, incentivando a valorização e a difusão das manifestações, não prescinde da observância do disposto no inciso VII do art. 225 da Carta Federal, o qual veda prática que acabe por submeter os animais à crueldade. Portanto, compreendeu que discrepa da norma constitucional a denominada vaquejada.

O acesso à justiça pelos animais configura uma evolução ainda maior, enxergando-os como sujeitos de direito, pois deixam de ser considerados objetos de direito. Trata-se de questão ainda recente, pouco explorada e ainda não padronizada no país.

Nesse contexto, a formação dos bacharéis nas faculdades de Direito passa a contar com uma nova disciplina voltada ao direito dos animais na Universidade de Brasília (UnB).[45] Identifica-se, assim, uma alteração do antropocentrismo, ou seja, o homem deixa de ser o centro das relações jurídicas. Há um mundo antes e sem o homem que deve ser evidenciado.

Ainda como embasamento, o Projeto de Lei 27/2018, do Senado Federal, acrescenta dispositivo à Lei 9.605, de 12 de fevereiro de 1998, que dispõe sobre as sanções penais e administrativas derivadas de condutas e atividades lesivas ao meio ambiente, e dá outras providências, para elucidar a natureza jurídica dos animais não humanos. Na ementa, expõe-se que os animais não humanos são dotados de natureza jurídica *sui generis* e sujeitos de direitos despersonificados, os quais devem gozar de direitos e obter tutela jurisdicional em caso de violação, vedado o seu tratamento como coisa. Observa-se que os animais deixam de ser considerados coisa para serem sujeitos de direito.

Importante distinguir os direitos dos animais que já existiam, embora ainda não totalmente implementados e respeitados, do entendimento dos animais

---

44. Órgão julgador: Tribunal Pleno; Relator(a): Min. Marco Aurélio; Julgamento: 06.10.2016; Publicação: 27.04.2017.
45. Disponível em: https://noticias.unb.br/67-ensino/3066-direito-animal-e-tema-de-disciplina-na-unb. Acesso em: 15 dez. 2021.

como sujeitos de direitos. No campo da justiça social, ainda haverá uma segunda libertação dos escravos no Brasil, consistente na libertação dos animais. Porém, no que pertine a esse tema, basta entendê-los não mais como objetos.

Como consignou a Suprema Corte de Kerala, os animais não humanos podem levar uma vida digna. Segundo Martha Nussbaum, é difícil saber exatamente o que essa frase significa, mas é claro o que não significa: inaceitáveis condições como a dos animais de circo, amontoados em jaulas apertadas e sujas, com fome, medo e sendo espancados para que possam aparecer na arena no dia seguinte. Assim, o fato de os humanos negarem a existência de animais com dignidade parece ser uma questão de justiça.[46]

No Brasil, o movimento para descoisificar animais não humanos foi fortalecido. O processo de redefinição da natureza jurídica dos seres não humanos pode ser denominado de personificação dos animais, que, em vez de transformá-los em humanos, são dotados de personalidade para estabelecer relações e se tornarem sujeitos de direitos e dignidade.[47]

Alguns acreditam que essa obrigação é um subproduto da obrigação para com os seres humanos, ou apenas uma obrigação de caridade e não de justiça.[48] No entanto, os animais devem ter reconhecida sua dignidade própria.[49] Os romanos destacavam que, entre o homem e até mesmo os animais, o vínculo de proximidade, unidade e afeto independe da lei.[50]

A Lei Municipal 13.131/2001, de São Paulo, criou o Registro Geral do Animal (RGA), obrigatório a todos os cães e gatos com idade superior a três meses de idade. A medida facilita a localização dos tutores no caso de animais perdidos.

Nota-se, ainda, o aumento de políticas públicas municipais que visam ao bem-estar animal, como criação de hospital veterinário público e parcão, que são parques destinados a cães, além da proibição de carrocinha.

Questão delicada é a do conflito entre a liberdade religiosa e a proteção dos animais. Embora os animais não tenham a propriedade de direitos subjetivos, há a obrigação constitucional de proteger os grupos de animais, o que, pelo menos em princípio, pode justificar as restrições ao exercício de direitos básicos, incluindo a liberdade de religião. No Brasil, a hipótese mais comum são rituais envolvendo candomblé e umbanda afro-brasileiros.[51] Sobre a questão, o STF fixou a seguinte

---

46. NUSSBAUM, op. cit., p. 400-401.
47. WATANABE; CAIRES; NALINI; CAIRES, op. cit., p. 174.
48. NUSSBAUM, op. cit., p. 402.
49. WATANABE; CAIRES; NALINI; CAIRES, op. cit., p. 174.
50. CHAGAS, op. cit., p. 89.
51. SARLET; MARINONI; MITIDIERO, op. cit., p. 548-549.

tese, no RE 494601/RS: "É constitucional a lei de proteção animal que, a fim de resguardar a liberdade religiosa, permite o sacrifício ritual de animais em cultos de religiões de matriz africana".

Em que pese o respeitável entendimento e a compreensão acerca do conflito de direitos existentes, e sem entrar no mérito de questões religiosas, não é mais possível considerar que o sacrifício de animais possa ser aceito juridicamente. Como bem esclarecido por Bernardo Montalvão,

> Está em curso um processo de reformulação do conceito de sujeito de direito. Um conceito que está, pouco a pouco, perdendo a sua referência antropocêntrica, em diversos países e ordenamentos jurídicos ao redor do mundo. Nesse sentido, por exemplo, já há evidentes sinais nos ordenamentos jurídicos da Bolívia, do Equador, dos Estados Unidos da América, dentre outros. Ou seja, em tais países, sobretudo nos Estados Unidos, está em curso, e ganha corpo cada vez mais, a ideia de que os animais são também sujeitos de direito e, por força disso, são dotados de personalidade jurídica. E é aqui, nesta passagem, ao se dar conta de que essa revolução silenciosa está acontecendo, que se faz questão de esclarecer, uma vez mais, o que se entende aqui como concepção não antropocêntrica do sistema jurídico.[52]

A evolução da sociedade não permite que continuemos a enxergar os animais não humanos como coisa. São seres sencientes que, queremos crer, em um futuro próximo, serão sujeitos de direitos, devendo ter sua dignidade respeitada, sendo-lhe garantido o acesso à justiça, de modo que o conceito de sujeito de direito não continue a ser lido de modo exclusivamente antropocêntrico,[53] afinal o homem faz parte da natureza tal qual os animais não humanos.

7.4.2 Acesso à justiça por pessoas em situação de rua

Uma das dificuldades da sociedade democrática de hoje é confirmar a consolidação da dignidade de todos os indivíduos e grupos sociais, na busca atenta das necessidades universais.[54] Rousseau destaca que a propriedade privada teria tirado a paz dos homens.[55] A ideia de que o mundo não está melhorando porque o indivíduo não quer ou não trabalha o suficiente parece pobre e insus-

---

52. MONTALVÃO, op. cit., p. 415-416.
53. Ibidem, p. 416.
54. ANDRIGHETTO, Aline; DIAS, Monia Peripolli. Direitos humanos e a luta pela efetivação dos direitos das minorias. In: BELLO, Enzo; LIMA, Martonio Mont'Alverne Barreto; LIMA, Letícia Gonçalves Dias; AUGUSTIN, Sérgio (Org.). *Direito e marxismo – as novas tendências constitucionais da América Latina*. Caxias do Sul: Educs, 2014. p. 21.
55. ROUSSEAU, Jean-Jacques. *Qual é a origem da desigualdade entre os homens, e se é autorizada pela lei natural*. Disponível em: http://www.dominiopublico.gov.br/download/texto/cv000053.pdf. Acesso em: 22 nov. 2021.

tentável.[56] Ademais, a paz obtida pela negação do outro nos desvia do caminho de entendimento mútuo e sociedade pacífica constitucionalmente prevista,[57] pois, quando os sujeitos se reconhecem como titulares de direitos, é necessário definir sua capacidade de respeito mútuo.[58] Nesse sentido, toda a comunidade jurídica moderna baseia-se no pressuposto da responsabilidade moral de todos os seus membros.[59]

A inclusão de todos no acesso à justiça mereceu disposições inclusivas de pessoas em situação de rua pela Resolução 425/2021 do CNJ. Essa resolução instituiu, no âmbito do Poder Judiciário, a Política Nacional Judicial de Atenção a Pessoas em Situação de Rua e Suas Interseccionalidades, com os objetivos de: assegurar o amplo acesso à justiça, de forma célere e simplificada, a essas pessoas, superando barreiras decorrentes de vulnerabilidades econômica e social (art. 1º, I); considerar a heterogeneidade da população de rua quanto a escolaridade, naturalidade, nacionalidade, identidade de gênero, características culturais, étnicas, raciais, geracionais e religiosas, atentando-se aos direitos previstos na Convenção Interamericana contra Toda Forma de Discriminação e Intolerância (art. 1º, II); monitorar o andamento e a solução de ações judiciais nesse tema; propor medidas concretas e normativas para o enfrentamento e a solução de demandas de pessoas em situação de rua (art. 1º, IV); promover o levantamento de dados estatísticos de tais demandas (art. 1º, V); estimular as medidas preventivas de litígios pelo sistema multiportas (art. 1º, VI) e a atuação em conjunto com demais poderes (art. 1º, VII); fomentar e realizar formação continuada de magistrados e servidores e estimular encontros dos membros do Poder Judiciário e outros segmentos do poder público, sociedade civil, comunidades e outros interessados (art. 1º, VIII); estimular a cooperação administrativa e judicial entre órgãos judiciais e outras instituições, nacionais ou internacionais (art. 1º, IX); assegurar a identificação civil básica e o alistamento eleitoral às pessoas em situação de rua (art. 1º, X); promover e garantir os direitos humanos de crianças e adolescentes em situação de rua, em conformidade com o Estatuto da Criança e do Adolescente (art. 1º, XI); e dar atenção a programas, projetos, serviços, ações e atividades direcionados às pessoas em situação de rua com deficiência e mobilidade reduzida, de acordo com a Lei 13.146/2015 (art. 1º, XII).

Para tanto, referida resolução prevê que os tribunais deverão viabilizar o atendimento prioritário, desburocratizado e humanizado às pessoas em situação

---

56. MICHELOTTO, Regina Maria. A desigualdade na história dos homens. *Educar em revista*, Curitiba, v. 13, n. 13, p. 45-54, 1997. p. 53.
57. GARCÍA; ROMESÍN, op. cit., 1995, p. 27.
58. HONNETH, op. cit., p. 187-188.
59. Ibidem, p. 188.

de rua, a partir de equipe multidisciplinar (art. 4º), não podendo constituir óbice ao acesso às unidades judiciárias a vestimenta e as condições de higiene pessoal, a identificação civil, o comprovante de residência e outros documentos (art. 5º). O seu atendimento independe de agendamento e enseja hipótese legal de isenção de cobrança de quaisquer custas e despesas processuais (art. 5º, § 1º). O art. 11 da resolução ainda destaca o uso dos meios consensuais e autocompositivos de resolução de conflitos para as pessoas em situação de rua. Como se denota, o reconhecimento da pessoa em situação de rua enquanto tal contribui para sua estima,[60] sendo os atributos constitucionais do ser humano o cerne para o respeito social.[61]

A Resolução 425/2021 do CNJ é um importante passo à efetivação de direitos e acesso à justiça mais inclusiva. Contudo, trata apenas do sistema de justiça estatal judicial, sendo necessário que outras vias de acesso surjam para os demais sistemas.

Ao longo da história, o conceito de deficiência mudou muito, e a relação entre a sociedade e as pessoas com certos tipos de deficiência e exclusão também mudou. A questão da inclusão social surgiu recentemente, mas, em termos de aceitação das diferenças, mudanças efetivas de comportamento têm sido observadas em todo o mundo, e as pessoas com deficiência participam cada vez mais de todos os ambientes sociais. Ao mesmo tempo, o sistema de justiça precisa se adaptar a novos padrões de comportamento.[62]

Apesar de ainda termos um longo caminho para que todos tenham acesso à justiça, cumpre ressaltar o envidamento de esforços para o acesso de pessoas com deficiência. Desde que, em 2007, com a realização da Convenção da ONU sobre os Direitos das Pessoas com Deficiência,[63] na cidade de Nova Iorque, firmou-se a adoção de um modelo social da deficiência, afastando-se o caráter médico e assistencialista até então vigente, o Brasil tem procurado combater a discriminação, inclusive com a Lei 13.146/2015 – Estatuto da Pessoa com Deficiência –, que alterou o regime das incapacidades, procurando considerar a autodeterminação do sujeito.[64] Fazem parte dessa autodeterminação as alterações de direito material, mas também as de acesso formal à justiça. Nesse sentido, é digno de nota o trato dos *sites* do STJ e do STF com a acessibilidade,

---

60. Ibidem, p. 186.
61. Ibidem, p. 187.
62. FLEISCHMANN, Simone Tassinari; FONTANA, Andressa Tonetto. A capacidade civil e o modelo de proteção das pessoas com deficiência mental e cognitiva: estágio atual da discussão. *Civilística.com*, Rio de Janeiro, v. 9, n. 2, 2020. p. 3.
63. Em 2009, por meio do Decreto 6.949, a Convenção da ONU foi incorporada ao ordenamento brasileiro com *status* de emenda constitucional, seguindo procedimento previsto no § 3º do art. 5º da CF/88.
64. FLEISCHMANN, FONTANA, op. cit., p. 3-4.

bem como a preocupação das serventias extrajudiciais com o acesso físico[65] e com o atendimento dos usuários.[66]

7.5 A RELEVÂNCIA DA FRATERNIDADE NA CONSTRUÇÃO DO ACESSO À JUSTIÇA

Reynaldo Soares da Fonseca defende a mudança de paradigma, fazendo da cultura da mediação a primeira e melhor técnica de resolução de litígios e de concretização do princípio da fraternidade[67] como norma reguladora da vida pública.[68]

A fraternidade é um direito fundamental e um direito humano. Segundo Candice Jobim e Ludmila Carvalho, é preciso admitir que o outro é um verdadeiro irmão que tem necessidades e que urge ajudá-lo a encontrar a solução adequada para seus problemas. Atenção, respeito, carinho, cooperação e compreensão são as atitudes necessárias para realizar a fraternidade. Não são tolerados comportamentos que prejudicam os mais necessitados e carentes.[69]

---

65. Nesse sentido, o item 14.1, g) do Capítulo XIII das Normas de Serviço da Corregedoria Geral da Justiça de São Paulo – Tomo II trata do tema, mencionando a obrigatoriedade de as serventias extrajudiciais paulistas contarem com: "fácil acessibilidade aos portadores de necessidades especiais, mediante existência de local para atendimento no andar térreo (cujo acesso não contenha degraus ou, caso haja, disponha de rampa, ainda que removível); rebaixamento da altura de parte do balcão, ou guichê, para comodidade do usuário em cadeira de rodas; destinação de pelo menos uma vaga, devidamente sinalizada com o símbolo característico na cor azul (naquelas serventias que dispuserem de estacionamento para os veículos dos seus usuários) e, finalmente, um banheiro adequado ao acesso e uso por tais cidadãos".

66. São exemplos desse atendimento adequado: Item 64, Capítulo XIII das Normas de Serviço da Corregedoria Geral da Justiça de São Paulo – Tomo II: "Os notários e registradores manterão na serventia uma versão da tabela de emolumentos em Alfabeto Braille ou em arquivo sonoro (áudio-arquivo)". Item 80, Capítulo XIII das Normas de Serviço da Corregedoria Geral da Justiça de São Paulo – Tomo II: "Na prestação dos serviços, os notários e registradores devem: b) atender por ordem de chegada, assegurada prioridade às pessoas com deficiência, aos idosos com idade igual ou superior a 60 (sessenta) anos, com prioridade especial aos maiores de 80 (oitenta) anos, às gestantes, às lactantes, às pessoas com crianças de colo e aos obesos, exceto no que se refere à prioridade de registro prevista em lei; c) observar a igualdade de tratamento, vedado qualquer tipo de discriminação; 80.1. O atendimento prioritário da pessoa com deficiência é extensivo ao seu acompanhante ou atendente pessoal".

67. FONSECA, op. cit., p. 126.

68. FONSECA, Rafael Campos Soares da. Federalismo fraternal: concretização do princípio da fraternidade no federalismo. In: FRÓZ SOBRINHO, José de Ribamar; VELOSO, Roberto Carvalho; LIMA, Marcelo de Carvalho; TEIXEIRA, Márcio Aleandro Correia; APOLIANO JÚNIOR, Ariston Chagas (Org.). *Direitos humanos e fraternidade*: estudos em homenagem ao ministro Reynaldo Soares da Fonseca. São Luís: ESMAM: EDUFMA, 2021. v. 2, p. 22.

69. JOBIM, Candice Lavocat Galvão; CARVALHO, Ludmila Lavocat Galvão Vieira de. Fraternidade e desjudicialização: o custo-benefício da propositura de ação que tem como causa de pedir o direito à saúde. In: FRÓZ SOBRINHO, José de Ribamar; VELOSO, Roberto Carvalho; LIMA, Marcelo de Carvalho; TEIXEIRA, Márcio Aleandro Correia; APOLIANO JÚNIOR, Ariston Chagas (Org.). *Direitos humanos e fraternidade*: estudos em homenagem ao ministro Reynaldo Soares da Fonseca. 2. São Luís: ESMAM: EDUFMA, 2021. v. 2, p. 141.

Em termos políticos, o conteúdo desse princípio está consubstanciado nas condições de igualdade entre irmãos e irmãs, e tal condição apoia o livre desenvolvimento de cada um na sua própria diversidade. Portanto, como parte integrante do processo de tomada de decisão pública e outros guias de interpretação normativa em interação dinâmica, a fraternidade consiste em métodos e conteúdos políticos.[70]

Por outro lado, no universo jurídico, a fraternidade é um parâmetro normativo que corrige o comportamento dos sujeitos jurídicos, ou seja, é composta pela categoria jurídica das relações que regulam a vida social e estabilizam as expectativas da sociedade quanto ao comportamento humano. Por isso, os ideais fraternos ocupam posição central no funcionamento, legitimidade, identidade, qualificação e confirmação dos direitos fundamentais.[71]

A fraternidade é um dos princípios e normas derivados diretamente do princípio da solidariedade constitucional e se expressa literalmente na Constituição, destacando-se o seu art. 3º, no sentido de garantir a resolução pacífica dos conflitos para a construção de uma sociedade fraterna.[72] Daí a relação necessária entre a ciência e a virtude, o que se aplica ao direito.[73] Entretanto, a fraternidade está longe da força coercitiva da lei. É certo, porém, que pode se tornar uma bússola para uma série de regras e para a interpretação dessas mesmas normas.[74]

Na teoria das gerações, de Karel Vasak, os direitos humanos podem ser atribuídos a: primeira geração (liberdade), segunda geração (igualdade) e terceira geração (fraternidade).[75] Não há dúvidas de que o superprincípio da dignidade da pessoa humana, previsto no art. 1º da Constituição Federal, é matriz de diversas ações e, inclusive, base do acesso à justiça. Mas é preciso haver ponderação entre o princípio da dignidade da pessoa humana, que visa aos direitos de cada indiví-

---

70. FONSECA, op. cit., p. 55.
71. FONSECA, op. cit., 2021, p. 34.
72. FONSECA, Reynaldo Soares da. Palestra proferida no debate Direito e Futuro em Tempos de Pandemia, 2020, Brasília (DF). *STJ Notícias,* 19 de abril de 2020. Disponível em: https://www.stj.jus.br/sites/portalp/Paginas/Comunicacao/Noticias/Ministro-Reynaldo-fala-do-principio-da-fraternida-de-em-debate-sobre-direito-e-futuro-na-crise-do-virus.aspx. Acesso em: 22 nov. 2021.
73. SANTOS, op. cit., p. 47.
74. DOURADO, Pablo Zuniga. A fraternidade como princípio constitucional e as teorias da argumentação jurídica. In: FRÓZ SOBRINHO, José de Ribamar; VELOSO, Roberto Carvalho; LIMA, Marcelo de Carvalho; TEIXEIRA, Márcio Aleandro Correia; APOLIANO JÚNIOR, Ariston Chagas (Org.). *Direitos humanos e fraternidade*: estudos em homenagem ao ministro Reynaldo Soares da Fonseca. São Luís: ESMAM: EDUFMA, 2021. v. 2, p. 599.
75. BUZZI, Marco Aurélio Gastaldi; BUZZI, Vitória de Macedo. O princípio da fraternidade e os métodos de pacificação social. In: FRÓZ SOBRINHO, José de Ribamar; VELOSO, Roberto Carvalho; LIMA, Marcelo de Carvalho; TEIXEIRA, Márcio Aleandro Correia; APOLIANO JÚNIOR, Ariston Chagas (Org.). *Direitos humanos e fraternidade*: estudos em homenagem ao ministro Reynaldo Soares da Fonseca. São Luís: ESMAM: EDUFMA, 2021. v. 2, p. 97.

duo enquanto pessoa humana, inseridos na sociedade, e a busca do bem-estar de todos. A paz é fruto da unidade e da fraternidade e a culminância das aspirações de todas as pessoas e de cada cidadão do mundo no trabalho e na vida cotidiana.[76]

Nesse sentido, as decisões judiciais devem ser pautadas pelo bem comum, visando ao interesse individual. Diversas ações trataram da fraternidade, conforme os processos de relatoria do Ministro Reynaldo Soares da Fonseca no STJ: AgRg no RHC 144556, decisão: 15.06.2021, *DJe* de 21.06.2021; AgRg no RHC 136961, *DJe* de 21.06.2021, decisão: 15.06.2021; HC 602425, *DJe* de 06.04.2021, decisão: 10.03.2021; HC 646490, *DJe* de 19.03.2021, decisão: 16.03.2021; AgRg no HC 669834, *DJe* de 13.12.2021, decisão: 07.12.2021.

A fraternidade é, portanto, uma alavanca para reconstruir e fortalecer as instituições dos sistemas de justiça, devendo constituir um esforço efetivo de melhoria das instituições nacionais. Esse esforço deve começar com a melhoria do nível de serviços prestados por seus membros, servidores e magistrados, notários e registradores.[77]

7.6 AS NOVAS TECNOLOGIAS E A REINVENÇÃO DO ACESSO À JUSTIÇA NA ERA COVID

As vias diversas de solução de conflitos ajudam a fazer efetivamente uma justiça mais célere e, muitas vezes, com maior grau de satisfação dos usuários. Entretanto, isso não basta. Na atual era da Revolução Científica,[78] e ainda mais na era da Revolução Digital,[79] em que as novas tecnologias permitiram o uso massivo de computador pessoal, telefone celular inteligente e internet, que conecta bilhões de pessoas em todo o mundo,[80] e no futuro, quando a fusão do

---

76. Ibidem, p. 101.
77. PEREIRA, Paulo Sérgio Velten. O princípio da fraternidade na (re)construção das instituições do sistema de justiça. In: FRÓZ SOBRINHO, José de Ribamar; VELOSO, Roberto Carvalho; LIMA, Marcelo de Carvalho; TEIXEIRA, Márcio Aleandro Correia; APOLIANO JÚNIOR, Ariston Chagas (Org.). *Direitos humanos e fraternidade*: estudos em homenagem ao ministro Reynaldo Soares da Fonseca. V. 2. São Luís: ESMAM: EDUFMA, 2021. p. 196.
78. A Revolução Científica começou no final do Renascimento, do século XV ao XVI, e dura até hoje. Um período rico na história da humanidade que incluiu a publicação do trabalho revolucionário de Nicholas Copernicus e a conquista da lua, o Iluminismo e a Revolução Industrial, até se tornar um mundo conectado por computadores (BARROSO, Luís Roberto. *Technological revolution, democratic recession and climate change*: The limits of law in a changing word. 2019. Disponível em: https://papers. ssrn.com/sol3/papers.cfm?abstract_id=3458702. Acesso em: 18 nov. 2019).
79. A Revolução Digital ocorreu de meados ao final do século XX, estendendo-se até o presente. Foi caracterizada por avanços na indústria eletrônica, computadores e o surgimento da tecnologia digital em substituição ao sistema analógico. (Ibidem)
80. Os expressivos números podem ser verificados em https://www.internetlivestats.com/. Acesso em: 6 dez. 2019.

homem-máquina levará ao transumanismo,[81] o uso da tecnologia se mostra útil no acesso à justiça e às formas alternativas de resolução de controvérsias, bem como no armazenamento de seus dados.

A experiência ambiental da modernidade elimina todas as fronteiras geográficas e étnicas, de classe e nacionalidade, religião e ideologia. Nesse sentido, pode-se dizer que a modernidade une o homem. No entanto, essa é uma unidade de contradições, de desunião: a modernidade nos joga no vórtice da desintegração e da mudança permanentes, da luta e da contradição, da ambiguidade e da dor.[82] Se a modernidade sólida considerava a duração eterna como sua principal motivação e princípio de ação, a modernidade líquida não tem duração eterna; ao contrário, a urgência constitui seu ideal.[83] Em que pese todas as novas possibilidades decorrentes da aceleração do uso dos meios tecnológicos, vimos essa urgência crescer e fazer suas vítimas em decorrência da hiperatividade, da histeria de trabalho e da produção.[84]

O atentado de 11 de setembro de 2001 comprovou ainda mais o entendimento dessa atual urgência. A sociedade de consumo se intensificou, satisfazendo os desejos das pessoas e tornando-as conhecidas como *Homo consumens*.[85] Basta notar a velocidade das coisas: filmes, músicas e leis – tudo é descartável, inclusive pessoas.[86]

A evolução do direito pode decorrer de uma mudança gradual de complexidade, contínua e ininterrupta, mas também de uma reviravolta repentina (catástrofe).[87] Assim, há quem considere o acesso à justiça virtual e sua respectiva inclusão digital na perspectiva da sexta onda de renovação, baseada na mudança tecnológica e sua integração na vida cotidiana.[88] Evidentemente, a pandemia da Covid-19 provocou uma aceleração no mundo virtual e, em consequência, nos formatos de acesso à justiça.

---

81. "Para adelantar el acontecimento de la característica, el transhumanismo nos propone tres elementos fundamentales: la superinteligência, la superlongevidad y el superbienester. Por tanto, auguran um 'humano mejorado' (o 'transhumano') primero y un 'posthumano' superior después" (CÁRCAR BENITO, Jesús Esteban. El transhumanismo y los implantes cerebrales basados en las tecnologías de la inteligencia artificial: sus perímetros neuroéticos y jurídicos. *Ius et Scientia*, v. 5, n. 1, p. 179, 2019).

82. BERMAN, op. cit., p. 15.

83. BAUMAN, op. cit., p. 158.

84. HAN, Byung-Chul. *Sociedade do cansaço*. Trad.: Enio Paulo Giachini. Petrópolis: Vozes, 2015.

85. "A vida consumista favorece a leveza e a velocidade. E também a novidade e a variedade que elas promovem e facilitam. É a rotatividade, não o volume de compras, que mede o sucesso na vida do homo consumens. [...] Aqueles que não precisam se agarrar aos bens por muito tempo, e decerto não por tempo suficiente para permitir que o tédio se instale, são os bem-sucedidos" (BAUMAN, Zygmunt. *Amor líquido*. Sobre a fragilidade dos laços humanos. Rio de Janeiro: Jorge Zahar Ed., 2004, p. 32).

86. Ibidem.

87. LUHMANN, op. cit., 2016, p. 325.

88. MOREIRA, op. cit., p. 10.

As mudanças trazidas pela tecnologia implicam o desaparecimento do espaço e do tempo de trabalho, já que é possível trabalhar em frente ao computador a partir do local que se desejar[89] e estar conectado de forma permanente.[90] A globalização tecnológica faz que a informática se retroalimente e autoimpulsione, ganhando maior velocidade. A mudança sempre existiu, mas o que caracteriza a era atual é a velocidade de tais mudanças e sua repercussão no direito, que também deve se atualizar ante a constante mudança a fim de assegurar a necessária segurança jurídica.[91] Por isso, o direito deve ser ágil e cada vez mais inteligente, compatível com as novas formas de inteligência.[92]

A pandemia da Covid-19 trouxe a crise, mas também a criatividade. Novas soluções surgiram e outras foram adiantadas. O que era impensável foi pensado, e soluções das mais diversas tornaram o mundo um mundo novo. Diferentes formas de pensar o direito foram direcionadas para fazer ajustes às novas situações cotidianas. As formas de trabalho evoluíram para um novo patamar diante do distanciamento social. Mesmo as funções que não foram projetadas para o trabalho remoto foram alteradas para não pararem, já que o que parecia durar semanas durou anos. O novo formato permitiu que a tecnologia fosse valorizada. A comunicação viu na tecnologia sua maior conquista. E, assim, seguiu-se a vida. E o direito. Diante da crise, a aceitação da tecnologia como aliada ao acesso à justiça é uma conquista a ser celebrada. A tecnologia pode ser considerada qualquer ferramenta criada por indivíduos por meio do uso de sua sabedoria e conhecimento, com o objetivo de melhorar, aperfeiçoar, habilitar, facilitar determinada ação.[93] Por exemplo, o capital permitiu que os trabalhadores operassem máquinas em vez de usarem ferramentas manuais.[94]

Assim, a tecnologia relacionada à informática deve servir ao homem como forma de melhorar sua vida. Esse novo formato está sujeito a críticas, como todas as mudanças, sobretudo as repentinas. O acesso à justiça no formato virtual é um novo paradigma que se consolidou diante dos problemas emergidos pela crise.[95]

---

89. LATTANZI, op. cit., p. 23.
90. "El sujeto no esta en ningún lado, más que en el cyber espacio. Se encuentra ahí permanentemente" (Ibidem, p. 23-24).
91. BARRILAO, Juan Francisco Sánchez. El derecho constitucional ante la era de ultrón: la informática y la inteligencia. *Revista Estudios de Deusto*, v. 64/2, p. 233, Julio-Diciembre 2016.
92. GARCÍA, op. cit., p. 101.
93. AMARAL, Fabiano Pereira Almeida do; AMARAL, Anna Beatriz Pereira Almeida do. As barreiras para o avanço tecnológico no Brasil. In: GALHARDO, Flaviano (Coord.). *Direito registral e novas tecnologias*. Rio de Janeiro: Forense, 2021. p. 4.
94. MARX, Karl. *O capital*: a maquinaria e a indústria moderna. São Paulo: Diefel, s.d. p. 597.
95. "As crises podem terminar de três maneiras. Algumas vezes a ciência normal acaba revelando-se capaz de tratar do problema que provoca crise, apesar do desespero daqueles que o viam como o fim do paradigma existente. Em outras ocasiões o problema resiste até mesmo a novas abordagens aparentemente radicais. Nesse caso, os cientistas podem concluir que nenhuma solução para o problema poderá

Essa mudança de paradigma, decorrente da prioridade da saúde de todos, incluindo os operadores do direito e aqueles a quem deles se socorrem, acelerou a digitalização e a informatização no que se refere a processos judiciais e abriu a possibilidade (decorrente da necessidade) de audiências, sustentações orais, oitiva de testemunhas de forma virtual, o que já vinha ocorrendo de certa forma.

Ainda, o Projeto Justiça 4.0 – Inovação e Eficácia da Justiça para Todos visa promover oportunidades de justiça por meio de ações e projetos desenvolvidos para o uso colaborativo de produtos, utilizando novas tecnologias e inteligência artificial. As operações que fazem parte do Projeto Justiça 4.0 são: implantação de tribunal 100% digital; implementação de *desktops* virtuais; concretização do Projeto Plataforma Digital do Poder Judiciário (PDPJ), que tem potencial para ampliar a automação de procedimentos judiciais eletrônicos e o uso de inteligência artificial; auxílio ao Judiciário no aprimoramento do cadastro processual principal, integração, implantação, orientação, treinamento, higienização e divulgação do banco de dados de procedimentos do Poder Judiciário (DataJud), visando promover o cumprimento da Resolução 331/2020 do CNJ; cooperação para a implementação da plataforma Codex, que tem duas funções principais: disponibilizar o DataJud de forma automatizada e transformar decisões e solicitações em texto simples para entrada em modelos de inteligência artificial; e aprimoramento e divulgação da plataforma Sinapses, que compartilha modelos de inteligência artificial.[96]

No que tange às serventias extrajudiciais, o acesso às centrais eletrônicas pelo próprio usuário tornou-se mais usual, em que pese já existisse essa possibilidade, e houve aumento de envio de títulos e documentos pelo ofício eletrônico dos registradores de imóveis por tabeliães de notas. A pandemia evidenciou a possibilidade de esclarecimentos e negociações on-line ou por telefone, criando uma nova cultura. A possibilidade de assinatura de escrituras via eletrônica, pelo e-Notariado (Provimento 100/2020 do CNJ), disponibilizou a participação pessoal, na modalidade a distância, sem a necessidade de representação, ou seja, é o próprio interessado quem discute e compreende as cláusulas de sua escritura, e não um terceiro.

Em termos de progresso tecnológico, a emergência nacional de saúde pública desencadeada pela pandemia da Covid-19 acelerou o processo de registro eletrô-

---

surgir no estado atual da área de estudo. O problema recebe então um rótulo e é posto de lado para ser resolvido por uma futura geração que disponha de instrumentos mais elaborados. Ou, finalmente, o caso que mais nos interessa: uma crise pode terminar com a emergência de um novo candidato a paradigma e com uma subsequente batalha por sua aceitação" (KUHN, op. cit., p. 115-116).

96. Disponível em: https://www.cnj.jus.br/tecnologia-da-informacao-e-comunicacao/justica-4-0/. Acesso em: 23 nov. 2021.

nico. Criou-se o Operador Nacional do Registro Eletrônico de Imóveis (ONR),[97] que será responsável por implementar e operar, em âmbito nacional, o Sistema de Registro Eletrônico de Imóveis (SREI), na forma do art. 76 da Lei 13.465/2017, mediante integração das unidades registrais brasileiras. Nos próximos anos, devemos ver um registro de imóveis que se conforma ao novo paradigma jurídico. Nos últimos meses, assistimos à transformação gradual das relações físicas face a face em relações virtuais, nas quais os interlocutores se fazem presentes em tempo real, apesar de não estarem presentes fisicamente.[98] A presença não física resulta em economia de tempo e dinheiro com deslocamento.

A tecnologia também proporcionou o repensar algumas questões registrárias. Por exemplo, nos procedimentos de retificação administrativa: a possibilidade de colheita de anuência de confrontante com a ajuda de tabelião por meio de escritura pública declaratória (ex.: quem mora no exterior); na mediação on-line quando houver impugnação; o maior uso da tecnologia em geral por profissionais técnicos e oficiais de registro, como o uso de drones para medição e especialização de imóveis, uso do Google Street etc.

As novas tecnologias produziram e continuarão a produzir grande quantidade de dados diversos a um ritmo cada vez mais rápido e com potencial suficiente para obter informações, fenômeno denominado *big data*. Uma quantidade tão grande de dados não pode ser analisada por programas tradicionais, que, por sua vez, produziram novas técnicas de análise de dados que podem descobrir padrões repetitivos no comportamento humano.[99] Em geral, acredita-se que a ciência e a tecnologia podem, pelo menos, resolver muitos dos problemas restantes. No entanto, a própria tecnologia cria novos problemas com a mesma rapidez com

---

97. Trata-se de pessoa jurídica de direito privado, sem fins lucrativos, instituída nos termos do art. 76, da Lei 13.465, de 11 de julho de 2017, e do Provimento 89, de 18 de dezembro de 2019, da Corregedoria Nacional de Justiça do Conselho Nacional de Justiça (CNJ), pelos oficiais de registro de imóveis do Brasil (art. 1º do Estatuto). O objetivo do ONR é implementar e operar, em âmbito nacional, o Sistema de Registro Eletrônico de Imóveis (SREI), na forma dos arts. 37 a 41, da Lei 11.977, de 7 de julho 2009, mediante integração das unidades registrais, sob acompanhamento, regulação normativa e fiscalização da Corregedoria Nacional de Justiça do Conselho Nacional de Justiça (CNJ), na função de agente regulador, conforme previsto no § 4º, do art. 76, da Lei 13.465, de 2017 (art. 4º do Estatuto). Dentre suas finalidades, busca a otimização da utilização das novas tecnologias de informação e comunicação para informatizar procedimentos registrais internos e de gestão das serventias, visando maior eficiência na prestação dos serviços com base em tecnologia aplicada, redução de custos e prazos, e para garantir a segurança da informação e continuidade de negócios, observados os padrões técnicos e critérios legais e normativos; e, promover a interconexão das unidades de registro de imóveis permitindo o intercâmbio de informações e dados entre si, com o Poder Judiciário, órgãos da Administração Pública, empresas e cidadãos na protocolização eletrônica de títulos, requisição e recebimento de informações e certidões, visando aprimorar a qualidade e a eficiência do serviço público prestado por delegação e melhorar o ambiente de negócios imobiliários do País.

98. PATAH, op. cit., 2020, p. 281-283.

99. GONZÁLEZ; FERNÁNDEZ, op. cit., p. 324.

que resolve problemas anteriores.[100] Exemplos disso são: o acesso à justiça por pessoas que não têm computadores nem acesso à internet e a emergência do analfabeto digital, num mundo cada vez mais conectado digitalmente.

A desigualdade social é um obstáculo importante que precisa ser superado para efetivamente promover a inclusão social e digital e alcançar o acesso efetivo à justiça. A falta de implementação de políticas públicas digitais inclusivas leva a um acesso seletivo à justiça, totalmente incompatível com os princípios democráticos.[101]

Outra questão relevante em termos de tecnologia é que, atualmente, ainda é o governo que nos protege dos inimigos e adversários de outros países. Ocorre que, com o advento do metaverso, que poderá vir a manipular a "realidade", o poder poderá estar com os mantenedores dessa poderosa tecnologia no futuro.[102] Certamente, a nova tecnologia interferirá nos formatos de acesso à justiça que conhecemos atualmente e na interação entre partes, advogados, defensores, promotores, juízes, notários, registradores etc.

7.7 PROPOSTA DE ENSINO DOS SISTEMAS DE JUSTIÇA NAS FACULDADES DE DIREITO

Nas faculdades de Direito, pouco se aborda sobre os demais meios de solução de conflitos, gerando profissionais mais voltados ao combate do que ao diálogo e à conciliação.

A cultura da sentença no Brasil é tratada por Kazuo Watanabe, que ensina que a questão cultural, aliada à formação acadêmica baseada na solução contenciosa, pelo critério certo ou errado, preto ou branco, é que resulta em obstáculo à utilização mais intensa da conciliação e da mediação. Poucas faculdades oferecem disciplinas obrigatórias voltadas à solução não contenciosa dos conflitos,[103] e a consciência da grande importância da resolução alternativa de conflitos nas faculdades de Direito ainda é muito tímida.[104]

Nesse aspecto, o estudo da gestão de conflitos num curso de mestrado profissional tende a contribuir com a formação acadêmica e prática dos profissionais do direito, de modo que os alunos possam estudar, pensar, refletir, trocar ideias e aprender sobre os meios alternativos de soluções de conflitos, suprindo a escassez desses profissionais no mercado de trabalho.

---

100. GALANTER, op. cit., p. 27.
101. MOREIRA, op. cit., p. 17.
102. DEVISATE, Rogério Reis. *Metaverso nega o verso*: poder sem igual. 2021. Disponível em: https://agazetadoamapa.com.br/coluna/1673/metaverso-nega-o-verso-poder-sem-igual. Acesso em: 23 nov. 2021.
103. WATANABE, op. cit., 2005, p. 685.
104. WATANABE, op. cit., 2018, p. 833.

7 • UM NOVO PARADIGMA DE JUSTIÇA NO BRASIL   183

O assunto ainda é pouco explorado no Brasil, porém é de extrema urgência. A aplicação prática da gestão de conflitos contribuirá para a desjudicialização e para melhores decisões práticas, facilitando o acesso à justiça para as pessoas, tão carentes de informações.

Um profissional bem formado em gestão de conflitos proporcionará a seu cliente, ao interessado em geral, a quem deva orientar juridicamente ou aos envolvidos num caso concreto, soluções mais pacíficas e, muitas vezes, mais eficazes e céleres. Para isso, é preciso, uma formação multidisciplinar – incluindo docentes das áreas da psicologia e da sociologia[105] – e profundo conhecimento dos princípios que envolvem esses meios alternativos, tais como a boa-fé, a confiança, a normalização, a confidencialidade, uma análise crítica do sistema judicial brasileiro e o estudo de doutrina nacional e estrangeira, a fim de complementar seu raciocínio e formação jurídica.

Algumas intervenções práticas são necessárias à qualificação desse profissional, como o conhecimento do uso ético da tecnologia e da inteligência artificial – que podem ser aliadas dos meios alternativos –, a abordagem de diversos meios de solução e a vivência prática em cada um deles e, em órgãos diversos, num verdadeiro intercâmbio de conhecimentos. Todas essas estratégias são desejáveis para a formação desse novo profissional do direito, tão essencial para enfrentar a crise da justiça atual.

Infelizmente, no Brasil, ainda enfrentamos o pouco conhecimento dos diferentes métodos de resolução de conflitos na formação acadêmica dos nossos operadores de direito, que costuma se embasar na solução contenciosa e adjudicada dos conflitos por meio de processo judicial, em que é proferida uma sentença, que constitui a solução imperativa dada pelo juiz como representante do Estado.[106] Em decorrência do desconhecimento das possibilidades e técnicas de solução consensual de litígios, gera-se uma visão equivocada de que elas seriam uma justiça de segunda linha, devido à concepção estatista de justiça.[107] No entanto, a condução adequada de um procedimento de resolução de conflitos pode levar a uma solução mais satisfatória para ambas as partes, porque envolve consenso e aceitação.[108]

---

105. COSTA E SILVA, op. cit., p. 140.
106. WATANABE, Kazuo. A mentalidade e os meios alternativos de solução de conflitos no Brasil. In: GRINOVER, Ada Pellegrini; WATANABE, Kazuo; LAGRASTA NETO, Caetano (Coord.). *Mediação e gerenciamento do processo*. Revolução na prestação jurisdicional. Guia prático para a instalação do setor de conciliação e mediação. São Paulo: Atlas, 2007. p. 6-10.
107. LESSA NETO, op. cit., p. 427-441.
108. Ibidem, p. 427-441.

Assim, precisamos de profissionais qualificados para auxiliar ambas as partes na negociação, advogados que possam entender, motivar e assessorar plenamente os clientes em audiências de mediação ou conciliação,[109] pois, se um demandante com um advogado encontra dificuldades nos novos modelos, a situação é ainda mais complicada para uma parte que não tem conhecimento jurídico ou profissional habilitado para descobrir os procedimentos complicados do caso.[110]

Com as mudanças no currículo das faculdades, a cultura da sentença poderá ser substituída pela cultura da pacificação.[111] Ademais, a desigualdade entre os que são bem formados nesses métodos e os que não são bem formados aumentará o abismo entre os profissionais.[112] Por isso, os profissionais do direito devem se adequar aos métodos diversos de justiça e ao acesso tecnológico da justiça, pois, salvo raras exceções, como os serviços "puros", todas as profissões foram afetadas pelas novas tecnologias.[113]

Talvez o maior obstáculo para um maior uso de tais exercícios seja a relutância do professor em se aventurar no desconhecido. Embora esse caminho não apenas exponha os alunos às habilidades necessárias, mas também forneça uma mudança de ritmo bem-vinda a partir de uma discussão puramente doutrinária, alguns professores não estão interessados em iniciar tal jornada experimental.[114] Infelizmente, a vaidade inata ao homem não permite aceitarmos que nossa afirmação inicial esteja errada e que o oponente esteja correto.[115] Eles temem que isso possa afetar o resultado de indivíduos que sofreram perdas semelhantes.[116]

Frank Sander cita métodos de ensinar os alunos, como expô-los a casos práticos ou mesclar a teoria com a prática.[117] Segundo o autor, é missão do advogado ajudar os clientes a encontrar a melhor maneira de resolver seus casos.

Nesse sentido, cada comunicação tem um limite de tempo, pois determina em qual estado do sistema deve ser iniciada a próxima comunicação. Aqui, deve-

---

109. Ibidem, p. 427-441.
110. SILVA, op. cit., p. 190.
111. WATANABE, op. cit., 2007, p. 6-10.
112. ROINE, Jesper. *Piketty para todos*. Uma síntese de O Capital no século XXI. Lisboa: Editorial Presença, 2018. p. 80.
113. O caso típico de serviço "puro" que há séculos não experimenta inovações tecnológicas dignas de nota é o cabeleireiro: o corte de cabelo de hoje exige o mesmo tempo do início do século passado (Ibidem, p. 94).
114. SANDER, Frank E. A. Alternative Dispute Resolution in the Law Shool Curriculum: Opportunities and Obstacles. *Journal of Legal Education*, v. 34, n. 2 p. 229-236, june 1984.
115. SCHOPENHAUER, Arthur. *A arte de ter razão*. Exposta em 38 estratagemas. Trad.: Alexandre Krug. Eduardo Brandão. 3. Ed. São Paulo: WMF Martins Fontes, 2009. p. 4.
116. NOONE, Mary Anne. *ADR, public interest law and access to justice*: the need for vigilance. Disponível em: http://classic.austlii.edu.au/au/journals/MonashULawRw/2011/4.pdf. Acesso em: 21 nov. 2021.
117. SANDER, op. cit., p. 230.

mos distinguir o significado fixo do uso repetido, como a atribuição de significado a palavras, conceitos e discursos reais. Chamamos isso de autodeterminação do sistema de comunicação semântica. "O uso repetido do significado da comunicação satisfaz os requisitos duais, porque o resultado, em última instância, existe na comunicação do significado fixo por meio da linguagem e da diferenciação social".[118]

Portanto, para a formação dos profissionais do direito e o desenvolvimento dessas competências, o currículo deve desenvolver métodos que favoreçam cooperação, construção de projetos e ações para a resolução de problemas de forma criativa, pensamento crítico, visão sistemática, capacidade de debate, oratória, ética, empatia, liderança, habilidades para fazer perguntas corretamente, pensamento inovador e consciência de tomada de decisão. Em suma, várias diretrizes, combinadas com conhecimento técnico específico, mudarão os profissionais, preparando-os para um sistema de justiça participativo, cooperativo e inclusivo.[119]

Seguindo essa lógica, a I Jornada de Prevenção e Solução Extrajudicial de Litígios do Conselho da Justiça Federal recomendou, no Enunciado 23, que as faculdades de Direito mantenham estágios supervisionados nos escritórios de prática jurídica para formação em mediação e conciliação e promovam parcerias com entidades formadoras de conciliadores e mediadores, inclusive tribunais, Ministério Público, OAB, Defensoria e Advocacia Públicas. Sugeriu, ainda, que as faculdades de Direito instituam disciplinas autônomas e obrigatórias e projetos de extensão destinados a mediação, conciliação e arbitragem (Enunciado 24), propondo a implementação da cultura de resolução de conflitos por meio da mediação, como política pública, nos diversos segmentos do sistema educacional, visando auxiliar na resolução extrajudicial de conflitos de qualquer natureza, utilizando mediadores externos ou capacitando alunos e professores para atuar como facilitadores de diálogo na resolução e prevenção dos conflitos surgidos nesses ambientes (Enunciado 28).[120]

Em bom momento, a Resolução 5, de 17 de dezembro de 2018, do MEC,[121] que instituiu as diretrizes curriculares nacionais do curso de graduação em Direito, disciplinou que o curso de graduação em Direito deverá possibilitar a for-

---

118. LUHMANN, op. cit., 2016, p. 168-169.
119. SALES, op. cit., p. 956.
120. Disponível em https://www.cjf.jus.br/cjf/corregedoria-da-justica-federal/centro-de-estudos-judiciarios-1/prevencao-e-solucao-extrajudicial-de-litigios Acesso em 24.11.2021, às 20:10.
121. **Diário Oficial da União. Publicado em:** 18.12.2018. Edição: 242. Seção: 1. Página: 122.
     Órgão: Ministério da Educação/Conselho Nacional de Educação/Câmara de Educação Superior.
     Disponível em: https://go.microsoft.com/fwlink/?LinkId=https://www.in.gov.br/materia/-/asset_publisher/Kujrw0TZC2Mb/content/id/55640393/do1-2018-12-18-resolucao-n-5-de-17-de-dezembro-de-2018-55640. Acesso em: 30 mar. 2022.

mação profissional que revele, ao menos, competências cognitivas, instrumentais e interpessoais que capacitem o graduado a desenvolver a cultura do diálogo e o uso dos meios consensuais de conflitos (art. 4º, VI).

Merece reconhecimento o curso de Direito da Faculdade de Direito da Universidade de São Paulo, que mantém disciplina optativa de Direito Notarial e Registral na graduação e curso de pós-graduação na mesma matéria,[122] contribuindo para a formação multissistêmica de justiça aos futuros operadores do direito.

Resta ainda à formação do graduando em Direito o conhecimento dos sistemas de acesso à justiça para que possa completar seu raciocínio lógico-jurídico, compreendendo que a estrutura do sistema de justiça pública difere da privada e da estrutura do sistema de justiça público-privada, embora todas se relacionem. Certamente, um profissional com essa formação terá maior possibilidade de atuar em prol da justiça.

Todas essas identificações, aliadas ao reconhecimento de que coexistem três sistemas de acesso à justiça, permitem considerar um novo paradigma de acesso à justiça no Brasil. A opção por paradigma, em vez de onda, ocorreu devido a não se pretender confundir com o acesso apenas ao Poder Judiciário. A designação de acesso à justiça perseguida é mais ampla, vista de cima, que, aos poucos, diante da aproximação, é capaz de enxergar as miúdas células que movimentam cada um dos três sistemas de acesso à justiça. Portanto, paradigma foi a escolha.

---

122. Disponível em: https://www.direitorp.usp.br/cultura-e-extensao/fundacao/cursos-de-especializacao/direito-notarial-e-registral/. Acesso em: 17 dez. 2021.

CONCLUSÃO

A identificação dos sistemas de justiça de forma autônoma, porém correlacionada, a partir de zonas de intersecção entre eles, contribui para estudos e legislações específicas para cada um dos sistemas, tratando-os a partir de suas peculiaridades e atenção devida, especificamente quanto à disciplina nas faculdades de Direito, que quase sempre enxergaram a justiça como sinônimo de Poder Judiciário.

Ainda há o excessivo apego ao Poder Judiciário, em que pese a insatisfação das partes, de magistrados, servidores, advogados etc. com a atual justiça brasileira. Não é somente o Poder Judiciário que pode agir com igualdade, atender o bem comum e garantir os direitos fundamentais. Há, nessa perspectiva, o excessivo paternalismo estatal e uma cultura litigante brasileira que pode ser evitada a partir da contribuição de todos os sistemas de justiça, o público, o privado e o público-privado.

No sistema de justiça estatal, alguns direitos excludentes, a complexidade jurídica atual e o pluralismo das sociedades modernas levaram ao abrigo da Constituição Federal determinados valores que devem ser aplicados na solução de conflitos pelo sistema judicial. Ademais, os critérios usuais de interpretação entre normas infraconstitucionais não são próprios para solução de determinadas situações em que há direitos de igual hierarquia em conflito, uma vez que tais antinomias não se colocam no plano da validade, podendo haver colisão entre princípios constitucionais, entre direitos fundamentais e entre direitos fundamentais e outros valores e interesses constitucionais.[1] Não bastando a colisão entre direitos constitucionais, por vezes há colisão entre direitos infraconstitucionais de mesma hierarquia, que resultam na aplicação do Direito Constitucional para solução da controvérsia. É evidente que determinados casos concretos devem permanecer aos cuidados do Poder Judiciário.

Contudo, como se procurou demonstrar, outros caminhos foram criados e merecem ser reconhecidos, por isso a denominação "uma nova perspectiva de acesso à justiça". É uma nova visão de algo que já existe, mas que, a partir de seu reconhecimento, poderá ser aprimorado e mais bem utilizado. A justiça capaz

---

1. BARROSO, Luís Roberto. *Curso de direito constitucional contemporâneo*. Os conceitos fundamentais e a construção do novo modelo. 5. ed. São Paulo: Saraiva, 2015, p. 367-368.

de resolver conflitos enxergada apenas como via jurisdicional revela uma visão turva. Por outro lado, os três sistemas agindo em harmonia contribuem para a celeridade e maior satisfação com resultados.

O conceito de justiça que pretendemos buscar prima por resultados. Deve haver portas de entrada, mais de uma, certamente, como desejado pelo sistema multiportas. Mas também deve haver a porta de saída. A porta de saída é a que entrega efetivamente o que foi buscado pelos interessados quando do ingresso pela porta de entrada. A entrega do bem jurídico, da pacificação social, da solução do conflito, do atendimento jurídico é o que visam os três sistemas de acesso à justiça jurídica: o público, o privado e o público-privado. Por isso, diferencia-se esta do sistema multiportas, que foca na entrada ao sistema, de extrema relevância, já que é onde tudo se inicia. Ademais, diferencia-se, pois aquele sistema foi, inicialmente, destinado ao Poder Judiciário.

Como se percebe, muitos foram os autores que se debruçaram para resolver os problemas da quantidade de processos no Judiciário. Apesar de algumas medidas, pouco se resolveu. Por isso, ressaltamos que a visão do acesso à justiça deve ser mais ampla. A perfeita coordenação de três sistemas de acesso à justiça trará melhores desempenhos que a de um sistema isolado.

São nítidas as distinções entre esses sistemas, com seus princípios, história, normas, elementos e propósito próprios, que devem ser respeitados. O conhecimento difundido sobre a percepção desses três sistemas redundará numa melhor performance de cada um deles e, ao final, da realização efetiva da justiça.

Tais sistemas funcionam interligados por zonas de intersecção. Portanto, embora autônomos, apresentam relações com os demais, o que permite dizer que qualquer ocorrência em algum deles reverberará no(s) outro(s). Assim, é importante enxergá-los e considerá-los como um todo, num movimento circular, como nos ensinou Luhmann.

Com Luhmann, também aprendemos que a interação com o meio externo provoca irritações no sistema. Aproveitamos seu ensinamento para, a partir dele, compreender que a irritação é que causa novas criações. A crise provoca mudanças no sistema. O acesso ao sistema de justiça é alterado de acordo com a mutação do meio social. A sociedade, assim, provoca a mudança do direito.

Diante de novas demandas do sistema social, o acesso à justiça não é mais enxergado como uma ou mais ondas de acesso ao Judiciário. Há muitas ondas que são necessárias para se atenderem as necessidades daqueles que necessitam de amparo jurídico. Cada sistema de acesso à justiça tem suas próprias ondas e sua própria utilidade para o fim de se fazer justiça efetivamente, entregando o resultado ao interessado.

As formas diversas de solução de controvérsias dos diferentes sistemas de justiça têm sido utilizadas tanto no setor privado quanto no público, incrementando e acelerando as formas de acesso à justiça. Dessa forma, atualmente, temos algumas variáveis nas possibilidades de resolver conflitos que podem ser assim categorizadas: (i) quanto às entidades responsáveis: setor público, setor privado e setor público-privado; (ii) quanto ao método: processual, mediação, conciliação, arbitragem, negociação e outros; (iii) quanto ao contato: presencial e virtual; (iv) quanto à forma: físico (material) e digital. Conforme o interesse dos envolvidos, essas formas podem ser combinadas, resultando numa diversidade de possibilidades de acesso à justiça, ampliando-a, o que é salutar, dado o número de processos judiciais brasileiros.

Também importantes ao bom debate são as formas preventivas de conflito e os tratamentos ofertados pelas serventias extrajudiciais, que impedem que outros conflitos possam surgir.

A partir da compreensão adequada de cada um dos sistemas, o acesso à justiça será aprimorado, visto que a cada sistema competirá uma forma consentânea de acesso. Exemplificativamente, deverá haver uma normativa a respeito de curso de mediação específico para a atuação de mediadores e conciliadores perante as serventias extrajudiciais, já que a especificidade da matéria não pode ser tratada por quem tem a formação apenas em mediação e conciliação judicial, pois isso poderia provocar falhas no atendimento dos interesses de seus participantes.

Buscou-se ainda analisar, em breves linhas, o impacto das novas tecnologias e sua interface com as diversas formas de solução de controvérsias. No que tange aos aspectos práticos, entendemos que deve haver uma uniformização nos sistemas utilizados pelos tribunais pátrios de modo a facilitar o uso pelos operadores do direito e um tratamento de dados, conforme prevê a Lei 13.709/2018, a fim de evitar a exposição de dados pessoais de quem utiliza esses sistemas e possível responsabilidade de tais órgãos. As serventias extrajudiciais têm buscado uniformização e tratamento de dados por suas centrais eletrônicas, cada vez mais preparadas para atendimento ao usuário.

Além da identificação dos sistemas de justiça, e não apenas de um sistema de justiça, a compreensão de tais sistemas como sistemas vivos garante a mutação deles, de modo que possam se transformar e aperfeiçoar de acordo com seu entorno, ou seja, conforme as necessidades sociais. E, por sua vez, os próprios sistemas de justiça são capazes de transformar seus entornos. Veja-se, por exemplo, a facilidade na alteração de sexo feita diretamente nos Registros Civis das Pessoas Naturais, que, certamente, garante dignidade às pessoas que se valem desses serviços.

Essa mutação é ainda capaz de provocar a reprodução dos sistemas, pela autopoiese, que ocorre internamente aos sistemas, gerando novos sistemas que podem ou não se desenvolver, conforme os estímulos que recebem de outros sistemas de justiça e dos sistemas sociais. As transformações redundam em mudanças entre os sistemas. Dessa forma, fenômenos de extrajudicialização são produzidos por demandas sociais e legislativas, que resultam em alteração no sistema de justiça estatal e no sistema de justiça público-privado.

Ademais, procuramos identificar elementos que marcam um novo paradigma de acesso à justiça: acesso descentralizado e democrático, solidariedade--fraternidade, meios eletrônicos de resolução de conflitos e acesso à justiça de forma virtual, uso de inteligência artificial e, futuramente, metaverso. A partir dessa compreensão, evidencia-se a necessária criação de novas disciplinas nas faculdades do Direito, como Direito Animal, Notarial e Registral, Direito Digital etc., que devem preparar o aluno para as diversas formas de acesso à justiça.

Tendo em vista que a inteligência artificial já é uma realidade, inclusive nos tribunais brasileiros, cabe refletir se ela poderia substituir a inteligência humana por completo. E, ainda, como se daria o controle de eventual decisão inconstitucional ou ilegal prolatada numa ODR e quais seriam as responsabilidades no caso de essa decisão ser entre pessoas de diferentes países, com suas legislações respectivas. Tais indagações, ainda sem respostas, merecem considerações do ponto de vista ético e jurídico, eis que a segurança jurídica deve se manter essencial nesses novos formatos de acesso à justiça, de modo que a tecnologia esteja a serviço do homem, e não o contrário.

Quanto ao sistema de justiça extrajudicial (público-privado), quando se fala em prevenção de litígios, supõe-se que este poderia ocorrer, mas não ocorre por uma atuação preventiva anterior. Quando se fala em não conflito, não há essa possiblidade de ele ocorrer. A efetividade de direitos elimina conflitos, podendo esta ser entendida como uma forma de acesso à justiça. Não há melhor forma de efetivar a justiça do que permitir a ausência de conflito. Nesse aspecto, o reconhecimento de direitos é uma referência no acesso à justiça.

A identificação de um novo paradigma, com marcos específicos de acesso à justiça, pode ser considerada uma nova onda de acesso à justiça, porém preferimos não utilizar o mesmo termo para evitar ambiguidade. Dessa vez, não apenas voltada ao Poder Judiciário, como se estabeleceu nos trabalhos de Mauro Cappelletti e Bryant Garth e pelo tribunal multiportas de Frank Sander. A contribuição aqui pretendida é fazer crer que há formas de acesso adequadas a cada um dos sistemas de justiça. Assim, ao contrário do que pode parecer, pensar um novo paradigma ou onda de acesso à justiça não significa que pensar que as anteriores

CONCLUSÃO **191**

já estejam perfeitamente efetivadas. Podemos pensar em outros direitos, ainda que os relacionados às primeiras ondas de acesso não estejam satisfeitos.

Caberia, ainda, analisar como as ondas de acesso à justiça podem ser aplicadas aos sistemas de justiça privado e público-privado, que teriam ondas próprias ou ondas que, aproveitadas as já identificadas, pudessem ser transpostas para a realidade desses sistemas. Porém, falar sobre direito é sempre um trabalho inacabado, já que acreditamos que ele seja vivo. Portanto, a temática não se encerra por aqui. Tivemos por intuito apenas iniciar uma discussão que pode ser aprofundada em outra oportunidade ou por outras pessoas que tenham interesse na continuidade deste trabalho.

Sabemos que, diante de tamanha necessidade de entrega aos partícipes da sociedade, nossa contribuição é pequena. Porém, sabemos também que não podemos fingir que não fazemos parte desse mundo, que o "mundo tem um vir-a-ser independente de nós", como dito por Maturana e Varela, tirando de nós a responsabilidade de apresentar a menor contribuição que seja.[2] A árvore que se procura construir tem início na semente plantada. Aqui, visamos plantar essa semente e despertar, quem sabe, num futuro não tão distante, uma melhor estratégia em termos de acesso à justiça. Colocamos nosso tijolo, aguardando que venham outros a somar em nosso edifício.[3]

Como disse Galileu Galilei, na Carta a Monsenhor Piero Dini, em 1615: "de boa vontade deixo o trabalho das interpretações àqueles que sabem infinitamente mais do que eu".[4]

---

2. "Cegos diante da transcendência de nossos atos, fingimos que o mundo tem um vir-a-ser independente de nós, justificando assim nossa irresponsabilidade e confundindo a imagem que buscamos projetar, o papel que representamos, com o ser que verdadeiramente construímos em nosso viver diário" (GARCÍA; ROMESÍN, op. cit., 1995, p. 264).

3. "[...] a pesquisa pode se envolver com uma história violenta ou agitada de inovações e controvérsia, ela é sempre renovada; o direito não pode entrar em uma história tão furiosa, uma vez que há nele algo de homeostático que diz respeito à obrigação de não romper com o frágil tecido das regras e textos, e de ser compreendido, a todo instante, por todo mundo. Existe uma exigência de segurança jurídica, mas não há segurança científica. Todo pesquisador, mesmo se ele soma seu modesto tijolo ao edifício da disciplina pode se tomar por Sansão e querer estremecer as colunas do Templo, reverter os paradigmas, romper com o senso comum, depreciar as antigas teorias. Todo jurista, mesmo que proponha a mais audaciosa reversão de jurisprudência, deve manter o edifício do direito intacto, o exercício do poder contínuo, e a aplicação a regra, suave" (LATOUR, Bruno. op. cit., p. 296).

4. GALILEI, Galileu. *Ciência e fé*. Cartas de Galileu sobre o acordo do sistema copernicano com a Bíblia. 2. ed. rev. e ampl. Trad.: Carlos Arthur R. do Nascimento. São Paulo: Editora UNESP, 2009. p. 39.

REFERÊNCIAS

ABBOUD, Georges. *Discricionariedade administrativa e judicial*: o ato administrativo e a decisão judicial. São Paulo: Ed. RT, 2014.

ABBOUD, Georges. *Processo constitucional brasileiro*. São Paulo: Ed. RT, 2016.

ALEXY, Robert. *Conceito e validade do direito*. Trad.: Gercélia Batista de Oliveira Mendes. São Paulo: Editora WMF Martins Fontes, 2009.

ALEXY, Robert. *El concepto y la naturaleza del derecho*. Madrid: Marcial Pons, 2008.

ALVARES, Luís Ramon. *O que você precisa saber sobre o cartório de notas*. São José dos Campos: Editora Crono, 2016.

ALVES NETO, Jocy de Vasconcelos Frota; MEDEIROS, Pablo Diego Veras; PAULA FILHO, Alexandre Moura Alves. Novas facetas do acesso à justiça: podem os cartórios ser um ambiente de solução de conflitos? In: LEITE, Glauco Salomão et al (Org.). *A democracia constitucional e seus inimigos*: desafios do século XXI. Porto Alegre, RS: Editora Fi, 2020.

ALVIM NETTO, José Manoel Arruda. Da jurisdição – Estado-de-direito e função jurisdicional. *Doutrinas essenciais de Processo Civil*, v. 2, Out / 2011. *Revista de Direito Público*. RDP 13/69- jul.-set./1970.

ALVIM, Arruda. *Novo contencioso cível no CPC/2015*. São Paulo: Ed. RT, 2016.

AMARAL, Fabiano Pereira Almeida do; AMARAL, Anna Beatriz Pereira Almeida do. As barreiras para o avanço tecnológico no Brasil. In: GALHARDO, Flaviano (Coord.). *Direito registral e novas tecnologias*. Rio de Janeiro: Forense, 2021.

ANDERSON, Chris. *Ted Talks*. O guia oficial do TED para falar em público. Trad.: Donaldson Garschagen e Renata Guerra. Rio de Janeiro: Intrínseca, 2016.

ANDRIGHETTO, Aline; DIAS, Monia Peripolli. Direitos humanos e a luta pela efetivação dos direitos das minorias. In: BELLO, Enzo; LIMA, Martonio Mont'Alverne Barreto; LIMA, Letícia Gonçalves Dias; AUGUSTIN, Sérgio (Org.). *Direito e marxismo* – as novas tendências constitucionais da América Latina. Caxias do Sul: Educs, 2014.

ANDRIGHI, Fátima Nancy. *Formas alternativas de solução de conflitos*. 2009. Disponível em: https://bibliotecadigital.fgv.br/ojs/index.php/rda/article/view/7539/6033. Acesso em: 21 nov. 2021.

ANDRIGHI, Nancy. O Árbitro de Emergência e a Tutela de Urgência: Perspectivas à luz do Direito Processual Brasileiro. In: YARSHELL, Flávio Luiz; PEREIRA, Guilherme Setoguti J. *Processo Societário II*. Adaptado ao Novo CPC – Lei 13.105/2015. São Paulo: Quartier Latin, 2015.

ANNONI, Danielle. *O direito humano de acesso à justiça no Brasil*. Porto Alegre: Sergio Antonio Fabris, 2008.

ANOREG/BR. *Cartório em números*. 3. ed. 2021, p. 30. Disponível em: https://www.anoregsp. org.br/__Documentos/Uploads/cartorios%20em%20numeros%202021.pdf. Acesso em: 12 abr. 2022.

ARISTÓTELES. *Ética a Nicômano*. Trad.: Leonel Vallandro e Gerd Bornheim da versão inglesa de W.D. Ross. 4. ed. São Paulo: Editora Nova Cultural, 1991.

ARONNE, Ricardo; CATALAN, Marcos. Quando se imagina que antílopes possam devorar leões: oito ligeiras notas acerca de uma tese passageira. *Civilistica.com*, Rio de Janeiro, v. 7, n. 1, p. 1-13, 2018.

ASPERTIL, Maria Cecília de Araújo; SOUZA, Michel Roberto Oliveira de. Desmistificando a "cultura do acordo": os discursos de acesso à Justiça e eficiência no atual cenário da mediação e da conciliação judiciais no Brasil. In: FREITAS JR., Antonio Rodrigues de; ALMEIDA, Guilherme Assis de (Coord.). SOUZA, Michel Roberto O. de (Org.). *Mediação e o novo código de processo civil*. Curitiba: Juruá, 2018.

BACELLAR, Roberto Portugal. *Mediação e arbitragem*. Coord.: Alice Bianchini. Luiz Flávio Gomes. São Paulo: Saraiva, 2012.

BARRILAO, Juan Francisco Sánchez. El derecho constitucional ante la era de ultrón: la informática y la inteligencia. *Revista Estudios de Deusto*, v. 64/2, Julio-Diciembre 2016.

BARROSO, Luís Roberto. *Curso de direito constitucional contemporâneo*. Os conceitos fundamentais e a construção do novo modelo. 5. ed. São Paulo: Saraiva, 2015.

BARROSO, Luís Roberto. *Technological revolution, democratic recession and climate change*: The limits of law in a changing word. 2019. Disponível em: https://papers.ssrn.com/sol3/ papers.cfm?abstract_id=3458702. Acesso em: 18 nov. 2019.

BAUMAN, Zygmunt. *Amor líquido*. Sobre a fragilidade dos laços humanos. Rio de Janeiro: Jorge Zahar Ed., 2004.

BAUMAN, Zygmunt. *Modernidade líquida*. Trad.: Plínio Dentzien. Rio de Janeiro, Zahar, 2001.

BENTHAM, Jeremy. *Principles of Morals and Legislation*. Disponível em: https://learning. edx.org/course/course-v1:HarvardX+ER22.1x+3T2020/block-v1:HarvardX+ER22.1x+-3T2020+type@sequential+block@c6828de7461a416381457d1eced938dc/block-v1:Har-vardX+ER22.1x+3T2020+type@vertical+block@b0048dfca2ce4c0cbd3a5a976c771318. Acesso em: 11 maio 2021.

BERMAN, Marshall. *Tudo que é sólido desmancha no ar*. A aventura da modernidade. Trad.: Carlos Felipe Moisés. Ana Maria L. Ioiatti. São Paulo: Companhia das Letras, 1986.

BÍBLIA. Português. *Bíblia sagrada*. Trad.: Centro Bíblico Católico. 61. ed. São Paulo: Ave Maria, 1971. Matheus 5, 6.

BLASCO, Fernando Domingos Carvalho. Ata notarial. *In*: PEDROSO, Alberto Gentil de Almeida Pedroso (Coord.). *Processo Civil*. Ata notarial e outros instrumentos processuais. São Paulo: Thomson Reuters Brasil, 2021.

BOBBIO, Norberto. *Direito e poder*. Trad.: Nilson Moulin. São Paulo: Editora UNESP, 2008.

BOBBIO, Norberto. *Locke y el derecho natural*. Valencia: Tirant Humanidades, 2017.

BONICIO, Marcelo José Magalhães. *Proporcionalidade e processo*. A garantia constitucional da proporcionalidade, a legitimação do processo civil e o controle das decisões judiciais. São Paulo: Atlas, 2006.

BORGES, Charles Irapuan Ferreira. A Constituição do Self Moderno: Rainer Forst entre Liberais e Comunitaristas. *Intuitio*, Porto Alegre, v. 5, n. 1, p. 90-105, Julho 2012. Disponível em: https://revistaseletronicas.pucrs.br/ojs/index.php/intuitio/article/view/9609. Acesso em: 19 mar. 2021.

BRANDELLI, Leonardo. Desenvolvimento nacional: o papel do Registro de Imóveis. In: GALHARDO, Flaviano (Coord.). *Direito registral e novas tecnologias*. Rio de Janeiro: Forense, 2021.

BRANDELLI, Leonardo. *Direito notarial*. 4. ed. São Paulo: Saraiva, 2011.

BUZZI, Marco Aurélio Gastaldi; BUZZI, Vitória de Macedo. O princípio da fraternidade e os métodos de pacificação social. In: FRÓZ SOBRINHO, José de Ribamar; VELOSO, Roberto Carvalho; LIMA, Marcelo de Carvalho; TEIXEIRA, Márcio Aleandro Correia; APOLIANO JÚNIOR, Ariston Chagas (Org.). *Direitos humanos e fraternidade*: estudos em homenagem ao ministro Reynaldo Soares da Fonseca. São Luís: ESMAM: EDUFMA, 2021. v. 2.

CABRAL, Antonio do Passo; CUNHA, Leonardo Carneiro da. Negociação direta ou resolução colaborativa de disputas (*Collaborative Law*). In: ZANETI JR., Hermes; CABRAL, Trícia Navarro Xavier (Coord.). *Justiça multiportas*. Mediação, conciliação, arbitragem e outros meios adequados de solução de conflitos. 2. ed. rev., ampl. e atual. Salvador: JusPodivm, 2018.

CABRAL, Trícia Navarro Xavier. Justiça multiportas, desjudicialização e administração pública. In: ÁVILA, Henrique; WATANABE, Kazuo; NOLASCO, Rita Dias; CABRAL, Trícia Navarro Xavier (Coord.). *Desjudicialização, justiça conciliativa e poder público*. São Paulo: Thomson Reuters Brasil, 2021.

CALISSI, Jamile Gonçalves. *O conteúdo jurídico-substancial da identidade étnico cultural no sistema constitucional brasileiro*. São Paulo: Max Limonad, 2017.

CAPPELLETTI, Mauro; GARTH, Bryant. *Acesso à justiça*. Trad.: Ellen Gracie Northfleet. Porto Alegre: Sergio Antonio Fabris Editor, 1988, reimpressão 2015.

CAPPELLETTI, Mauro. Notas sobre conciliadores e conciliação. Trad. e revisado: Hermes Zanetti Jr. In: ZANETI JR., Hermes; CABRAL, Trícia Navarro Xavier (Coord.). *Justiça multiportas*. Mediação, conciliação, arbitragem e outros meios adequados de solução de conflitos. 2. ed. rev., ampl. e atual. Salvador: JusPodivm, 2018.

CAPPELLETTI, Mauro. Os métodos alternativos de solução de conflitos no quadro do movimento universal de acesso à justiça. Trad. do inglês: J. C. Barbosa Moreira. *Revista de Processo*, ano 19, janeiro-março de 1994.

CÁRCAR BENITO, Jesús Esteban. El transhumanismo y los implantes cerebrales basados em las tecnologías de la inteligencia artificial: sus perímetros neuroéticos y jurídicos. *Ius et Scientia*, v. 5, n. 1, p. 179, 2019.

CARNEGIE, Dale. *Como falar em público e influenciar pessoas no mundo dos negócios*. 8. ed. Rio de Janeiro: Editora Record, 2010.

CARNIO, Henrique Garbellini; GONZAGA, Alvaro de Azevedo. *Curso de sociologia jurídica*. São Paulo: Ed. RT, 2011.

CARNIO, Henrique Garbellini. *Fronteiras do direito*. Analítica da existência e crítica das formas jurídicas. Belo Horizonte: Casa do Direito, 2021.

CARVALHOSA, Modesto. O Depoimento do Advogado de uma da Partes na Arbitragem. In: YARSHELL, Flávio Luiz; PEREIRA, Guilherme Setoguti J. *Processo Societário II*. Adaptado ao Novo CPC – Lei 13.105/2015. São Paulo: Quartier Latin, 2015.

CASTILHO, Ricardo. *Filosofia geral e jurídica*. 5. ed. São Paulo: Saraiva Educação, 2018.

CASTILHO, Ricardo. Teoria do Poder e Abusos do Poder. In: CASTILHO, Ricardo (Org.); STRASSER, Francislaine de Almeida Coimbra; RIBEIRO, Graziele Lopes; RAVAGNANI, Milton Roberto da Silva Sá (Org.). *As faces do poder*. Rio de Janeiro: Lumen Juris, 2019.

CHAGAS, Wilson. O chamado direito natural: em que consiste. *Revista da Faculdade de Direito*, São Paulo, v. 61, n. 1, p. 86-100, 1966. Disponível em: https://www.revistas.usp.br/rfdusp/article/view/66499. Acesso em: 22 nov. 2021.

CHIOVENDA, Giuseppe. *Saggi di diritto processuale civile*. Volume Secondo. Milano: Dott. A. Giuffrè Editore, 1993.

CHURCHMAN, C. West. *Introdução à teoria dos sistemas*. Trad.: Francisco M. Guimarães. 2. ed. Petrópolis: Vozes, 2015.

COHEN, Hadas; ALBERSTEIN, Michal. *Multilevel acess to justice in a world of vanishing trials*: a conflict resolution perspective. Disponível em: https://zenodo.org › record › files. Acesso em: 21 nov. 2021.

CONSELHO NACIONAL DE JUSTIÇA. *Justiça em números 2021*. Brasília: CNJ, 2021. Disponível em: https://www.cnj.jus.br/wp-content/uploads/2021/10/relatorio-justica-em--numeros2021-081021.pdf. Acesso em: 7 nov. 2021.

COSTA E SILVA, Paula. *A nova face da justiça*. Os meios extrajudiciais de resolução de controvérsias. Lisboa: Coimbra Editora, 2009.

COSTA E SILVA, Paula. O acesso ao Sistema judicial e os meios alternativos de resolução de controvérsias. *In*: ZANETI JR., Hermes; CABRAL, Trícia Navarro Xavier (Coord.). *Justiça multiportas*. Mediação, conciliação, arbitragem e outros meios adequados de solução de conflitos. 2. ed. rev., ampl. e atual. Salvador: JusPodivm, 2018.

CUNHA, Michely Freire Fonseca. *Manual de regularização fundiária urbana* – REURB. 2. ed. rev. e ampl. São Paulo: Editora JusPodivum, 2021.

DAVID, René. *Os grandes sistemas do direito contemporâneo*. Trad.: Hermínio A. Carvalho. 5. ed. São Paulo: Martins Fontes, 2014.

DE LUCCA, Newton; SIMÃO FILHO, Adalberto; LIMA, Cíntia Rosa Pereira de (Coord.). *Direito & Internet III*. São Paulo: Quartier Latin, 2015. t. II: Marco Civil da internet (Lei 12.965/2014).

DESCARTES, René. *O discurso do método*. Disponível em: https://lelivros.love/book/download-d-discurso-do-metodo-rene-descartes-em-epub-mobi-e-pdf-2/. Acesso em: 15 nov. 2021.

DEVIA, Andrea Martínez. La inteligencia artificial, el big data y la era digital: ¿una amenaza para los datos personales? *Revista La Propiedad Inmaterial*, n. 27, enero-junio 2019.

DEVISATE, Rogério Reis. *Metaverso nega o verso*: poder sem igual. 2021. Disponível em: https://agazetadoamapa.com.br/coluna/1673/metaverso-nega-o-verso-poder-sem-igual. Acesso em: 23 nov. 2021.

DI PIETRO, Maria Sylvia Zanella. *Direito administrativo*. 32. ed. Rio de Janeiro: Forense, 2019.

DINAMARCO, Cândido Rangel. O novo Código de Processo Civil brasileira e a ordem processual civil vigente. *Revista de Processo*, v. 247, p. 63-103, set./2015.

DIP, Ricardo. *A natureza e os limites das normas judiciárias do serviço extrajudicial*. São Paulo: Quartier Latin, 2013.

DIP, Ricardo. *Caminhando pela Lei 6.015* – n. 2 – Artigo 1º. Disponível em: https://inrpublicacoes.com.br/site/boletim/opiniao/2826/caminhando-pela-lei-6.015--n-2--artigo-1. Acesso em: 22 jul. 2021.

DIP, Ricardo. Três notas sobre a usucapião extrajudicial. In: DIP, Ricardo et al. *Direito registral e o Novo Código de Processo Civil*. Rio de Janeiro: Forense, 2016.

DOURADO, Pablo Zuniga. A fraternidade como princípio constitucional e as teorias da argumentação jurídica. In: FRÓZ SOBRINHO, José de Ribamar; VELOSO, Roberto Carvalho; LIMA, Marcelo de Carvalho; TEIXEIRA, Márcio Aleandro Correia; APOLIANO JÚNIOR, Ariston Chagas (Org.). *Direitos humanos e fraternidade*: estudos em homenagem ao ministro Reynaldo Soares da Fonseca. São Luís: ESMAM: EDUFMA, 2021. v. 2.

DUAILIBE, Ricardo Tadeu; LEAL, Bruno Carvalho Pires. O princípio da fraternidade como instrumento de acesso à ordem jurídica justa no âmbito civil. In: FRÓZ SOBRINHO, José de Ribamar; VELOSO, Roberto Carvalho; LIMA, Marcelo de Carvalho; TEIXEIRA, Márcio Aleandro Correia; APOLIANO JÚNIOR, Ariston Chagas (Org.). *Direitos humanos e fraternidade*: estudos em homenagem ao ministro Reynaldo Soares da Fonseca. São Luís: ESMAM: EDUFMA, 2021. v. 2.

DUARTE, Ronnie Preuss. *Garantia de acesso à justiça*. Os direitos processuais fundamentais. Coimbra: Coimbra Editora, 2007.

DWORKIN, Ronald. *O império do direito*. Trad.: Jeferson Luiz Camargo. Revisão técnica: Gildo Sá Leitão Rios. 3. ed. São Paulo: Martins Fontes, 2014.

ECONOMIDES, Kim. Lendo as ondas do "Movimento de Acesso à Justiça": epistemologia *versus* metodologia? 1999. Disponível em: https://www.passeidireto.com/disciplina/teoria-geral-do-processo/?type=6&materialid=20911675&utm_source=whatsapp&utm_medium=whatsapp&u/tm_campaign=arquivo. Acesso em: 7 dez. 2020.

ECONOMIDES, Kim. On liberating law from the tyranny of the city. In: FERRAZ, Leslie Shérida (Coord.). *Repensando o acesso à Justiça no Brasil*: estudos internacionais. Aracaju: Evocati, 2016. v. 2.

EHRENBERG, Victor. Seguridad jurídica y seguridad del tráfico. *Cuadernos de derecho registral*, Madrid: Fundacion Benficentia et peritia iuris. Colegio de Registradores de la Propiedad, Mercantiles y Bienes Muebles de Espanã, 2013.

ENGELBERG, Juliana Lourenço. Os cartórios – extrajudiciais – estão preparados para os novos desafios? In: VIEIRA, Bruno Quintiliano Silva; PINHEIRO, Weider Silva (Org.). *II Estudos de Direito Notarial e Registral*. Goiânia: Kelps, 2021.

FAGGION, Vinícius de Souza. O papel da teoria do conhecimento de Locke para seus escritos políticos. *Pormetheus – Journal of Philosophy*, v. 11, n. 30, p. 279-298, 2019. Disponível em: https://seer.ufs.br/index.php/prometeus/article/view/7989. Acesso em: 22 nov. 2021.

FISCHER, Roger; URY, William. PATTON, Bruce. *Como chegar ao sim*. Rio de Janeiro: Solomon, 2014.

FLEISCHMANN, Simone Tassinari; FONTANA, Andressa Tonetto. A capacidade civil e o modelo de proteção das pessoas com deficiência mental e cognitiva: estágio atual da discussão. *Civilística.com*, Rio de Janeiro, v. 9, n. 2, 2020.

FONSECA, Reynaldo Soares da. FONSECA, Rafael Campos Soares da. Federalismo fraternal: concretização do princípio da fraternidade no federalismo. In: FRÓZ SOBRINHO, José de Ribamar; VELOSO, Roberto Carvalho; LIMA, Marcelo de Carvalho; TEIXEIRA, Márcio Aleandro Correia; APOLIANO JÚNIOR, Ariston Chagas (Org.). *Direitos humanos e fraternidade*: estudos em homenagem ao ministro Reynaldo Soares da Fonseca. São Luís: ESMAM: EDUFMA, 2021. v. 2.

FONSECA, Reynaldo Soares da. Palestra proferida no debate Direito e Futuro em Tempos de Pandemia, 2020, Brasília (DF). *STJ notícias,* 19 de abril de 2020. Disponível em: https://www.stj.jus.br/sites/portalp/Paginas/Comunicacao/Noticias/Ministro-Reynaldo-fala--do-principio-da-fraternidade-em-debate-sobre-direito-e-futuro-na-crise-do-virus.aspx. Acesso em: 22 nov. 2021.

FOUCALT, Michel. *A coragem da verdade*. O governo de si e dos outros II: curso no Collège de France. Trad.: Eduardo Brandão. São Paulo: Editora WMF Martins Fontes, 2011.

FOUCALT, Michel. *As palavras e as coisas*. Uma arqueologia das ciências humanas. Trad.: Salma Tannus Muchail. São Paulo: Martins Fontes, 2000.

FUSTEL DE COULANGES, Numa-Denys. *A cidade antiga*. Trad.: Frederico Ozanam Pessoa de Barros. São Paulo: Editora das Américas, 2006.

FUX, Luiz. *Arbitragem e segurança jurídica: a maturação de um meio adequado de solução das controvérsias*. Superior Tribunal de Justiça. Doutrina: edição comemorativa, 30 anos. Brasília: STJ, 2019.

GALANTER, Marc; KRISHNAN, Jayanth K. "Bread for the Poor": Access to Justice and the Rights of the Needy in India. *Hashtings Law Journal*, v. 5, p. 789-834, 2004.

GALANTER, Marc. Access to justice in a world of expanding social capability. *Fordham Urban Law Journal*, v. 37, n. 1, 2010.

GALANTER, Marc. Acesso à justiça em um mundo com capacidade social em expansão. Trad.: Berenice Malta. In: FERRAZ, Leslie Shérida (Coord.). *Repensando o acesso à justiça no Brasil*: estudos internacionais. Institutos inovadores. Aracaju: Evocati, 2016. v. 2.

GALANTER, Marc. Why the "haves" come out ahead: speculations on the limits of legal change. *Law & Society Review*, v. 9, n. 1, Litigation and Dispute Processing: Part One (Autumn, 1974), p. 132. (Tradução livre).

GALILEI, Galileu. *Ciência e fé*. Cartas de Galileu sobre o acordo do sistema copernicano com a Bíblia. 2. ed. rev. e ampl. Trad.: Carlos Arthur R. do Nascimento. São Paulo: Editora UNESP, 2009.

GAMA, Thyago Rodrigues. O protesto de certidão de dívida ativa e o planejamento estratégico do Tribunal de Justiça do Estado de Goiás. In: VIEIRA, Bruno Quintiliano Silva; PINHEIRO, Weider Silva. *II Estudos de Direito Notarial e Registral*. Goiânia: Kelps, 2021.

GARCÍA, Francisco J. Varela; ROMESÍN, Humberto Maturana. *A árvore do conhecimento*. As bases biológicas do entendimento humano. Trad.: Jonas Pereira dos Santos. s/l.: Editorial Psy II, 1995.

GARCÍA, Francisco J. Varela; ROMESÍN, Humberto Maturana. *De máquinas y seres vivos*. Autopoiesis: la organización de lo vivo. 5. ed. Santiago do Chile: Editorial Universitaria, 1998.

GARCÍA, Jesús Ignacio Martínez. Derecho inteligente. *Cuadernos Electrónicos de Filosofía del Derecho*, n. 37, 2018.

GARGARELLA, Roberto. *As teorias da justiça depois de Rawls*. Um breve manual de filosofia política. Trad.: Alonso Reis Feire. São Paulo: WMF Martins Fontes, 2008.

GIERKE, Otto. *Natural Law and the theory of society*. 1550 to 1800. Cambrigde: University Press, 1934. v. I. Disponível em: https://archive.org/details/in.ernet.dli.2015.503189/page/n5/mode/2up. Acesso em: 22 nov. 2021.

GOLDBERG, Stephen B.; GREEN, Eric D.; SANDER, E. A. Frank. Litigation, arbitration or mediation: a dialogue. *ABA Journal*, v. 75, n. 6, june 1989.

GONÇALVES, Ana Clara Moreira; MARQUES, Paulo Augusto Roriz de Amorim. A atividade notarial e de registro e o compartilhamento de jurisdição. In: VIEIRA, Bruno Quintiliano Silva; PINHEIRO, Weider Silva (Org.). *II Estudos de Direito Notarial e Registral*. Goiânia: Kelps, 2021.

GONÇALVES, Marcelo Barbi. *Teoria geral da jurisdição*. Salvador: Editora JusPodivm, 2020.

GONZÁLEZ, Fernando P. Méndez; FERNÁNDEZ, Luis A. Gallego. Contratos automatizados, cadenas de bloques y registros de la propiedad. *Revista de Direito Imobiliário RDI*, Ano 43, v. 89, jul.-dez., 2020.

GRECO, Leonardo. *Jurisdição voluntária moderna*. São Paulo: Dialética, 2003.

GRINOVER, Ada Pellegrini. Os métodos consensuais de solução de conflitos no novo CPC. *O novo Código de Processo Civil*: questões controvertidas. São Paulo: Atlas, 2015.

GUERRERO, Luis Fernando. Conciliação e mediação – novo CPC e leis específicas. *Revista de Arbitragem e Mediação*, v. 41, abr-jun 2014. Disponível em: https://edisciplinas.usp.br/pluginfile.php/4557180/mod_resource/content/0/Concilia%C3%A7%C3%A3o%20e%20media%C3%A7%C3%A3o%20-%20Luis%20Fernando%20Guerrero.pdf. Acesso em: 24 jun. 2021.

HABERMAS, Jürgen. *A inclusão do outro*: estudos de teoria política. Trad.: Denilson Luís Werle. São Paulo: Editora Unesp, 2018.

HAN, Byung-Chul. *Sociedade do cansaço*. Trad.: Enio Paulo Giachini. Petrópolis: Vozes, 2015.

HARARI, Yuval Noah. *21 lições para o século 21*. Trad.: Paulo Geiger. São Paulo: Companhia da Letras, 2018.

HARARI, Yuval Noah. *Sapiens*. Uma breve história da humanidade. São Paulo: L&PM, 2015.

HART, H. L. A. *O conceito de direito*. Trad.: Antônio de Oliveira Sette-Câmara. São Paulo: Editora WMF Martins Fontes, 2009.

HARTMANN, Ivar A. Liberdade de expressão e capacidade comunicativa: um novo critério para resolver conflitos entre direitos fundamentais informacionais. *Direitos Fundamentais & Justiça*, Ano 12, n. 39, p. 145-183, jul./dez. 2018.

HONNETH, Axel. *Luta por reconhecimento*. A gramática moral dos conflitos sociais. Trad.: Luiz Repa. 2. ed. São Paulo: Editora 34, 2009.

HUESO, Lorenzo Cotino. Big data e inteligencia artificial. Una aproximación a su tratamiento jurídico desde los derechos fundamentales. *Dilemata*, Año 9, n. 24, p. 143, 2017.

IBRADIM. Constitucionalidade do procedimento de execução extrajudicial. *Revista Debate Imobiliário*. Edição n. 9, p. 27, julho/2021.

JOBIM, Candice Lavocat Galvão; CARVALHO, Ludmila Lavocat Galvão Vieira de. Fraternidade e desjudicialização: o custo-benefício da propositura de ação que tem como causa de pedir o direito à saúde. In: FRÓZ SOBRINHO, José de Ribamar; VELOSO, Roberto Carvalho; LIMA, Marcelo de Carvalho; TEIXEIRA, Márcio Aleandro Correia; APOLIANO JÚNIOR, Ariston Chagas (Org.). *Direitos humanos e fraternidade*: estudos em homenagem ao ministro Reynaldo Soares da Fonseca. São Luís: ESMAM: EDUFMA, 2021. v. 2.

JOHNSTON, David. *Breve história da justiça*. Trad.: Fernando Santos. São Paulo: Editora WMF Martins Fontes, 2018.

KANT, Immanuel. *A paz perpétua*. Um projecto filosófico. Trad.: Artur Morão. Covilhã, 2008.

KANT, Immanuel. *Groudwork for the Metaphysics of Morals*. Disponível em: http://www.naharvard.pl/uploads/lektury/Immanuel_Kant_Groundwork_for_the_Metaphysics_of_Morals_1785.pdf. Acesso em: 26 jun. 2021.

KELSEN, Hans. *Teoria pura do direito*. Trad. João Baptista Machado. Coimbra: Armenio Amado Editora, 1984.

KUHN, Thomas S. *A estrutura das revoluções científicas*. 5. ed. São Paulo: Editora Perspectiva, 1998.

LACERDA, Galeno. O código como sistema legal de adequação do processo. *Revista do Instituto dos Advogados do Rio Grande do Sul*, Porto Alegre, 1976.

LAGRASTA, Valeria Ferioli. O novo paradigma de solução dos conflitos: juízes e advogados estão preparados? *Processo em jornadas. XI Jornadas brasileiras de direito processual. XXV Jornadas Ibero-americanas de direito processual.* Salvador: JusPodivm, 2016.

LATOUR, Bruno. *A fabricação do direito*. Um estudo de etnologia jurídica. Trad.: Rachel Meneguello. São Paulo: Editora Unesp, 2019.

LATTANZI, Juan Pablo ¿El poder de las nuevas tecnologías o las nuevas tecnologías y el poder? *Cuaderno 45.* Centro de Estudios en Diseño y Comunicación, 2013.

LESSA NETO, João Luiz. O Novo CPC adotou o modelo multiportas!!! E agora?! *Revista de Processo*, v. 244, p. 427-441, Jun 2015.

LESSA NETO, João Luiz. O novo CPC e o modelo multiportas: observações sobre a implementação de um novo paradigma. In: ZANETI JR., Hermes; CABRAL, Trícia Navarro Xavier (Coord.). *Justiça multiportas*. Mediação, conciliação, arbitragem e outros meios adequados de solução de conflitos. 2. ed. rev., ampl. e atual. Salvador: JusPodivm, 2018.

LIMA, Mariana Carvalho de Paula de. *A 7ª onda de acesso à justiça e o papel das instituições nacionais de direitos humanos na revisão periódica universal da ONU.* 2020. Dissertação (Mestrado em Direito Constitucional) – Faculdade de Direito, Universidade de Coimbra, Coimbra, 2020.

LINHARES, Danillo Moretti Godinho; SANTOS, Aryane Raysa Araújo dos. Amartya Sen e John Rawls: um diálogo entre a abordagem das capacidades e a justiça como equidade.

Theoria – Revista Eletrônica de Filosofia Faculdade Católica de Pouso Alegre, v. VI, n. 15, ano 2014.

LOCKE, John. *Second Treatise of Government*. Disponível em: https://english.hku.hk/staff/kjohnson/PDF/LockeJohnSECONDTREATISE1690.pdf. Acesso em: 22 jun. 2021.

LÓPEZ, Adriana Patricia Arboleda; GIRALDO, Luis Fernando Garcés. La conciliación extrajudicial en entornos virtuales: reflexiones éticas. *Revista científica electrónica de Educación y Comunciación en la Sociedad del Conocimiento*, v. I, n. 17, Enero-Junio de 2017.

LÓPEZ, Adriana Patricia Arboleda. Conciliación interdisciplinaria virtual. *Revista Lasallista de Investigación*, v. 12, n. 2, 2015.

LORENCINI, Marco Antônio Garcia Lopes. Sistema multiportas: opções para tratamento de conflitos de forma adequada. In: SALLES, Carlos Alberto de; LORENCINI, Marco Antônio Garcia Lopes; SILVA, Paulo Eduardo Alves da (Coord.). *Negociação, mediação e arbitragem*. Curso básico para programas de graduação em Direito. Rio de Janeiro: Forense; São Paulo: Método, 2012.

LOSANO, Mario G. *Os grandes sistemas jurídicos*: introdução aos sistemas jurídicos europeus e extraeuropeus. Trad.: Marcela Varejão; revisão da tradução Silvana Cobucci Leite. São Paulo: Martins Fontes, 2007.

LOUREIRO, Luiz Guilherme. *Manual de direito notarial*: da atividade e dos documentos notariais. Salvador: Jus Podivum, 2016.

LOUREIRO, Luiz Guilherme. *Registros públicos*. Teoria e prática. Salvador: Editora Juspovium, 2018.

LUHMANN, Niklas. *Introdução à teoria dos sistemas*. Aulas publicadas por Javier Torres Nafarrate. Trad.: Ana Cistina Arantes Nasser. 2. ed. Petrópolis: Vozes, 2010.

LUHMANN, Niklas. *O direito da sociedade*. Trad.: Saulo Krieger. Trad. das citações em latim: Alexandre Agnolon. São Paulo: Martins Fontes, 2016.

LUHMANN, Niklas. O paradoxo dos direitos humanos e três formas de seu desdobramento. Trad.: Ricardo Henrique Arruda de Paula, Paulo Antônio de Menezes Albuquerque. *Revista Themis*, Fortaleza, v. 3, n. 1, p. 153-161, 2000. Disponível em: http://revistathemis.tjce.jus.br/index.php/THEMIS/article/view/314/295. Acesso em: 22 nov. 2021.

LUHMANN, Niklas. *Sistemas jurídicos y dogmática jurídica*. Supervisión de la traducción: Luis E. Marcano Salazar y equipo. Chile: Olejnik, 2018.

LUHMANN, Niklas. *Sistemas sociais*. Um esboço de uma teoria geral. São Paulo: Editora Vozes, 2016.

LUHMANN, Niklas. *Sistemas sociales*: Lineamientos para una teoria general. Trad.: Silvia Pappe y Brunhilde Erker; Coord.: Javier Torres Nafarrete. Barcelona: Anthropos, 1998.

MACEDO, Paola de Castro Ribeiro. *Regularização fundiária urbana e seus mecanismos de titulação dos ocupantes*. Lei 13.465/2017 e Decreto 9.310/2018. São Paulo: Thomson Reuters Brasil, 2020.

MADISON, James; HAMILTON, Alexander; JAY, John. *Os artigos federalistas 1787-1788*. Edição integral. Apresentação: Isaac Kramnick. Trad.: Maria Luiza X. de A. Borges. Rio de Janeiro: Nova Fronteira, s.d.

MANCUSO, Rodolfo de Camargo. *Acesso à justiça*: condicionantes legítimas e ilegítimas. São Paulo: Ed. RT, 2011.

MAQUIAVEL, Nicolau. *O príncipe*. Disponível em: http://www.dominiopublico.gov.br/download/texto/cv000052.pdf. Acesso em: 20 nov. 2021.

MARCASSA FILHO, André Luiz. Atos de dissolução e sucessão familiar extrajudiciais – separação, divórcio, dissolução de união estável e inventário. In: PEDROSO, Alberto Gentil de Almeida (Coord.). *Processo civil*. Ata notarial e outros instrumentos processuais. São Paulo: Thomson Reuters Brasil, 2021.

MARCONI, Eliana Lorenzato. Os transgêneros, a alteração de sexo e nome e repercussão no registro civil. In: PEDROSO, Alberto Gentil de Almeida (Org.). *Direito Civil I*. São Paulo: Thomson Reuters Brasil, 2021.

MARQUES, Hyasmim Alves Ribeiro. Do acesso à justiça, democracia e sistema de justiça. In: PINHEIRO, Weider Silva (Org.). *Estudos de direito notarial e registral*. Goiânia: Kelps, 2020.

MARUYAMA, Natalia. Liberdade, lei natural e direito natural em Hobbes: limiar do direito e da política na modernidade. *Trans/Form/Ação*, São Paulo, v. 32, n. 2, p. 45-62, 2009. Disponível em: https://www.scielo.br/j/trans/a/4LdbKkHPSgbRVkV9tV3SpvC/?format=pdf&lang=pt. Acesso em: 22 nov. 2021.

MARX, Karl. *O capital*: a maquinaria e a indústria moderna. São Paulo: Diefel, s.d.

MASLOW, Abraham. *A Theory of human motivation*. [s.l.]: Sanage Publishing House, 2018.

MAXWELL, John C. *Todos se comunicam*. Poucos se conectam. Rio de Janeiro: Thomas Nelson Brasil, 2010.

MEADOWS, Donella H. *Thinking in Systems*. Vermont: Chelsea Green, 2008.

MEDAUAR, Odete. *Direito administrativo moderno*. 21. ed. Belo Horizonte: Fórum, 2018.

MEIRELLES, Delton R. S. Meios alternativos de resolução de conflitos: justiça coexistencial ou eficiência administrativa? *Revista eletrônica de direito processual – REDP*, v. 1, n. 1, p. 70, out.-dez./2007.

MELO, Marcelo Augusto Santana de. Breves considerações sobre a multipropriedade imobiliária. *Revista Pensamento jurídico*, São Paulo, v. 15, n. 1, p. 149-176, jan.-abr. 2021.

MICHELOTTO, Regina Maria. A desigualdade na história dos homens. *Educar em revista*, Curitiba, v. 13, n. 13, p. 45-54, 1997.

MIRANDA, Caleb Matheus Ribeiro de; CIMINO, Rafael Gil. Sistemas brasileiros de identificação de direitos sobre bens móveis materiais. *In*: PEDROSO, Alberto Gentil de Almeida (Coord.). *Direito administrativo*. São Paulo: Thomson Reuters Brasil, 2021.

MIRON, Rafael Brum. *Notários e registradores no combate à lavagem de dinheiro*. Rio de Janeiro: Lumen Juris, 2018.

MONTALVÃO, Bernardo. *O que você precisa saber sobre sociologia do direito*. São Paulo: Editora JusPodivm, 2022.

MONTALVÃO, Bernardo. *Por uma nova concepção de sistema jurídico*. Entre o passado e o futuro. Salvador: Editora JusPodivm, 2021.

REFERÊNCIAS

MONTANARI, Fernando Alves. *O direito internacional privado, a legalização, a consularização e o apostilamento de documentos públicos.* Direito Internacional. São Paulo: Thomson Reuters Brasil, 2021.

MONTESQUIEU, Charles de Secondat, Baron de. *O espírito das leis.* Apresentação: Renato Janine Ribeiro. Trad.: Cristina Murachco. São Paulo: Martins Fontes, 1996.

MOREIRA, José Carlos Barbosa. Privatização do processo? *Revista da EMERJ,* v. 1, n. 3, p. 13-25, 1998.

MOREIRA, Tássia Rodrigues. O acesso democrático à justiça na era da tecnologia: uma questão de política pública. In: TAVARES NETO, José Querino; SILVA, Juvêncio Borges; BELLINETTI, Luiz Fernando. *Acesso à justiça II* [Recurso eletrônico on-line]. Florianópolis: CONPEDI, 2020. Disponível em: http://site.conpedi.org.br/publicacoes/nl6180k3/2i8uuq04/os73m777Ys9VIU9S.pdf. Acesso em: 23 nov. 2021.

MOTA, Júlia Cláudia Rodrigues da Cunha. *As serventias extrajudiciais e as novas formas de acesso à justiça.* Porto Alegre: Sergio Antonio Fabris Editor, 2010.

MOTA, Maurício. O conceito de natureza e a reparação das externalidades ambientais negativas. *Revista de Direito da Cidade,* v. 6, n. 2, p. 201-225, 2006.

MOTA, Vilmária Cavalcante Araújo; MIRANDA, Márcio Fernando Moreira; GIRARDI, Márcia da Cruz. A ideia de Justiça de Amartya Sen. *Revista Jurídica UNIGRAN,* Dourados, v. 18, n. 36, Jul./Dez. 2016. Disponível em: https://www.unigran.br/dourados/revista_juridica/ed_anteriores/36/artigos/artigo10.pdf. Acesso em: 19 dez. 2021.

MÜLLER, Friedrich. *O novo paradigma do direito.* Introdução à teoria e metódica estruturantes. 3. ed. rev., atual. e ampl. São Paulo: Ed. RT, 2013.

NALINI, José Renato. É urgente construir alternativas à justiça. *In:* ZANETI JR., Hermes; CABRAL. Trícia Navarro Xavier (Coord.). *Justiça multiportas.* Mediação, Conciliação, Arbitragem e outros meios adequados de solução de conflitos. 2. ed. rev., ampl. e atual. Salvador: JusPodivm, 2018.

NOONE, Mary Anne. *ADR, public interest law and access to justice*: the need for vigilance. Disponível em: http://classic.austlii.edu.au/au/journals/MonashULawRw/2011/4.pdf. Acesso em: 21 nov. 2021.

NUSSBAUM, Martha C. *Fronteiras da justiça.* Deficiência, nacionalidade, pertencimento à espécie. Trad.: Susana de Castro. São Paulo: Editora WMF Martins Fontes, 2013.

PARSONS, Talcott. *O sistema das sociedades modernas.* Trad.: Dante Moreira Leite. São Paulo: Pioneira, 1974.

PASSOS, José Joaquim Calmon de. Instrumentalidade do processo e devido processo legal. *Revista Diálogo Jurídico,* Salvador, ano I, v. 1, n. 1, 2001.

PATAH, Priscila Alves; RODRIGUES, Rodrigo. Transexualidade e direitos humanos. A possibilidade de retificação do nome no registro civil das pessoas naturais. In: VELLOZO, Júlio César de Oliveira; ISHIKAWA, Lauro; FLORÊNCIO FILHO, Marco Aurélio; MEDINA, Javier García; REPRESA, Marcos Sacristán; MATSUSHITA, Thiago Lopes (Org.). *Direitos humanos.* Diálogos ibero-americanos. Belo Horizonte: D´Plácido, 2019.

PATAH, Priscila Alves. Ativismo judicial e outras formas de desnaturação de decisões judiciais. *Revista Jurídica Luso-Brasileira,* ano 2, n. 5, 2016.

PATAH, Priscila Alves. Poder-dever do Registrador de Imóveis na qualificação de títulos judiciais. *In*: CASTILHO, Ricardo (Coord.); STRASSER, Francislaine de Almeida Coimbra; RIBEIRO, Graziele Lopes; RAVAGNANI, Milton Roberto da Silva Sá (Org.). *As faces do poder*. Rio de Janeiro: Lumen Juris, 2019.

PATAH, Priscila Alves. *Retificações no registro de imóveis*. São Paulo: Thomson Reuters Brasil, 2020.

PEDRON, Flávio Quinaud. O giro linguístico e a autocompreensão da dimensão hermenêutico-pragmática da linguagem jurídica. *Revista Eletrônica do Curso de Direito* – PUC Minas, Serro, n. 3, 2011. Anais do I Congresso de Filosofia do Direito – 31/08 a 04/09/2010. Disponível em: http://periodicos.pucminas.br/index.php/DireitoSerro/article/view/2002. Acesso em: 7 abr. 2022.

PEDROSO, Alberto Gentil de. *A busca do equilíbrio entre o custo do serviço extrajudicial e a gratuidade*. Disponível em: http://genjuridico.com.br/2020/10/05/custo-servico-extrajudicial-gratuidade/. Acesso em: 9 nov. 2021.

PEIXOTO, Arnelle Rolim; AQUINO, Maria da Glória Costa Gonçalves de Sousa. O acesso à justiça e o uso das plataformas digitais como mecanismo fraterno de solução de conflitos decorrentes das relações de consumo. In: FRÓZ SOBRINHO, José de Ribamar; VELOSO, Roberto Carvalho; LIMA, Marcelo de Carvalho; TEIXEIRA, Márcio Aleandro Correia; APOLIANO JÚNIOR, Ariston Chagas. *Direitos humanos e fraternidade*: estudos em homenagem ao ministro Reynaldo Soares da Fonseca. São Luís: ESMAM: EDUFMA, 2021. v. 2.

PEREIRA, Paulo Sérgio Velten. O princípio da fraternidade na (re)construção das instituições do sistema de justiça. In: FRÓZ SOBRINHO, José de Ribamar; VELOSO, Roberto Carvalho; LIMA, Marcelo de Carvalho; TEIXEIRA, Márcio Aleandro Correia; APOLIANO JÚNIOR, Ariston Chagas (Org.). *Direitos humanos e fraternidade*: estudos em homenagem ao ministro Reynaldo Soares da Fonseca. São Luís: ESMAM: EDUFMA, 2021. v. 2.

PIKETTY, Thomas. *A economia das desigualdades*. Trad.: Pedro Elói Duarte. Lisboa: Conjuntura Actual, 2014.

PIKETTY, Thomas. *O capital no século XXI*. Trad. Monica Baumgarten de Bolle. Rio de Janeiro: Intrínseca, 2014.

PINHEIRO, Weider Silva. O ofício da cidadania. A importância do Registro Civil das Pessoas Naturais no Brasil. In: PINHEIRO, Weider Silva. *Estudos de direito notarial e registral*. Goiânia: Kelps, 2020.

PINHO, Carmen Dolores Ribeiro da Silva. Reflexão jurídico-filosófica do direito animal no nosso ordenamento jurídico. *Revista Jurídica Luso-Brasileira*, Ano 8, n. 2, p. 223-255, 2022. Disponível em: https://www.cidp.pt/revistas/rjlb/2022/2/2022_02_0223_0255.pdf. Acesso em: 4 abr. 2022.

PINHO, Humberto Dalla Bernardina de. A releitura do princípio do acesso à justiça e o necessário redimensionamento da intervenção judicial na resolução dos conflitos na contemporaneidade. *RJLB*, ano 5, n. 3, p. 791/830, 2019. Disponível em: https://www.cidp.pt/revistas/rjlb/2019/3/2019_03_0791_0830.pdf. Acesso em: 24 nov. 2021.

PLATÃO. *A justiça*. Tradução e notas: Edson Bini. São Paulo: EDIPRO, 2016.

PLATÃO. *O banquete*. Disponível em http://www.dominiopublico.gov.br/download/texto/cv000048.pdf. Acesso em: 20 nov. 2021.

PONTES DE MIRANDA. *Tratado de direito privado*. Rio de Janeiro: Brosoi, § 1.233, n. 7, 1971. t. XI.

POYO, Rafael García del. La mediación electrónica. *Revista Jurídica de Castilla y León*, n. 29, enero de 2013.

RAWLS, John. *Uma teoria da justiça*. Trad.: Almiro Pisetta e Lenita M. R. Esteves. São Paulo: Martins Fontes, 1997.

RÊGO, Paulo Roberto de Carvalho. *Registros públicos e notas*. Natureza jurídica do vínculo laboral de prepostos e responsabilidade de notários e registradores. Porto Alegre: Sérgio Antonio Fabris Editor, 2004.

RIBEIRO, Graziele Lopes. *Os paradoxos dos direitos humanos como entrave para o acesso à justiça*. 2021. Tese (Doutorado em Direito) – Faculdade Autônoma de Direito, São Paulo/SP, 2021.

RODRIGUES NETO, Assuero. *Responsabilidade civil dos delegatários dos serviços extrajudiciais*. Belo Horizonte: Editora Dialética, 2021.

RODRIGUES, Rafaela Camilo; PINHEIRO, Weider Silva. Mediação e conciliação no extraju-dicial: resoluções alternativas de conflitos. *In*: PINHEIRO, Weider Silva (Org.). *Estudos de direito notarial e registral*. Goiânia: Kelps, 2020.

RODRIGUES, Walter Piva. A visão unitária do processo. *Revista de Ciências Sociais e Humanas da Universidade Metodista de Piracicaba*, v. 7, n. 15, 1994.

ROINE, Jesper. *Piketty para todos*. Uma síntese de O Capital no século XXI. Lisboa: Editorial Presença, 2018.

ROSENBERG, Marshall B. *Comunicação não violenta*. Técnicas para aprimorar relacionamentos pessoais e profissionais. São Paulo: Agora, 2006.

ROSENVALD, Nelson. *O direito civil em movimento*. Desafios contemporâneos. 2. ed. rev. e atual. Salvador: JusPodivm, 2018.

ROSS, Alf. *Direito e justiça*. Trad.: Edson Bini. Revisão técnica: Alysson Leandro Mascaro. 2. ed. Bauru: Edipro, 2007.

ROUSSEAU, Jean-Jacques. *O contrato social*. Princípios de direito político. Trad.: Edson Bini. 2. ed. São Paulo: EDIPRO, 2015.

ROUSSEAU, Jean-Jacques. *Qual é a origem da desigualdade entre os homens, e se é autorizada pela lei natural*. Disponível em: http://www.dominiopublico.gov.br/download/texto/cv000053.pdf. Acesso em: 22 nov. 2021.

RUMMEL, Rudolph Joseph. *The conflict helix*. Disponível em: https://www.hawaii.edu/powerkills/NOTE11.HTM. Acesso em: 7 mar. 2021.

RUTHERFORD, Albert. *Learn to think in systems*. Use system archtypes to understand, ma-nage, na fix complex problems and make smarter decisions. S/l: Albert Rutherford, 2019.

SALES, Lilia Maia de Morais; CARDOSO, Roberta Teles. A mediação como instrumento da função promocional da responsabilidade civil: uma alternativa para conflitos de natureza extrapatrimonial. *Revista Brasileira de Direito Civil – RBDCivil*, Belo Horizonte, v. 17, p. 103-121, jul./set. 2018.

SALES, Lilia Maia de Morais; SOUSA, Mariana Almeida de. O sistema de múltiplas portas e o Judiciário brasileiro. *Revista Brasileira de Direitos Fundamentais & Justiça*. Abril 2018.

SALES, Lilia Maia de Morais. Técnicas de mediação de conflitos e técnicas da reformulação – Novo paradigma e nova formação para os profissionais do direito. *Novos Estudos Jurídicos*, v. 21, n. 3, p. 940-958, 2016.

SAMPAIO, Lia Regina Castaldi; BRAGA NETO, Adolfo. *O que é mediação de conflitos*. São Paulo: Brasiliense, 2007.

SANDEL, Michael J. *Justiça*. O que é fazer a coisa certa. Trad.: Heloisa Matias e Maria Alice Máximo. 17. ed. Rio de Janeiro: Editora Civilização Brasileira, 2015.

SANDER, Frank E. A. Alternative Dispute Resolution in the Law Shool Curriculum: Opportunities and Obstacles. *Journal of Legal Education*, v. 34, n. 2 p. 229-236, june 1984.

SANDER, Frank E. A.; GOLDBERG, Stephen B. When you are considering ways to keep a client out of court, the challenge is in... making the right choice. *ABA Journal*, v. 79, n. 11, p. 66-68, november 1993.

SANDER, Frank E. A.; PRIGOFF, Michael. At Issue: Professional responsibility: should there be a duty to advise of ADR options? *ABA Journal*, v. 76, n. 11, p. 50-51, november 1990.

SANTOS, Boaventura de Sousa. *Para uma revolução democrática da justiça*. 3. ed. Disponível em: http://sociologial.dominiotemporario.com/doc/REVOLUCAO_DEMOCRATICA_JUSTICA.pdf. Acesso em: 2 out. 2017.

SANTOS, Boaventura de Sousa. Um discurso sobre as ciências na transição para uma ciência pós-moderna. *Estudos Avançados*, v. 2, n. 2, São Paulo, 1988. Disponível em: https://www.scielo.br/j/ea/a/YgSSRgJjZgtbpBLWxr6xPHr/?format=pdf&lang=pt. Acesso em: 22 nov. 2021.

SANTOS, Francisco Cláudio de Almeida. A jurisdição arbitral e conflitos de competência com a jurisdição estatal. Superior Tribunal de Justiça. *Doutrina*: edição comemorativa, 30 anos. Brasília: STJ, 2019.

SANTOS, Reinaldo Velloso. *Protesto notarial e sua função no mercado de crédito*. Belo Horizonte: Dialética, 2021.

SARLET, Ingo Wolfgang; MARINONI, Luiz Guilherme; MITIDIERO, Daniel. *Curso de direito constitucional*. 7. ed. São Paulo: Saraiva Educação, 2018.

SCHOPENHAUER, Arthur. *A arte de ter razão*. Exposta em 38 estratagemas. Trad.: Alexandre Krug. Eduardo Brandão. 3. ed. São Paulo: WMF Martins Fontes, 2009.

ver, Amartya. *A ideia de justiça*. Trad.: Denise Bottmann. Ricardo Doninelli Mendes. São Paulo: Companhia das Letras, 2009.

SEN, Amartya. *Desenvolvimento como liberdade*. Trad.: Laura Teixeira Motta. São Paulo: Companhia das Letras, 2000.

SILVA, Fernanda Tartuce. *Vulnerabilidade como critério legítimo de desequiparação no processo civil*. 2011. Tese (Doutorado em Direito) – Universidade de São Paulo, São Paulo/SP, 2011.

SIMIM, Thiago Aguiar. Entre comunitaristas e liberais: a teoria da justiça de Axel Honnetver*Rev. Direito e Práx.*, Rio de Janeiro, v. 8, n. 1, p. 386-412, 2017.

SIVIERO, José Maria. A vanguarda do Registro de Títulos e Documentos no Brasil. In: SANTOS, Queila Rocha Carmona dos. *Direito Notarial e Registral*. Homenagem às Varas de Registros Públicos da Comarca de São Paulo. São Paulo: Quartier Latin, 2016.

SÓFOCLES. *Antígona*. Disponível em: http://www.dominiopublico.gov.br/download/texto/bk000490.pdf. Acesso em: 22 nov. 2021.

SOUZA, Elton Luiz Leite de. *Filosofia do direito, ética e justiça*. Filosofia contemporânea. Porto Alegre: Núria Fabris Ed., 2007.

STIGLITZ, Joseph E. *O mundo em queda livre*. Os Estados Unidos. O mercado livre e o naufrágio da economia mundial. Trad.: José Viegas Filho. São Paulo: Companhia das Letras, 2010.

STIGLITZ, Joseph E. *O preço da desigualdade*. Trad.: Dinis Pires. Lisboa: Bertrand Editora, 2013.

TARTUCE, Fernanda. *Mediação nos conflitos civis*. 2. ed. rev., atual. e ampl. Rio de Janeiro: Forense; São Paulo: Método, 2015.

TAVARES, André Ramos. *Curso de direito constitucional*. 11. ed. rev. e atual. São Paulo: Saraiva, 2013.

TESHEINER, José Maria Rosa; THAMAY, Rennan Faria Krüger. *Novos caminhos do processo contemporâneo*. São Paulo: Expressa, 2021.

THAMAY, Rennan Faria Krüger. *Manual de direito processual civil*. São Paulo: Saraiva Educação, 2019.

THAMAY, Rennan; TAMER, Maurício. *Provas no direito digital*. Conceito da prova digital, procedimentos e provas digitais em espécie. São Paulo: Thomson Reuters, 2020.

TOFFOLI, José Antonio Dias; PERES, Lívia Cristina Marques. Desjudicialização conforme a Constituição e tratamento adequado dos conflitos de interesse. In: ÁVILA, Henrique; WATANABE, Kazuo; NOLASCO, Rita Dias; CABRAL, Trícia Navarro Xavier. *Desjudicialização, justiça conciliativa e poder público*. São Paulo: Thomson Reuters Brasil, 2021.

TOMÁS DE AQUINO. *Suma Teológica*. Trad.: Alexandre Correia. Disponível em: https://suma-teologica.files.wordpress.com/2017/04/suma-teolc3b3gica.pdf. Acesso em: 18 ago. 2021.

TZU, Sun. *A arte da guerra*. Adaptação e trad.: André da Silva Bueno. São Paulo: Jardim dos livros, 2011.

VALENTE, Evelyn Aída Tonioli; PINHEIRO, Weider Silva. Desjudicialização: a importância do extrajudicial para o cumprimento do princípio constitucional da celeridade e acesso à justiça. In: VIEIRA, Bruno Quintiliano Silva; PINHEIRO, Weider Silva (Org.). *II Estudos de Direito Notarial e Registral*. Goiânia: Kelps, 2021.

VESTING, Thomas. Autopoiese da comunicação do Direito? O desafio da Teoria dos Meios de Comunicação. *Revista de Estudos Constitucionais, Hermenêutica e Teoria do Direito (RECHTD)*, São Leopoldo, v. 6, n. 1, p. 2-14, 2014.

VILLEY, Michel. *A formação do pensamento jurídico moderno*. Trad. Cláudia Berliner. 2. ed. São Paulo: WMF Martins Fontes, 2009.

WALD, Arnoldo. O espírito da arbitragem. *Revista do Instituto dos Advogados de São Paulo*, n. 23, 2009.

WALDRON, Jeremy. *A dignidade da legislação*. São Paulo: Martins Fontes, 2003.

WATANABE, Carla; CAIRES, Érica Trinca; NALINI, José Renato; CAIRES, Robson Passos. *Direito constitucional*. São Paulo: Thomson Reuters Brasil, 2021.

WATANABE, Kazuo. A mentalidade e os meios alternativos de solução de conflitos no Brasil. In: GRINOVER, Ada Pellegrini; WATANABE, Kazuo; LAGRASTA NETO, Caetano (Coord.). *Mediação e gerenciamento do processo*. Revolução na prestação jurisdicional. Guia prático para a instalação do setor de conciliação e mediação. São Paulo: Atlas, 2007.

WATANABE, Kazuo. *Acesso à ordem jurídica justa*: conceito atualizado de acesso à justiça, processos coletivos e outros estudos. Belo Horizonte: Del Rey, 2019.

WATANABE, Kazuo. Cultura da sentença e cultura da pacificação. In: YARSHELL, Flávio Luiz; MORAES, Maurício Zanoide. *Estudos em Homenagem à Professora Ada Pellegrini Grinover*. São Paulo: DPJ, 2005.

WATANABE, Kazuo. O acesso à justiça e solução pacífica dos conflitos de interesses. In: ZANETI JR., Hermes; CABRAL, Trícia Navarro Xavier (Coord.). *Justiça multiportas*. Mediação, conciliação, arbitragem e outros meios adequados de solução de conflitos. 2. ed. rev., ampl. e atual. Salvador: JusPodivm, 2018.

WATANABE, Kazuo. *Política Pública do Poder Judiciário nacional para tratamento adequado dos conflitos de interesses*. s.d. Disponível em: https://www.tjsp.jus.br/Download/Conciliacao/Nucleo/ParecerDesKazuoWatanabe.pdf. Acesso em: 21 nov. 2021.

WEBER, Max. *Conceitos básicos de sociologia*. Trad.: Rubens Eduardo Ferreira Frias e Gerard Georges Delaunay. São Paulo: Centauro, 2002.

WHEELER, Michael. *A arte da negociação*. Como improvisar acordos em um mundo caótico. São Paulo: Leya, 2014.

WOLKMER, Antonio Carlos. Cultura jurídica moderna, humanismo renascentista e reforma protestante. *Sequência*, Revista do Curso de Pós-Graduação em Direito da UFSC, Florianópolis, v. 26, n. 50, 2005, p. 9-28. Disponível em https://periodicos.ufsc.br/index.php/sequencia/article/view/15182. Acesso em: 22 nov. 2021.

WOLKMER, Antonio Carlos. *Pluralismo jurídico*. Fundamentos de uma nova cultura do direito. 4. ed. rev. e atual. São Paulo: Saraiva, 2015.

ZANETTI JUNIOR, Hermes. CABRAL, Trícia Navarro Xavier. *Justiça multiportas*. Mediação, conciliação, arbitragem e outros meios adequados de solução de conflitos. Salvador: JusPodivm, 2018.